清华同衡系列专著

科技创新功能空间规划规律研究

主编　尹稚
副主编　袁昕　王晓东　卢庆强　张晓光　尚嫣然

清华大学出版社
北京

内容简介

科技创新与理论创新、制度创新、文化创新共同构成全面创新体系，科技创新功能空间是科技创新活动相对集中的承载空间。本书重点对科技创新功能空间的分布规律进行全面系统的梳理，剖析了国家自主创新区、科技城和特色镇的科技创新规律，希望找到我国科技创新功能空间发展的理性之路。本书的出版为全国的相关规划管理和编制机构，准确把握科技创新发展规律，进行科学规划提供重要的工作支撑和借鉴。

图书在版编目(CIP)数据

科技创新功能空间规划规律研究/尹稚主编. —北京：清华大学出版社，2018
(清华同衡系列专著)
ISBN 978-7-302-50914-1

Ⅰ. ①科…　Ⅱ. ①尹…　Ⅲ. ①技术革新—研究—中国　Ⅳ. ①F124.3

中国版本图书馆 CIP 数据核字(2018)第 190188 号

责任编辑：周莉桦　赵从棉
封面设计：陈国熙
责任校对：刘玉霞
责任印制：宋　林

出版发行：清华大学出版社
　　网　　址：http://www.tup.com.cn，http://www.wqbook.com
　　地　　址：北京清华大学学研大厦 A 座　　邮　　编：100084
　　社 总 机：010-62770175　　邮　　购：010-62786544
　　投稿与读者服务：010-62776969，c-service@tup.tsinghua.edu.cn
　　质量反馈：010-62772015，zhiliang@tup.tsinghua.edu.cn
印 装 者：三河市龙大印装有限公司
经　　销：全国新华书店
开　　本：185mm×260mm　　印　　张：15.75　　字　　数：381 千字
版　　次：2018 年 12 月第 1 版　　印　　次：2018 年 12 月第 1 次印刷
定　　价：108.00 元

产品编号：078552-01

——清华同衡系列专著

《科技创新功能空间规划规律研究》
编写人员名单

编写组

赵　霖　旷　薇　扈　茗　刘　锐　张　悦　潘　芳　郁秀峰　董晓莉　朱　天
邢　琰　田　爽　刘　巍　杨　军　冯　雨　欧阳鹏　王哂奇　李荣欣

项目组

《国家科技创新功能网络体系研究》

尹　稚　王晓东　卢庆强　尚嫣然　扈　茗　司美林　赵　霖　刘　锐　崔　音
张　悦　蔡玉蘅　田　爽　王　昆　李　颖　黄启云　吕元磊　杜　洋　杨　帆
李　栋　潘　芳　邢　琰

《中关村国家自主创新示范区产业空间布局规划研究》

尹　稚　王晓东　张险峰　汪　淳　旷　薇　韦　荟　刘　锐　杨钦宇　刘晋媛
王　昆　牛品一　朱　天　薛　严　郝新华　韩经纬　黄　蕾　赵丽虹　李　栋
徐一丹

《中关村软件城大上地地区发展建设规划》

恽　爽　郑筱津　卢庆强　刘　巍　旷　薇　刘晋媛　毛　羽　刘春雨　杜　锐
唐　婧　朱　天　董晓莉　孙　蕾　李　峥　韩　瑜　李公立　孔宪娟

《中关村贵阳科技园空间布局规划》

王晓东　汪　淳　冯　雨　李　昊　杜　勇　侯　宁　郁秀峰

《重庆前沿科技城综合规划》

尹　稚　王晓东　徐　刚　杨　军　胡　洁　王　强　毛　羽　汪　淳　梅　娟
郭　湧　邹　涛　段进宇　汪自书　马　杰　董淑秋　李公立　毛　羽　王哂奇

陈永强　旷　薇　程玺悦　陈一铭　毛　磊　熊　锋　潘晓玥　孔宪娟　王飞飞
樊　健　扈　茗　杨星月　戴　莉　蒋　璐　刘　锐　梁尧钦　单琳娜　李长霖
闫少宁　孙小明　程洁心　李　菁　刘　丽　冯　淼　张东旭　张　婷　冯莹莹
李　亮　覃露才　王　瑶

《乌镇镇概念性总体规划》

尹　稚　袁　昕　卢庆强　欧阳鹏　汪　淳　张　飏　王　鹏　张玮璐　王彬汕
邹　涛　王晓东　郑筱津　张险峰　郭占全　黄　蕾　董晓莉　王辰琛　赵　博
张　辉　张　弓　阎　照　周　立　路天培　岳博卿　程洁心　李明怡　田可嘉
陈清凝　杨　明　陈玲玲

《"中关村·长城脚下的创新家园"（科技小镇）城市设计》

刘瑞刚　朱　天　韩经纬　旷　薇　赵　博　杨　帆　杨钦宇　周彦灵　潘晓玥
刘立群　孙纪康　覃露才　廉毅锐　焦泽通　刘　磊　李　丹　谭　静

《创新城市的规划体系研究》

王晓东　卢庆强　汪　淳　旷　薇　韦　荟　刘　锐　杨钦宇　刘晋媛　王　昆
牛品一　朱　天　薛　严　张　章　郝新华　韩经纬　黄　蕾　赵丽虹　李　栋
徐一丹　张晓光　杨丹丹　李仁伟　顾春意　胡若一　黄嫦玲　刘子健　石　峰
滕文超　王　鑫　邢立宁　张　薇

序

以科技创新推动国家综合竞争力的提升，已经成为欧美等主要发达国家的核心战略。我国也不例外，以科技创新驱动经济的转型升级发展，已经成为中国新一轮发展的国家战略。《中共中央关于制定国民经济和社会发展第十三个五年规划的建议》指出，用创新、协调、绿色、开放、共享五大发展理念为"十三五"谋篇布局，明确提出"创新是引领发展的第一动力"。中央城市工作会议指出，"让创新成为城市发展的主动力，释放城市发展新动能"。

对于城市规划行业来说，如何在城乡规划中，探索和遵循科技创新的发展规律，合理规划科技创新功能体系和布局，为科技创新型企业和人才定制化提供符合其需求特点的功能空间，成为必须要深入研究和有效应对的时代课题。

北京清华同衡规划设计研究院发挥自身独特的产学研优势，长期致力于科技创新发展规律、功能体系、发展布局、规划设计方法的基础研究，并在国家、区域、城市、科技园区等不同空间尺度上，专注性地开展了相关规划设计实践，使得清华同衡不但在基础理论和方法论层面上，对科技创新功能空间规划设计进行了深入研究，形成了深厚的理论积淀，而且围绕科技创新功能体系、布局和空间开展了具体的规划设计实践，成为清华同衡独具特色的业务专长。

本书是清华同衡近年来上述理论研究与实践案例的系统总结。书中不但就科技创新规律和规划设计方法等进行全面系统的梳理，对未来科技创新建设及其承载空间体系形成提出了理论与方法的指导。同时，结合清华同衡规划设计研究院的相关研究课题和地方规划实践，剖析了国家自主创新示范区、科技城和特色镇等 6 个国内典型案例，深入剖析普遍规律和个性化特征，对科技创新功能空间规划设计工作，具有重要的实践参考价值。

本书上篇着眼于科技创新规律和城市发展规律研究。从全球科技创新网络的形成规律和发展趋势出发，综述世界各国科技创新战略与关注重点，研判科技创新网络的空间组织规律。下篇选取中关村国家自主创新示范区、中关村软件城大上地地区、中关村贵阳科技园、重庆前沿科技城、乌镇、中关村·长城脚下的创新家园等 6 个案例，展示科技创新的内在精华和要点。

本书将科技创新研究与大数据应用相结合，将龙信企业专利数据、企业互投数据、全国地级市年鉴数据等综合考量，收集 1200 多万条数据，数据总容量 3.5GB，覆盖 334 个城市、28 项指标，共计 9352 条年鉴数据、72 284 条 POI 数据、1 210 106 条企业专利数据。在国内已有学者、研究机构对全国城市创新水平建立的评价指标体系中，应用"全量"大数据方式分析衡量城市创新能级、创新网络，在城市规划研究中具有重要的创新性和先导性。

当前，席卷全球的科技创新浪潮正风起云涌。在我国，以科技创新中心、自主创新示范区、科学城、科技园、双创中心等为代表的科技创新功能区规划建设正如火如荼！我相信，通过本书的出版，将为全国的相关规划管理和编制机构，准确把握规律，科学规划，为科技创新发展服务，提供重要的工作支撑和借鉴。

感谢清华同衡所有参与本书研究的团队在这一专业领域所做出的努力和贡献！

孙安军

2018 年 6 月

目录

上篇　科技创新网络体系和规律研究

上篇

科技创新网络体系和规律研究

第1章 世界科技创新功能空间和规律研究

新一轮科技革命的大幕已经拉开，世界各国都在各个层面、各个领域广泛布局，以抓住这一轮科技革命的历史性机遇，实现自身综合实力的进一步提高。新一轮科技革命预期将在六大领域产生重大创新突破：一是重要的基础科学领域；二是能源与资源领域；三是信息网络领域；四是先进材料和制造领域；五是农业领域；六是人口健康领域。任何一个领域的重大技术突破都可能引发新的产业革命，为世界经济注入新的活力，加速现代化进程，提高可持续发展能力。当前的科技创新呈现出一些新的特点：比如领域前沿不断拓展，学科间交叉、融合、汇聚，新兴学科不断涌现；基础研究、应用研究、高技术研发边界日益模糊；全球科技竞争日益剧烈，产学研合作也更加广泛；网络和信息技术的发展带来科技创新组织模式的重大变化；等等。①

从世界范围看，科技创新功能主要集中在三大区域板块：一是以硅谷地区、大波士顿地区等为代表的北美板块；二是以伦敦地区、柏林等为代表的欧洲板块；三是以东京、新加坡等为代表的东亚板块。这三个板块覆盖了创新型国家、创新型区域、创新型城市和创新型园区四个不同层面的创新主体，也包含了各种类型的创新模式。

因此，在对国际案例进行经验借鉴时，首先确定了三条选取国际案例的基本原则：第一，确保地区选择的连贯性，保证各层次都有北美、欧洲、东亚三大板块的典型案例；第二，确保案例选择的典型性，比选检索量较高的创新型国家、区域、城市和园区；第三，尽量覆盖各种创新类型，包括知识创新、技术创新、文化创新等。对国际案例的关注重点集中在创新战略与组织模式、创新空间格局、创新支撑系统和政策体系几个方面。在此基础上，选择了共约 20 个案例进行创新方面的研究与借鉴(图 1.1)。

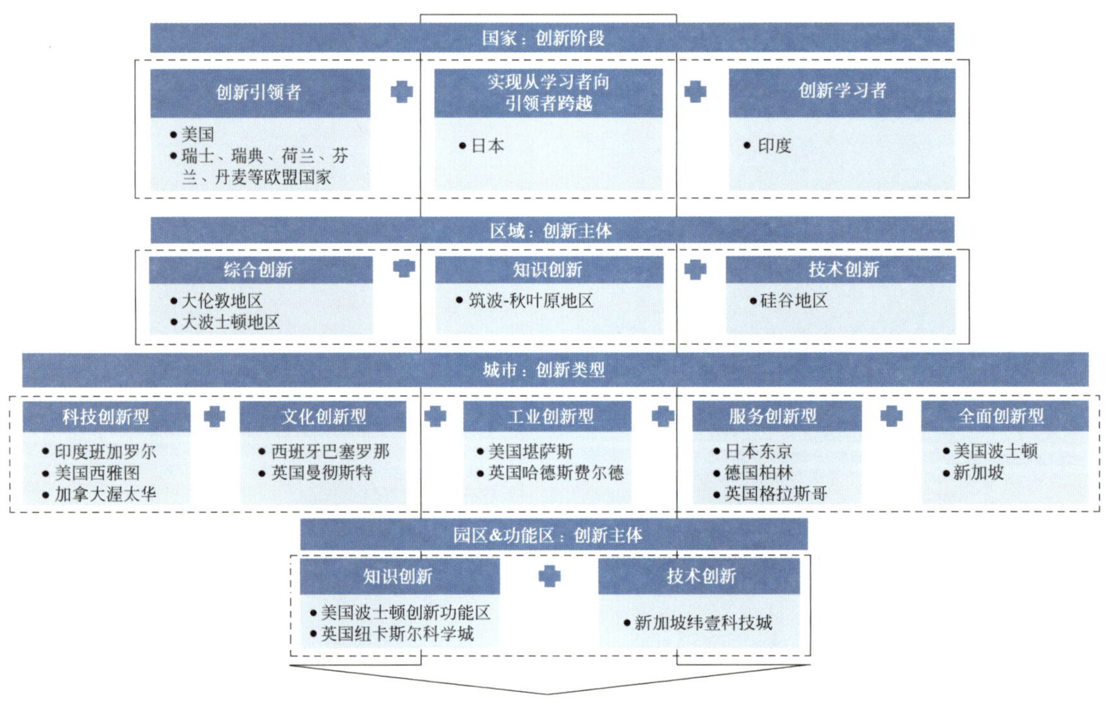

图 1.1　案例研究思路

① 白春礼. 世界科技创新趋势与启示[J]. 科学发展，2014(3)：5-12.

1.1 世界主要创新型国家科技创新规律

在国家层面，选择了 4 个各具特点的案例（表 1.1），用以研究世界主要创新型国家的科技创新规律，分别是：综合创新能力居世界首位的世界创新的引领者——美国；工业时代的先驱，拥有大批高等学府和高素质人才的老牌创新引领者——欧盟成员国；在 20 世纪中叶实现从学习者向引领者跨越的东亚创新引领者——日本；受益于信息时代全球创新链转移的创新学习者——印度（见图 1.2）。

表 1.1 所选国家或地区的基本情况

国家或地区	人口/千人（2015 年）	GDP /百万美元（2015 年）	创新指数排名（2014 年）
美国	321418.8	18036648	6
欧盟	509557.8	16314942	—
日本	126958.5	4383076	21
印度	1311051	2088841	76

资料来源：Cornell University, INSEAD, and WIPO. The Global Innovation Index 2014: The Human Factor In innovation [EB/OL]. [2018-08-23]. http://www.wipo.int/publications/en/details.jsp?id=3254&plang=EN.

1.1.1 创新方向

世界各主要发达国家均高度关注科技创新变革，纷纷出台了一系列科技创新战略，以引领全球科技变革方向，保障科技领先地位，增强经济的全球影响力。

英国政府从 1993 年开始通过制定科技预见计划，来强调英国科技创新的全球引领地位，并通过向科研基础设施的高投入，推动英国与全球一流的科研水平相匹敌。目前，英国的技术预见活动共进行了三轮，对英国的科技、经济和产业发展产生了深远的影响。2010 年，英国发布了第三轮技术预见中“技术与创新未来”项目的预见报告——《技术与创新未来：英国 2030 年的增长机会》，对英国面向 2030 年的技术发展进行了系统性预见。报告确定了英国 2020—2029 年科技工作重点发展的四大领域：材料和纳米技术、能源和低碳技术、生物和制药技术、数字和网络技术。四大领域中包含 53 项具体技术，这些技术又被划分为 28 个技术群。对每项具体技术，报告提供了一系列可供比较的预见信息，包括 2025 年潜在市场的规模，颠覆性的潜力，英国的能力、障碍和推动力等。此外，根据 53 项具体技术和 28 个技术群，报告确定了未来 20 年为英国经济持续增长提供特别潜力的 7 个潜在增长领域：未来制造业、智能基础设施、第二次互联网革命、能源转型、低碳型新材料、再生医学、知识产权。其中，未来制造业、智能基础设施、第二次互联网革命被认为是最具发展潜力的三个领域，因为这三个领域是英国其他领域创新的平台，它们作为一个整体会对英国社会和商业的不同领域产生深远影响。

2013 年，欧盟启动“欧盟 2020 发展战略”。作为落实欧盟发展战略的重要操作工具，新的研究与创新框架计划——“地平线 2020”也于同年启动。该框架旨在促进新技术从实验室到市场的转化，目标是确保欧洲产生世界顶级的科学，消除科学创新的障碍，在创新技术转化为生产力的过程中，融合公众平台和私营企业协同工作。“地平线 2020”是欧盟最大的

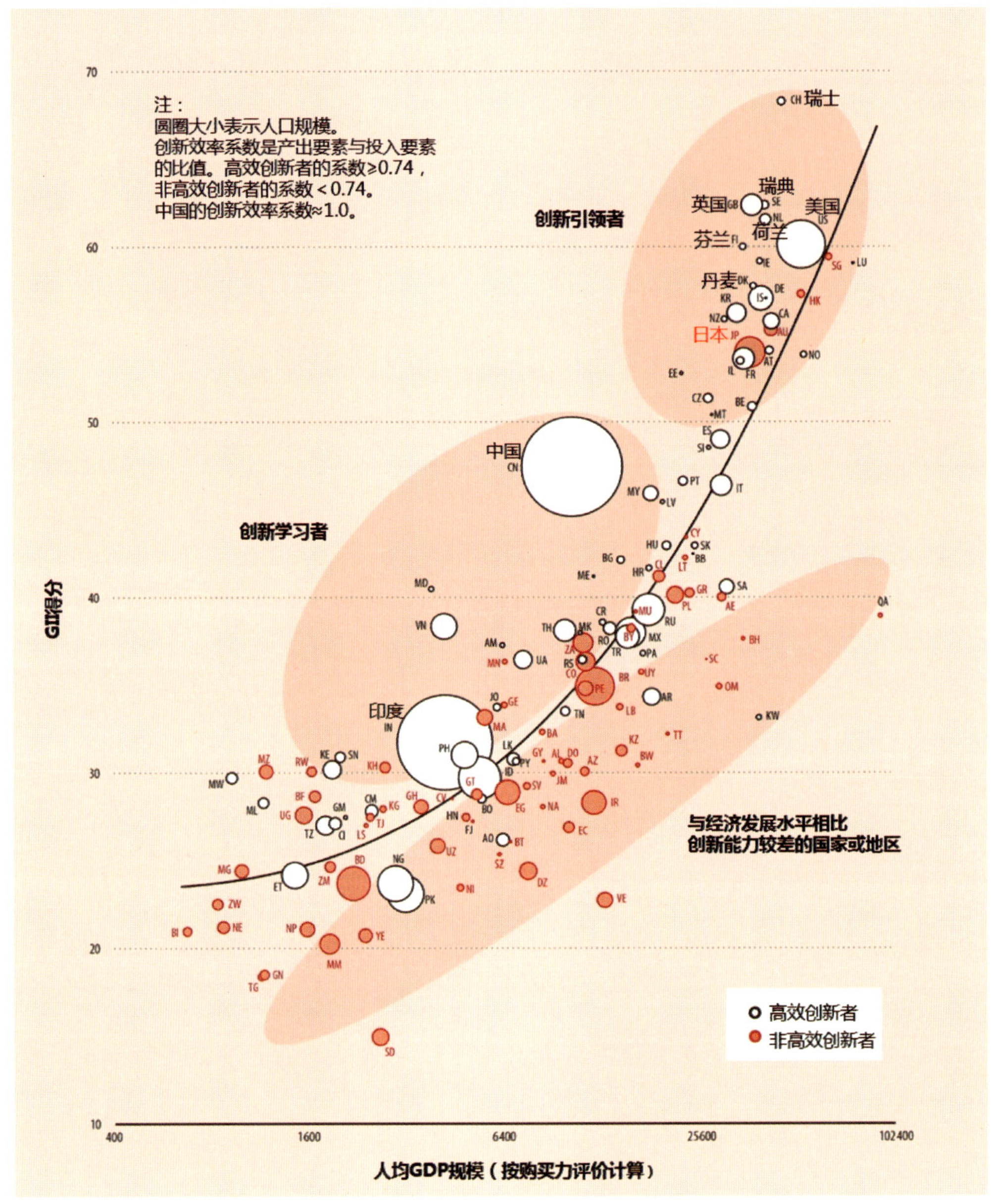

图 1.2　国家创新能力得分比较

资料来源：Cornell University，INSEAD，and WIPO. The Global Innovation Index 2014：The Human Factor In innovation［EB/OL］.［2018-08-23］. http://www.wipo.int/publications/en/details.jsp?id=3254&plang=EN.

创新计划，将投资 770 亿欧元，主要研究国际前沿和竞争性科技难点。“地平线 2020”几乎囊括了欧盟所有科研项目，分为基础研究、应用技术和应对人类面临的共同挑战三大部分，来整合欧盟各国的科研资源，提高科研效率，促进科技创新，推动经济增长和增加就业。

美国在奥巴马执政时期开始颁布《美国国家创新战略》，以务实主义创新战略加快经济恢复，推动经济发展。最新颁布的 2015 版《美国国家创新战略》涉及六个方面，指出联邦政府在投资基础创新领域、鼓励私人部门创新和培养更多创新人才方面应发挥更重要的作用，政府将为实现上述目标采取三项战略举措,包括创造高质量就业岗位和长期稳定的经济增长、推动国家重点创新领域取得突破以及建设创新型政府。此次战略也确定了九大优先发展领域:精密医疗、卫生保健、大脑计划、先进汽车、智慧城市、清洁能源和节能技术、教育技术、太空探索和高性能计算。新版战略首次将应对世界性重大挑战和在2030年前消除贫困作为国家优先发展任务。

日本自20世纪80年代提出"科学技术立国"战略起,在政府的直接干预和指导下,从模仿创新向自主创新,从应用技术创新向基础科学技术创新转移。日本最新的《科技创新综合战略2014》认为,日本正在从经济复兴迈向持续增长,而"科学、技术与创新"是日本迈向未来的"救命稻草"与"生命线"。该战略提出以"综合科学技术创新会议"为平台,重点推进信息通信技术、纳米技术和环境技术三大跨领域技术发展,并使其成为日本产业竞争力增长的源泉。战略描绘了到2030年日本将通过科技创新实现三大愿景:一是拥有世界一流的、可持续发展的经济;二是国民能够切实感受到富足、安全和放心的社会;三是与世界共生、为人类进步做出贡献的经济社会。

1.1.2 空间格局

世界主要创新型国家的科技创新在空间格局上呈现出两大规律:

(1)沿海与内陆统筹推进,巨型城市区域与点状创新中心并存。

沿海与内陆分工协作,共同推进创新战略。美国沿海城市群主要是面向消费的科技创新、文化创新、金融创新,内陆城市群主要是面向制造业的专业化科技创新[①]。欧盟的创新整体上来说北欧强于南欧,西欧强于东欧,从内陆城市群来看,莱茵河沿岸的法-南德-瑞士形成带动制造业的科技创新中心;从沿海城市群来看,芬兰、瑞典南部沿海形成高科技创新中心,英国东南沿海及荷兰跨海峡形成金融、科技创新中心[②]。

巨型城市区域与点状创新城市共同成为推动国家创新体系建设的重要空间载体。美国依托巨型城市参与全球科技竞争,东西海岸创新的团状集聚以全球性中心城市和区域性中心城市为核心,中部形成点状创新中心;英国伦敦创新中心周围形成团状集聚。

(2)创新区域与创新要素布局高度吻合。

创新区域的形成与人口分布、高校科研机构、制造业基地的分布密切相关。美国人口密度最高的地区集中在美国东海岸、北美五大湖地区、以西雅图和旧金山-洛杉矶一带为核心的太平洋沿岸地区[③],美国高等院校的分布在这些地区也最为密集。此外,美国制造业工作岗位也高度集中在上述几个地区,美国顶尖高科技工作岗位占制造业工作岗位的比例在这些地区也最高[④]。创新区域与创新要素的布局呈高度吻合之势。

---

① RICHARD F. What the shutdown revealed about the economic divide in U. S. politics [EB/OL]. [2018-08-23]. https://www.citylab.com/equity/2013/10/what-senate-deal-reveals-about-economic-divides-us-politics/7268/.

② European Union. Patent applications to the EPO relative to the population size [EB/OL]. [2018-08-23]. http://ec.europa.eu/eurostat/statistics-explained/pdfscache/1205.pdf.

③ Map of USA. US population density [EB/OL]. [2018-08-23]. https://mapofusa.net/us-population-density-map.htm.

④ Howard Wial. Interactive: locating American manufacturing [EB/OL]. [2018-08-23]. https://www.brookings.edu/interactives/interactive-locating-american-manufacturing/.

1.1.3 科技创新城市体系与城市群结构高度吻合

城市群等级越高，创新能力越强。第一等级城市群的创新城市体系比第二等级城市群的创新城市体系规模更大、实力更强。对欧美世界级和国家级城市群进行统计可以发现，世界级城市群均呈现金字塔形体系结构。第一等级城市群平均拥有至少 2 个一级创新城市、至少 4 个二级创新城市和至少 5 个三级创新城市(表 1.2)。第一等级城市群涵盖了美国的加利福尼亚州城市群、美国东北地区城市群和五大湖地区城市群，以及欧洲的英国城市群和莱茵河流域经济带城市群。

表 1.2 欧洲和美国创新城市统计

城市群等级	区域		一级创新城市	二级创新城市	三级创新城市	四级创新城市	合计
第一等级	欧洲	英国城市群	2	4	9		15
		莱茵河流域经济带	2	15	7		24
	美国	加利福尼亚州	3	5	8	1	17
		东北地区	3	5	5		13
		五大湖地区	1	4	12	2	19
	小计		11	33	41	3	88
第二等级	美国	卡斯卡迪	1	1			2
		皮德蒙特地区		4	3	1	8
		得克萨斯三角地带		4			4
		佛罗里达州		3	2		5
		落基山脉山前地带		2	2		4
		沿海海湾地区			3		3
		亚利桑那阳光走廊			2		2
	小计		1	14	12	1	28

资料来源：2thinknow Innovation Cities™ Index 2015。

1.1.4 支持政策与创新环境

1. 国家资源的重点投放

国家资源重点投放在迫切需要发展的领域，包括科研基础设施、科学教育、基础科学研究及应用科学研究。英国将在 2016—2021 年投入 59 亿英镑；美国在 2011 年投入 4181 亿美元，排名世界第一；欧盟“地平线 2020”投入 770 亿欧元。

(1) 投资科研基础设施，提升科技研发水平。英国投资各大实验室和科研项目，投资 8 亿英镑支持新项目；欧盟在“地平线 2020”中用于投资欧洲基础研究设施，包括 e-基础设施的经费为 24.88 亿欧元；美国建立国家科学基金会，专门用来管理科研基础设施建设。

(2) 制定人才培养计划，确保科学创新发展潜力。英国在中小学教育领域，投资 6700 万英镑提高 STEM(科学、技术、工程、数学)教师质量和数量，未来三年将培训 1.75 万名数学老师和物理老师；美国制定各种法案吸引国际科技人才移民，同时设立了多种资助外国留学生的基金。

(3) 优化平衡基础科学研究与应用科学研究。欧盟研究委员会作为第一个为基础科学前沿研究融资的泛欧洲机构，在 2014—2020 年间将获得 131 亿欧元的资金，相当于“地平线 2020”计划总预算的 17%；2012 年，美国对基础研究领域的投资占其研发支出总量的比例为16.5%；韩国在2001—2011年间也将基础研究领域的投资占研发支出总量的比例从13%提高到18%；对比之下，中国在过去10年间基础研究领域的投资占比仅为4%～6%。

2. 高度成熟的“政产学研”创新互动网络

通过政产学研的网络建设来推动国家创新体系的建设和完善。美国以项目、资金为纽带，促进大学与企业、科研院所组成新的研究实体；通过科学技术园区建设、科技联盟建设、研发项目资助等手段构建政产学研创新体系（表1.3）。英国政府、企业和科研机构实现信息共享，协同工作。巴西出台了“十大行业研究开发基金计划”和“绿-黄计划基金”，旨在促进企业和大学进行技术创新合作。

表1.3 美国政产学研体系构建的三种模式

类型	时间	内容
科学技术园区	1951	斯坦福科学园
	1986	国家科学基金会实施“科技中心计划”
	1996	“集成合作伙伴计划”
科技联盟	1987—1997	“半导体制造技术战略联盟”，是以美国半导体制造业中居领先地位的14家企业组成的研究与开发（R&D）战略技术联盟。1987—1997年，从国防部的“先进研究计划机构”（ARPA）中拨款10亿美元，研发先进半导体制造技术，发展可将新技术用来生产各种不同的微电子产品的新制造方法
	2013	由相互联系的15家制造业创新企业、科研机构共同组成“国家制造业创新网络”
研发项目的政府资助	1982	“小企业创新计划”：小企业参与政府部门研发活动 “小企业技术转移计划”：促进小企业与研究机构协同创新
	1992	跨部门财政直接援助、鼓励小企业和研究机构参与政府研发

资料来源：杜琼.美国“官产学研结合”的新动向及启示[J].中国经贸导刊，2014(6)：31-33.

3. 开放包容的创新环境

（1）制定多方位的创新政策，营造开放包容的创业生态系统。欧盟以社会创新政策推动创新的制度环境，美国通过非政府组织促进创新活动的开展。

（2）营造开放包容的社会氛围，鼓励公众参与创新的社会环境。欧盟不断推动社会创新，以应对经济危机带来的迫切社会需求；同时给予资金鼓励，公共资金上增加对社会创新的投入，发布众筹融资等积极吸引私人投资，并纳入工作框架和预算框架。

1.2 世界主要创新型区域科技创新规律

本研究选择了国际上比较有代表性的四个创新型区域，对其创新模式、空间格局、创新成果转化方式、区域协同创新方式进行规律性总结：

大伦敦地区——全球领先的文化和金融创新中心，全球文化创意产业之都、国际金融中心；

大波士顿地区——美国重要都市区之一，美国金融、教育及高科技中心之一；

硅谷地区——全球高科技技术创新和发展的开拓者、互联网产业的创新中心，是以企业为主体，自下而上推动的典型代表；

筑波-秋叶原地区——日本科学研究中心，国际知名科学城，是以政府为主导、高校和科研机构为主体，自上而下推动创新的典型代表。

1.2.1 创新模式

1. 以产业集群及其所在城市为主要载体

(1) 城市和产业集群是区域创新的主要载体。大伦敦地区、大波士顿地区等多个著名创新区域都是围绕创新城市发展而来。美国拥有 12 个产业集群，包括西雅图、塔科马与奥林匹亚的信息技术产业和航天技术产业集群，硅谷的信息技术产业集群，丹佛和博尔德的信息技术产业集群，凤凰城的航天技术产业集群，明尼阿波利斯的医疗器械产业集群，堪萨斯的生命科学产业和高级化学产业集群，奥斯丁、达拉斯和沃斯堡的半导体产业集群，匹兹堡、阿克伦和克利夫兰的生命科学产业与清洁能源产业集群，波士顿的生命科学产业集群，罗利和德兰的生命科学产业集群，杰克逊维尔和塔拉哈西的医疗器械产业集群，亚特兰大的信息技术产业集群[①]。这些产业集群所在地与美国创新区域相吻合。

(2) 纵向联合型产业集群是创新的主要模式。横向竞争型产业集群是由同行业形成的创新集群，容易激发原有生产过程创新；而纵向联合型产业集群是同产业部门企业，容易激发新技术和新产品的创新，美国产业集群多为此种类型。

(3) 区域创新网络主要通过产业集群实现。知识溢出高度地方化，在研发试验室集群中，小的空间尺度更有地理传导价值，特别是在半径 1/4 英里(约 0.4km)范围之内，更有利于人才集中、信息流动等；集群为创新提供多渠道知识信息共享，区域创新网络多以大学为重要支撑，全球 48%的园区布局在大学校园内或毗邻大学的区位；此外，集群还能够为创新带来政策支持。

2. 以企业创新网络为核心

(1) 企业为集群创新网络的核心。企业创新网络往往由科技企业和企业研发中心组成。

(2) 集群内企业间通过创新合作、关联，形成区域创新网络。集群内企业间形成企业创新关联，集群整合知识、专利、实验成果，集群产业联盟整合商业、规制、研发、投资、设施建设服务。集群还能够构建企业关系网络，整合创新科技和新思维。

1.2.2 空间格局

1. 圈层式布局与簇群式布局并存

综合型创新区域主要是一种圈层式布局。综合型创新区域主要出现在大都市区，依托大都市区中心区丰富的科教、金融等服务机构发展。以大波士顿地区为例，其中心位置是学校、科研机构、金融服务和部分科技企业所在地，企业以中心区为圆心，依托交通干线布局，在 128 高速公路和 495 高速公路附近分布了 200 多家生物技术企业。

---

① Trends Magazine. American innovation and manufacturing [EB/OL]. [2018-08-23]. https://audiotech.com/trends-magazine/american-innovation-manufacturing/.

在一些技术型创新区域主要展现出一种簇群式布局的模式，自上而下的技术创新能够形成多个相互联系的创新产业集群。硅谷地区以南部的半导体产业和北部的生命科学产业为起点，逐渐衍生出企业软件、互联网、环保科技，以及相关的风险投资等产业簇群[①]。

2. 区域创新廊道是整合区域创新资源的关键

首先，依托创新廊道的规划，连接区域创新关键节点，是促进创新资源整合的常见方式。英国大伦敦规划确定了两条区域协作发展廊道——伦敦东区-出海口廊道和伦敦-斯坦斯特德-剑桥-彼得堡廊道，区域创新关键节点位于这两条廊道上；筑波-秋叶原地区也形成了以公共交通为导向开发的区域创新廊道。

其次，依靠跨区域联盟方式激发并带动创新廊道上关键节点的创新活力。例如，波士顿以跨领域联盟的方式促进剑桥科技园的再发展；交通区域联盟整合了剑桥大学、东安格利亚大学等10所高校近3个地区园区的技术力量。筑波TX铁路沿线布局多家以产业技术综合研究所为首的国立研究机关以及立足民间的研究开发型事业企业。

1.2.3 创新成果转化

(1) 产学研合作是推动创新成果转化的主要方式，其中，大学和科研机构是各区域创新网络的基础。筑波科学城拥有46个国家级研究机构与教育院所、众多私人研究机构，包括外籍研究人员在内的1.3万名研究人才；剑桥市每年平均获得264个专利、授权280个技术商标、创办41个企业，与麻省理工学院(MIT)相关联企业每年新创150家。

(2) 大学知识创新和企业技术创新的良好互动能够有效推动区域创新系统优化。硅谷周边高校为创新型企业提供优质创新人才；创新型企业同时也鼓励员工从高校获取新的知识。

(3) 创新成果转化有效地促进了创新互动。硅谷宽松的创业环境鼓励科研人员将基础研究成果转化；英国允许大学教授身兼教职、企业家等多重身份；大波士顿区域的哈佛大学成立“I-Lab”，鼓励学生与当地小型企业联盟及政府机关合作。

1.2.4 区域协同创新

1. 搭建创新平台

(1) 以非政府组织为主体搭建创新平台。例如，圣地亚哥市搭建了公共创新服务平台(UCSD CONNECT)，波士顿世界合作组织建立了“创新快车”交通线路。

(2) 以企业为主体组成创新联盟。法国布尔集团、德国西门子公司、英国国际计算机公司等欧洲三大电子公司成立共同开发中心，建立跨企业/产业联盟。

(3) 以政府为主体进行基础设施的支撑。知识基础设施有波士顿的公共图书馆体系，提供馆藏服务、文化活动或辅助教育活动；交通基础设施以日本开通筑波快车铁路线(TX线)为代表。

2. 制定支持政策

制定区域性创新鼓励政策，包括资金支持与鼓励社会创新政策。①设立统筹管理机构。

---

① RICK R. Silicon Valley History[EB/OL]. [2018-08-23]. https://www.slideshare.net/rickyrazz/18-silicon-valley-history.

马萨诸塞州早在1957年成立了波士顿发展管理局，管理和运行区域内的工业园区。②制定创新计划。波士顿发展管理局根据波士顿经济的发展情况，提出了波士顿1/3（One in 3 Boston）计划、波士顿后街（Back Streets）计划和波士顿生物科技（Life Tech Boston）计划。③给予创新活动资金支持，马萨诸塞州新兴科技基金近来又新增2500万美元，旨在帮助科技型企业建造新设施等。④制定创业活动鼓励政策。马萨诸塞州州长围绕"创新经济"展开并提出一些政策计划，包括发布"麻州创新月"（Innovation Month）政令、发表呼吁请大学生留下创业的公开信、与民间非营利机构签署社会创新服务合同（Social Innovation Compact），等等。⑤参与社会创新计划。马萨诸塞州参与联邦教育部的"奔向顶峰"（Race to the Top）计划，积极推动教育创新竞赛、率先尝试"为成功买单"（Pay for Success）等社会创新项目，努力争取联邦政府对基础科学研究的资金投入。

1.3 世界主要创新型城市科技创新规律

本研究选择位于北美、欧洲、东亚三大创新板块的国际知名创新型城市，同时是一些检索量较高、较有发展特色及代表性的城市进行科创规律研究，尽量覆盖创新全类型（表1.4）。关注重点集中在五个方面：创新集聚的动力、创新功能组织规律、创新载体建设、创新环境营造、政府职能与创新机制。

表1.4 创新型城市的选择

城市类型	代表城市	城市发展特征
科技创新型城市	印度班加罗尔、美国西雅图、加拿大渥太华	政府主导，拥有良好的自然生态环境、一流的教育科研机构、雄厚的科技实力，具备较强的创新能力与明显的产业优势
文化创新型城市	西班牙巴塞罗那、英国曼彻斯特	处在时代前沿，经济高度发达，有足够的人力、物力和财力去进行文化创新。把知识、创意文化元素作为发展城市的重要资源和创新引擎，创意产业作为城市的支柱产业
工业创新型城市	美国堪萨斯、英国哈德斯菲尔德	一般在大都市周边地区，可以充分利用大都市的人才、技术等优势，加强城市的技术创新能力，提升城市某些工业领域的竞争优势
服务创新型城市	日本东京、德国柏林、英国格拉斯哥	第三产业发达，社会综合服务能力较强，尤其是政府服务水平和社会福利水平较高
全面创新型城市	美国波士顿、新加坡	拥有强有力的制度和物质基础，广泛适用科技推动经济增长，软件、金融等现代服务业发达，人力资本雄厚，创意阶层人数众多

1.3.1 创新模式

主要有如下两种创新模式。

（1）量身定制城市创新体系，系统推进创新型城市建设。

不同类型的创新偏好不同的地理区位（图1.3）。更具创新性的高等技术创新行为趋向于在距离大都市较远的地方进行，甚至是在小城市的边远地区；中等技术和应用技术创新行为则趋向于靠近大都市区或小城市进行；激进创新则没有明显的地理区位偏好。过程创新相比生产创新趋向于在大都市内进行。创新城市的构建要量身定制，基于自身条件差异注入不同的创新元素，展现不同的发展模式和创新路径。

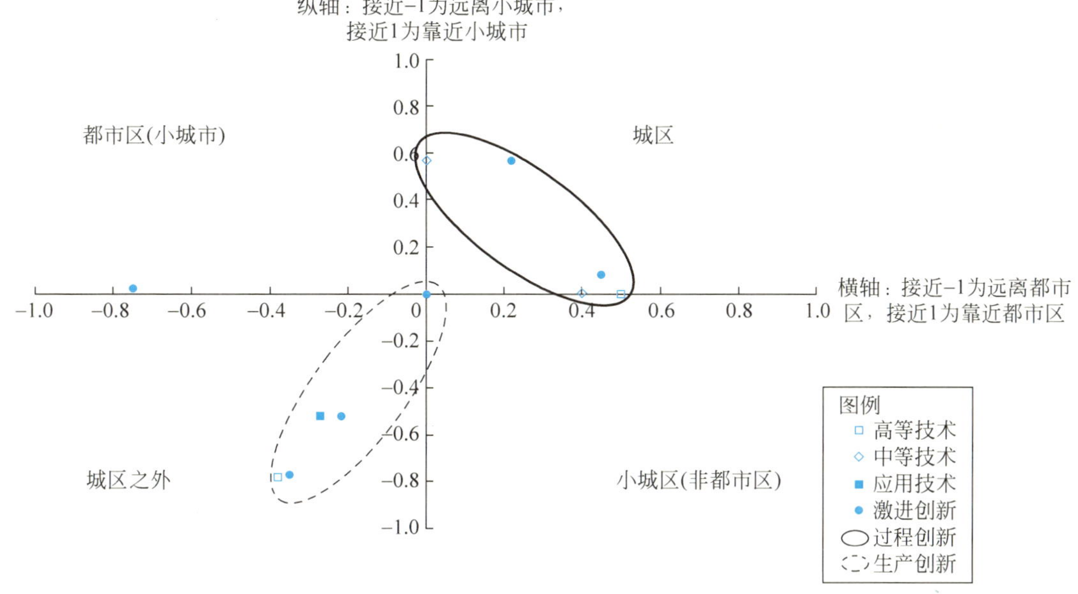

图 1.3　不同类型创新的区位偏好示意

资料来源：方创琳. 中国创新型城市发展报告[M]. 北京：科学出版社，2013.

(2) 大规模、多样化的创新主体是创新城市建设的基础。主要表现为以下几方面。

① 多样化、高层次创新人才的集聚和培养。印度班加罗尔被称为“印度硅谷”，拥有众多印度一流高校，云集了印度35%的IT人才，位居2014年全球十大IT人才流入地第一位①。美国波士顿被认为是世界上最出色的创新城市之一，其一流的高等教育吸引了大批高端人才，波士顿大都市区拥有超过100所高校，共有超过25万名大学生，波士顿市区更是有包括哈佛大学、麻省理工学院等在内的多所世界顶尖大学。

② 著名大学对创新城市的推动。大量具有高研发能力的组织机构的集聚，对城市的创新起到显著推动作用。比如，哈佛大学、麻省理工学院等一系列高校对波士顿城市创新的巨大推动，哥伦比亚大学、纽约大学等对纽约城市创新的推动。

③ 科研机构对城市创新的推动。印度班加罗尔云集了一大批国字头的高科技研究机构。

④ 科技企业对城市创新的推动。印度班加罗尔云集了4500家高科技企业，其中1000多家有外资参与，班加罗尔也已经发展成为全球第五大信息科技中心。美国西雅图云集了超过600家高科技企业，在微软、波音、亚马逊等科技巨头的拉动下，是全美第六大专利地区。

---

① SOHAN M. India's got tech talent: cities in India top list of cities attracting technology talent [EB/OL]. [2018-08-23]. https://blog.linkedin.com/2014/06/24/indias-got-tech-talent-cities-in-india-top-list-of-cities-attracting-technology-talent.

1.3.2 空间布局

多元创新功能的集聚是创新型城市空间布局的重要特点。城市多元创新功能集聚分布，特别是科技企业和科技服务、金融服务的伴生和集聚关系更强，且与城市中心体系契合，体现了创新企业和创新人群对多元城市服务的需求。比如在纽约和东京，高校、科研机构、科技企业、科技服务业、金融服务业等在城市中具有高度相似的空间分布特征。

1.3.3 创新要素的互动与集聚

创新要素的互动与集聚表现为以下两方面。

(1) 产学研合作是促进创新要素互动的重要手段。

建立产学研相结合的创新网络，有助于盘活区域内的各种创新资源，打通创新链上的关键环节，促进经济体系中的不同部门和不同要素的互动，对调整科技成果的供求关系及结构，促进科技成果的转化，以及形成技术创新的内在机制具有重要的战略意义。

知识溢出需要在空间上邻近，才能有利于创新要素传导。剑桥市为大波士顿地区的中央智力区，提供高教、研发等功能；波士顿市为中央商务区提供各种金融保险、总部办公等服务。中央智力区与中央商务区相结合，在128高速公路形成高科技产业带，促进科研成果的迅速产业化。伦敦首都圈内的各个园区也都紧邻剑桥大学、牛津大学等世界知名学府，它们制定了专门的产学研合作计划，构筑起了区域技术交流网络，并通过知识转移伙伴计划(KTP)、知识转移基金(如高等教育创新基金)等支持大学的技术转移。

(2) 创新载体建设是推动创新资源集聚的重要路径。

各类科技园区等创新空间载体可以集聚创新活动，有效提升空间的科技创新能力。创新活动的地理集中有效地提高了城市创新能力，一个结构优良的创新型城市首先源自一个或几个知识创新区；各类高科技园区是创新型城市建设的重要依托，美国有硅谷、128公路，加拿大有卡顿高科技区，英国有剑桥科技园、苏格兰硅谷，日本有筑波科学城、九州硅岛，新加坡有纬壹科技城，韩国有大德科技园。

1.3.4 创新环境的营造

良好的创新环境、开放包容的创新文化，是激发创新主体、创新活动集聚的重要依托。纽约凭借其吸引人的创新环境、多元化的设施服务以及包容的文化氛围，大大促进了其高科技产业的发展，正逐渐追赶上硅谷的规模，对美国的经济增长起到重要引领作用。东京也提出将现代服务业作为其创新型城市的重要建设方向。

创新环境的营造包括激发创新的多元路径。以色列创新研究学者 Ron Dvir 和 Edna Pasher 形象地设计了通向知识海洋的11条溪流：文化知识的复杂性、高技术的社会普及性、创新者网络、知识领导者、自由创新个体、知识型区域、可持续发展能力、创新的战略取向、客户知识、知识产权和创新生态。

(1) 加强创新基础设施建设。

① 加强创新平台、信息网络、共享数据库等创新基础设施建设，提高设施共享水平，是保障创新活动开展和创新体系有效运转的重要基础。

② 构建“信息高速公路”网络，推动产学研的有机融合。目前英、德、法等欧盟国家正在加速发展“信息高速公路”网络，把国家的实验室、图书馆、大学、医院、政府研究机构以及企业联系起来。

③ 优化创新基础设施建设的投入结构。从国家不同研究领域的资源优势和实际需要出发，选择优先研究领域，强化对这些领域的资助，最大限度地发挥资金的使用效率。

(2) 科技服务能力的提升是推动城市创新的催化剂。

健全的科技中介机构能有力推动城市创新。科技中介机构包括三种模式：交易平台型、转移代理型和技术孵化型(表 1.5)。2010 年，有超过 16 300 个专利在圣何塞和旧金山地区产生，是全球专利授予数量最多的地区，这与硅谷对科技中介机构发展的重视紧密相关，其建立的完善的科技中介机构服务体系加强了科技创新网络的构建，提高了创新的产出效率。其完善的科技中介服务体系包括人力资源服务机构、技术转移服务机构、金融资本服务机构、管理信息咨询服务机构、财务服务机构以及法律服务机构等。

表 1.5 科技中介机构的不同类型与比较

类型	主要功能	服务内容	利润来源	组织模式
交易平台型	沟通	信息交流与洽谈所需的硬件设施；信息的收集、处理与发布等	中介报酬	技术市场、产权交易所和人才中介组织等
转移代理型	评估和协调	法律咨询服务、管理咨询服务、技术评估服务、技术咨询服务等	转移代理的差额利润	科技咨询机构、项目评信公司、公证处、会计师事务所、审计事务所、律师事务所等
技术孵化型	协助实施和经营	提供硬件设施与政策优惠；提供信息交流、人才交流和管理咨询；提供技术咨询、法律咨询以及融资渠道	房租、各种服务费、资本收益、品牌收益	孵化器(创业服务中心)、工程技术研发中心、生产力促进中心

(3) 发挥政府协调和促进作用。

政府需立足城市及区域资源特点，对城市科学定位，制定创新发展战略规划。①为企业营造良好的创新环境，建立创新服务体系，提供全方位的信息服务，以降低企业创新成本，创造良好的政策支持环境和制度环境，加强知识产权的创新与保护。②转变政府职能，发挥政府在城市创新中的引导推动作用，从直接组织创新活动为主，转向宏观调控、创造条件和环境、制定法律法规、提供政策指导和服务、促进产学研三者合作为主。③改革和发展教育体系，培养吸收创造性人才。日本和韩国都制定了“吸收型”的技术创新战略。

1.4 世界主要创新型园区创新空间规律

本研究选择位于北美、欧洲、东南亚三大创新板块的知名度高、较为成熟、具有代表性和全球影响力的创新型园区，包括硅谷、波士顿创新功能区、埃因霍温高科技园、筑波科技城、新加坡纬壹科技城、英国纽卡斯尔科学城等进行案例研究。

对国际科创园区案例，重点关注其用地构成规律、空间布局模式、创新平台建设以及创新环境营造。

1.4.1 建设模式

国际科技创新园区案例中的建设模式主要有以下两种。

（1）产学研高效融合建设模式。剑桥市产学研融合布局，高校周边布局较多科研办公、孵化器、实验室以及小型企业，同时注重高校与周边社区的融合发展。波士顿创新功能区通过土地的混合利用，建设具有最好创意和最具发展前途的企业家交流场所，成为集创业、工作、居家生活和休闲娱乐为一体的多功能城市社区。

（2）圈层式布局，组团式串联。硅谷以大学等科研机构为核心，圈层式布局教育、金融、实验科研机构、居住生活服务设施，各圈层之间通过快速交通串联；交通干道沿线布局商业服务区及科研办公区等（图 1.4）。

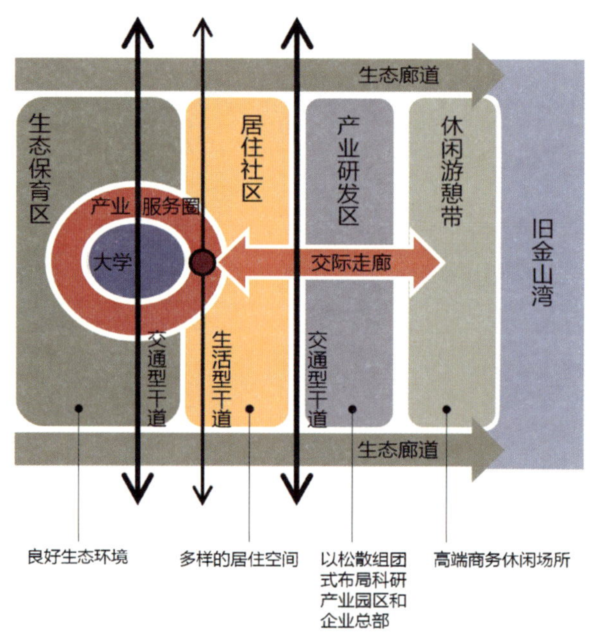

图 1.4　硅谷圈层式布局

资料来源：陈鑫，沈高洁，杜凤姣. 基于科技创新视角的美国硅谷地区空间布局与规划管控研究[J]. 上海城市规划，2015(2)：21-27.

1.4.2 空间布局与用地结构

1. 依托交通干线园区混合功能布局

（1）TOD 引导园区开发建设模式。通过轨道交通强化与中心城市的联系，依托站点圈层式布局商业、商务和居住功能，进一步推动园区的用地混合，延长园区服务时间和服务面，依靠便利的交通吸引研究机构和企业入驻。

（2）交通干线引导园区布局模式。波士顿依托128高速公路建设带状高科技产业带，通过放射状高速公路与波士顿创新中心、金融中心区联络，便捷的交通条件促进产学研一体化。

2. 高度混合的用地结构

（1）调整用地结构，促进土地混合使用，重视非产业用地，促进创新与社会交往。硅谷各县市顺应社会交往趋势调整总体规划，对不同类型用地比例进行优化，生活用地、服务设施用地、绿地用地所占比例达85%，产业用地仅占7%，通过提高公共空间用地和绿地用地所占比例进一步促进硅谷社会交往趋势。筑波科技城科研教育用地占比达54%，公共服务设施用地占比达28%，产学研高度融合。

（2）刚性与弹性相结合的土地利用分区。硅谷通过"刚性规划基底区＋弹性混合叠加区＋特殊基底区"构成区划基本框架，并预留弹性的创新规划基底区，对分区设置放宽的准入机制，为功能复合、研发空间及新功能预留更大的弹性。

（3）面向创新的土地用途许可。硅谷的各个市县用地分类不完全一致，但有较高的共性，围绕教育、科研、办公及生产性服务业设置了创新的土地用途，如家庭办公（home occupations）、商务服务（business services）、机械与装备服务（machinery & equipment services）、农业研发（agricultural research）等，以满足细分的土地利用需求，为科技创新产业提供全方位的便利，促进科技创新产业的发展。

1.4.3 创新环境

1. 完善的创新服务平台

（1）多重政策支撑园区创新创业。通过立法手段，对地产、税收、信贷、资金、设备等提供多方优惠，为创新提供有力支持，吸引更多创新人员和投资人员。

（2）重视知识创新和交流共享平台的搭建。①通过非政府组织（Non-Governmental Organizations，NGO）进行宣传和推广。波士顿通过四大NGO促进城市创新（表1.6）。②文化设施共享平台建设。波士顿拥有完善的公共图书馆体系。

表1.6 波士顿促进创新的四大NGO

NGO名称	目　的	具体工作
马萨诸塞州技术委员会	完善产业政策，促进新技术的宣传推广	帮助企业全面开拓市场，开展知识产权保护，帮助引进新的高科技企业
马萨诸塞州发展公司	帮助政府开展经济规划及科技企业融资	为企业提供低息按揭贷款
多切斯特海湾经济发展公司	发展社区经济及运作廉租房	收购废弃厂房，重新改建后出租或者出售
波士顿世界合作组织	调动市民的热情和智慧，共同推动城市创新	对创新功能区和"新都市技师"进行宣传和推广

2. 积极活跃的创新氛围

（1）注重非正式交往空间的营造，创造良好的园区环境。强调不同企业、不同人才之间的交流，提供灵活的交往空间；充分考虑就业人群对生活、休闲、交流空间的诉求，实现服务功能和空间要素的多元化。

（2）营造创新氛围。调动市民的热情和智慧，推动市民广泛参与创新城市、园区建设，释放各地的创新潜力，提高创新气息和发展活力。波士顿现代美术馆在闹市区的建筑上创作了若干巨型壁画，能激发市民的好奇心和想象力，推动城市居民广泛参与创新城市建设，释放每个个体的创新潜力。

1.5 世界主要创新型区域典型案例

1.5.1 硅谷全方位领先的创新经济体系

当前，硅谷创新产业飞速发展，成为全球创新策源地。2014 年全球创新城市指数中，旧金山-圣何塞都市区位列榜首，这得益于硅谷拥有全方位领先的创新经济体系，尤其是在创新投入要素以及创新产业全流程中体现了强劲的实力。

创新经济对硅谷的重要性不言而喻。2014 年第一季度，硅谷创新产业工作岗位数占全硅谷的 26%，国内生产总值(GDP)达到全硅谷的 33%。1993—2013 年，硅谷创新产业产值增幅约为 140%，发展速度是常规经济的 3 倍，且二者差距仍在扩大。

硅谷的创新产业包括生物医药、清洁能源、软件产业、通信服务、网络信息服务、医疗设备、信息通信技术产品生产及零部件制造业、宇航产业、其他高科技产品及制造业、传媒及专业创新服务。其中，专业创新服务、软件产业、信息通信技术产品生产及零部件制造业在当前硅谷创新产业产值中排名前三。

硅谷的主导创新产业体现了鲜明的时代与区域特征。从硅谷发展历史来看，其主导的创新产业经历了高科技产品制造业(硬件)到网络信息服务(软件)再到专业创新服务业转变的过程；从与同时期美国其他主要创新经济聚集区对比来看，软件产业、信息通信产业、互联网服务业是硅谷的优势创新产业。

硅谷拥有众多高度专业化和国际化的高等教育人才。硅谷拥有 40 多位诺贝尔奖获得者，占全世界近 1/4；美国工程院和科学院院士约 1000 人，占美国两院院士人数的 23%；硅谷在全美创新聚集区域中拥有总数第二多、按产值平均最多的自然科学与理工类本科及以上学历群体，以及最高的硕士及以上学历人口占新迁入人口比重。科学、技术、工程、数学本科及以上学历者 56%为外籍；而南加州为 44%，纽约市为 44%，西雅图为 37%，波士顿为 34%，奥斯汀为 31%，均未超过半数。2013 年硅谷新移民来自美国以外的比例高达 97%，而西雅图这一比例为 51%，奥斯汀为 17%，纽约波士顿地区仅为 4%。1995—2005 年，美国硅谷高科技公司超过半数创始人团队中有外籍成员，大大高于全美 25.3%的平均水平。

硅谷是风险投资的发源地和传统领导者。2014 年仅第一至第三季度，硅谷与临近的旧金山风险投资额度分别达到了 74 亿美元和 72 亿美元，高于 2001 年以来任何一年的总值。

合计占有加州风投资本总量的73.7%，占全美国风投资本总量的43.0%，大幅领先于纽约、波士顿、南加州、奥斯汀和西雅图。

来自企业的新技术研发是硅谷研发投入的主要来源。2013年硅谷销售额前150家科技公司的全年研发支出总额超过730亿美元，约相当于中国同年研发总投入的2/5。来自联邦政府的研发投入与前者相比总值较小，却是支撑硅谷基础科学研究的主要资金来源。近年硅谷政府研发投入略有下降，但仍在全美创新经济聚集区中排名第二。2013年硅谷专利注册数量达到16 975件，占全加州的46.9%，占全美的12.7%。硅谷专利中，占最大的份额（40%）的产业领域是计算机、数据处理与信息存储，其次（24%）是通信产业。2013年美国专利合作条约（PCT）专利申请前10名的企业，硅谷占4家（英特尔、惠普、谷歌、苹果）；前100名的企业，硅谷占13家，而专利申请数量（5040件）占前100家专利申请总量（20 722件）的24.3%。

创新产业的全流程把握能力，是硅谷多年以来积累的创新经济领域核心领导力与竞争力。创新产业的流程包括概念创造、商业化、创业以及商业创新。

1.5.2 纽约金融创新发展

纽约金融中心的特色，在于其创新能力。全球金融市场上，绝大部分的资产工具和金融衍生品都是美国创造出来的。从汇率交易基金产品、债权衍生品、股权衍生品到信用衍生品，甚至包括最新推出的二氧化碳额度的买卖，均源自美国。除产品创新外，各种交易方式的创新同样源自美国。

纽约金融创新发展紧抓市场需求。19世纪末，纽约金融市场即敏锐地关注铁路修建与工业建设，推出优先股及长期债券。20世纪初即在美国电力公司债券发行中创新采用了期权。20世纪七八十年代，针对被认为债务存在极大风险的公司发行股票降低债务，即便在经济衰退时期也可创造就业的需求。其离岸金融中心的建设及批发清算系统的改造，更具有突出的需求导向特色。

20世纪80年代，面对全球蓬勃发展的离岸金融市场及其引发的美元资产外流状况，美国创新建立了离岸金融中心和离岸银行业，即在美国本土以纽约为中心，建立了国际银行业务设施。通过在岸与离岸账户之间的隔离，建立离岸业务市场。该离岸市场经营的不是外币而是本币，并且由于它设立在本土，因此它实际上是一种在岸的离岸中心，本国及外资银行可足不出国地在岸从事本币离岸业务。大大满足了离岸金融需求，改善了资金外流状况。

21世纪初，纽约的跨境美元清算系统（CHIPS）在全球引领了银行间大额支付清算系统的改造，建立了创新系统-实时净额清算系统（RTNS），逐渐成为发达国家银行间支付清算的主流模式。RTNS在提高安全性、实现日内实时结算的同时，维持了流动性节省之特性，具有明显优势。纽约建成了全球最完备、发达、高效、低成本和低风险的机构跨国清算结算体系，形成了标准化平台。纽约组建了资本市场监管委员会，通过外国公司退市修正案、寻求会计制度与国际接轨的方式，促进财政制度的并轨，提高本土金融创新产品的国际适用性，有利于创新产品的推广，及其对世界金融市场的掌控。

纽约以“不禁止的都是允许”的负向监管模式，提升金融市场的活跃程度；建立开放的信息平台，通过监管能力的提升，引导金融企业提高市场竞争力和交易创新的积极性。通过专业的部门设置来配合中央监管机构，贯彻执行国家有关金融工作的方针、政策和法律法规。根据本地区国民经济和社会发展总体规划，编制和修订本地区金融业发展的中长期规划和工作计划；实施对地方金融机构的宏观管理，协调地方金融资源的优化配置；负责地方政府与中央金融机构及其在本地区金融机构的联络等工作。

除了制定法规和进行监管之外，纽约利用政府集中力量办大事的能量，帮助金融市场和金融机构建立基础设施和提供服务。

1.6 主要参考文献

[1] 2thinknow. 2thinknow Innovation Cities™ Index 2015 [EB/OL]. [2018-08-23]. https://www.innovation-cities.com/innovation-cities-index-2015-global/9609/.

[2] Cornell University, INSEAD, and WIPO. The Global Innovation Index 2014: The Human Factor In innovation [EB/OL]. [2018-08-23]. http://www.wipo.int/publications/en/details.jsp?id=3254&plang=EN.

[3] European Union. Patent applications to the EPO relative to the population size [EB/OL]. [2018-08-23]. http://ec.europa.eu/eurostat/statistics-explained/pdfscache/1205.pdf.

[4] Howard Wial. Interactive: locating American manufacturing [EB/OL]. [2018-08-23]. https://www.brookings.edu/interactives/interactive-locating-american-manufacturing/.

[5] Loren's World. Amazing Art Murals Around The World [EB/OL]. [2018-08-23]. https://www.lorensworld.com/entertainment/amazing-art-murals-around-the-world/.

[6] Map of USA. US population density [EB/OL]. [2018-08-23]. https://mapofusa.net/us-population-density-map.htm.

[7] MIKE C. Map of Boston-area Colleges and Universities [EB/OL]. [2018-08-23]. http://capuano.house.gov/links/ma_colleges.shtml.

[8] Regional Plan Association. America 2050: A Prospectus [EB/OL]. [2018-08-23]. http://www.america2050.org/pdf/America2050prospectus.pdf.

[9] RICHARD F. What the shutdown revealed about the economic divide in U.S. politics [EB/OL]. [2018-08-23]. https://www.citylab.com/equity/2013/10/what-senate-deal-reveals-about-economic-divides-us-politics/7268/.

[10] RICK R. Silicon Valley History [EB/OL]. [2018-08-23]. https://www.slideshare.net/rickyrazz/18-silicon-valley-history.

[11] SOHAN M. India's got tech talent: cities in India top list of cities attracting technology talent [EB/OL]. [2018-08-23]. https://blog.linkedin.com/2014/06/24/indias-got-tech-talent-cities-in-india-top-list-of-cities-attracting-technology-talent.

[12] Trends Magazine. American innovation and manufacturing [EB/OL]. [2018-08-23]. https://audiotech.com/trends-magazine/american-innovation-manufacturing/.

[13] The World Bank. GDP and Population [EB/OL]. [2018-08-23]. https://data.worldbank.org/.

[14] US Census Bureau. Core Based Statistical Areas [EB/OL]. [2018-08-23]. https://www.census.gov/geo/reference/gtc/gtc_cbsa.html.

[15] 白春礼. 世界科技创新趋势与启示[J]. 科学发展，2014(3)：5-12.

[16] 陈鑫，沈高洁，杜凤姣. 基于科技创新视角的美国硅谷地区空间布局与规划管控研究[J]. 上海城市规划，2015(2)：21-27.

[17] 杜琼. 美国"官产学研结合"的新动向及启示[J]. 中国经贸导刊，2014(6)：31-33.

[18] 方创琳. 中国创新型城市发展报告[M]. 北京：科学出版社，2013.

第2章 全国科技创新网络体系的发展现状研究

经过多年创新战略的实施，我国创新能力已经得到了大幅提高，创新方面的政策体系和组织体系不断完善，形成了以国家自主创新示范区、高新技术产业开发区、国家大学科技园等科技创新功能区为主体，由科学技术部（以下简称科技部）、农业农村部（以下简称农业部）、教育部、国家国防科技工业局（以下简称国防科工局）、国家发展和改革委员会（以下简称国家发展改革委）、工业和信息化部（以下简称工信部）等部门共同推进建设的组织体系。在空间上呈现出东强西弱、梯次减弱的格局特征，并依托主要城市群形成了具有全国影响力、链入全球创新网络的全球创新型区域，以及具备区域影响力的全国创新型区域。

2.1 全国科技创新的成绩和问题

2.1.1 发展阶段

根据《国家创新指数报告 2014》，我国科技创新能力与发达国家差距不断缩小，2013 年中国综合创新能力居世界第十九位，是唯一进入前 20 位的发展中国家。且中国创新指数得分已经接近人均 GDP 在 5 万美元左右的欧洲国家，与发达国家创新水平之间的差距有了大幅缩小，明显超越同一经济水平的国家（即人均 GDP 在 7000 美元左右的国家），创新环境、创新绩效和企业创新在金砖国家中均处于显著优势地位①。这样的发展成绩与我国政府高度重视科学技术和创新战略在国家发展中的作用和地位相关。

2.1.2 取得的成绩

科技创新对中国经济发展的贡献稳步提升。近年来，我国科技进步贡献率一直呈平稳增长态势，2015 年达到了 55.1%，比 2010 年增长 4.4 个百分点②，全社会研究与试验发展经费支出达 14 220 亿元，经费投入强度达到 2.07%③。

知识创新总量不断增加，应用水平加速提升。2015 年，我国发表的国际科技论文数量仅次于美国，居全球第 2 位，被引用数升至第 4 位，影响力稳步提高④。发明专利申请量和授权量也均稳居世界前列。

2.1.3 存在的问题

与世界科技强国相比，我国创新能力的提升空间仍然较大，创新体系的整体效能不高。尤其是原始创新有待提高，科技成果转化率仍然偏低，产学研合作亟待加强，许多产业仍处于全球价值链的中低端，创新型企业群体，高技能、高层次领军人才缺乏，科技对经济增长的贡献率还不够高。

---

① 中国科学技术发展战略研究院. 国家创新指数报告 2014[M]. 北京：科学技术文献出版社，2015：12-20.

② “十三五”国家科技创新规划[EB/OL]. [2017-12-14]. http://www.most.gov.cn/mostinfo/xinxifenlei/gjkjgh/201608/t20160810_127174.htm.

③ 2015 年全国科技经费投入统计公报[EB/OL]. [2017-12-14]. http://www.cfen.com.cn/sjpd/hg/201611/t20161111_2456353.html.

④ “十三五”国家科技创新规划[EB/OL]. [2017-12-14]. http://www.most.gov.cn/mostinfo/xinxifenlei/gjkjgh/201608/t20160810_127174.htm.

科技创新网络有待完善。我国科技创新联系的网络化程度滞后于区域城市间联系的网络化水平，创新高度集中在沿海地区和少数内陆城市，区域之间及区域内部城镇之间的创新传导、联系通道仍然较少。

激励创新的环境水平亟须提升。受发展阶段影响，我国在科技人力资源培养水平、研发人力投入强度、创新资源建设和开放共享水平、科技服务业发展方面均较滞后，创新精神需要进一步弘扬，容错机制需要进一步建立。

2.2 国家创新平台与政策评价

2.2.1 国家科技创新发展脉络

1949 年以来，我国以国防科技为基础和起点，多年来陆续出台了 30 余项科技规划和国家科技创新扶持政策，逐步形成了创新主体日趋多元、创新领域日趋广泛的科技创新体系（具体见表 2.1 和图 2.1）。其发展过程体现了以下几大趋势。

表 2.1 国家科技创新政策脉络

时　间	国家相关规划和政策颁布
1956 年	颁布我国第一个科技规划《1956—1967 年科学技术发展规划纲要》
1963 年	颁布《1963—1972 年十年科学技术规划》
1978 年	颁布《1978—1985 年全国科学技术发展规划纲要》
1982 年	颁布《"六五"国家科技攻关计划》
1985 年	颁布《中共中央关于科学技术体制改革的决定》
1986 年	颁布《1986—2000 年全国科学技术发展规划纲要》；启动"星火计划"
1988 年	启动"火炬计划"
1989 年	出版《中国科学技术蓝皮书第 1 号 国家十四个重要领域技术政策要点》
1990 年	启动"国家科技成果推广计划"
1992 年	出台《国家中长期科学技术发展纲领》；启动"产学研联合开发工程"
1993 年	制定《中华人民共和国科技进步法》
1995 年	全国科学技术大会上提出"科教兴国"战略
1997 年	制定和实施《国家重点基础研究发展规划》("973"计划)
1998 年	实施"知识创新工程"
1999 年	出台《中共中央、国务院关于加强技术创新、发展高科技、实现产业化的决定》
2006 年	全国科技大会提出"建设创新型国家"战略，颁布了《国家中长期科学和技术发展规划纲要(2006—2020 年)》
2009 年	设立第一个国家自主创新示范区
2015 年	实施"大众创业、万众创新"战略，出台《国务院关于大力推进大众创业万众创新若干政策措施的意见》；实施制造强国战略，颁布《中国制造 2025》

创新主体趋于多元化。1949 年初，科技创新主要依托高校和科研院所，发展到目前，则已经形成了高校、科研院所、企业和"草根"并存、互动的多元创新主体。

从"国防科技创新"走向多方位、多领域创新。自 1990 年起，我国即启动了"火炬计划""星火计划""863 计划"等一系列重大科技创新和成果推广计划，以促进高新技术产业和农业科技发展。进入"十三五"时期，我国的科技创新更是遍布航空航天、深海探测、清洁能源、生命科学、大数据、人工智能等多领域。

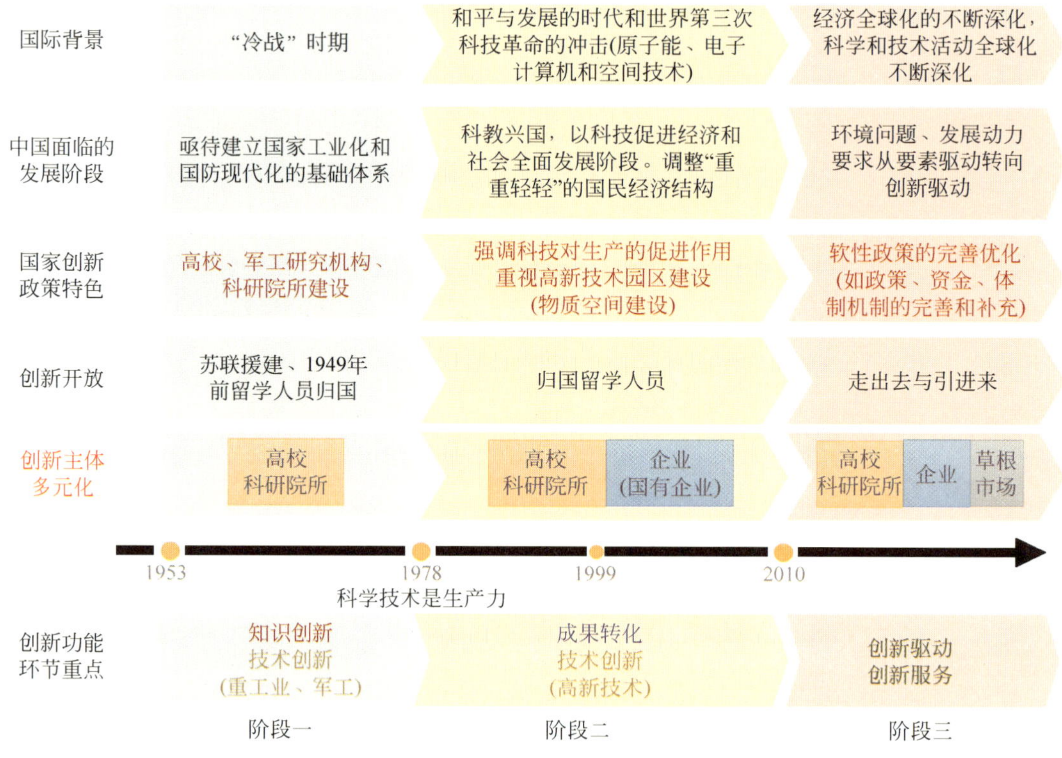

图 2.1 我国创新政策演变分析

从“硬件”建设走向“软件”建设，从研发管理转向创新服务，是我国创新政策变化的主要趋势。早期科研院所的建设和中期高科技园区的开发，以物质空间的“硬件”环境建设为主，目前，则更加重视创新生态等“软件”环境完善，即政策链、资金链、服务链、保障链的保障建设。

2.2.2 全国科技创新功能组织体系

我国科技创新体系由国家自主创新示范区、高新技术产业开发区、大学科技园等创新功能区构成，并由科技部、农业部、教育部、国防科工局等部门共同推进建设。其中：

科技部形成了以政府、高校、企业三方构成的科技创新体系，由国家高新技术产业开发区、国家自主创新示范区、国家大学科技园、国家重点实验室、科技企业孵化器、高新技术企业、企业技术中心和公益类科研机构为主体构成。其创新源分为两类，包括科技创新源和产业创新源。其传导关系相对扁平化，即国家通过政策和机构认定进行支持帮扶，形成多类创新基地。

农业部形成了以基础性研究(国家基地)—区域性农业产业技术研究(区域性农业科研中心)—科技成果示范扩散平台(试验站、现代农业示范区)—农产品研发和工艺研制(企业农业技术研发中心)为核心的多级创新体系，整体呈现由全国到区域到地方的梯度扩散。创新源分为三类：基础性创新源、共性技术创新源、特性技术创新源。

教育部主要通过政策法规制定和评价体系构建，从而对高校科技创新能力提升及科技成果转化进行引导，促进产学研一体化发展。创新源主要为高校。

国防科工局(原国防科工委)形成了以军队科研机构、军工科研机构、民用科研机构为主的科研机构体系，由军队院校、军工院校、民用院校等组成的院校体系，以及由军工企业、民用企业等组成的企业体系。创新源包括三类，分别为军队创新源、军工创新源和民用创新源。创新的传导主要依靠国家通过专业机构设置和军民合作，形成多类创新基地。

在各部门的协同推进下，我国逐步形成了以创新主体和创新功能区（政策区）为核心的科技创新功能体系（图 2.2）。创新主体包括企业、政府部门、科研院所、高校，创新功能区包括国家自主示范区、国家高新技术产业开发区、区域性改革创新平台、创新中心城市、创新型省份试点等（见表 2.2）。

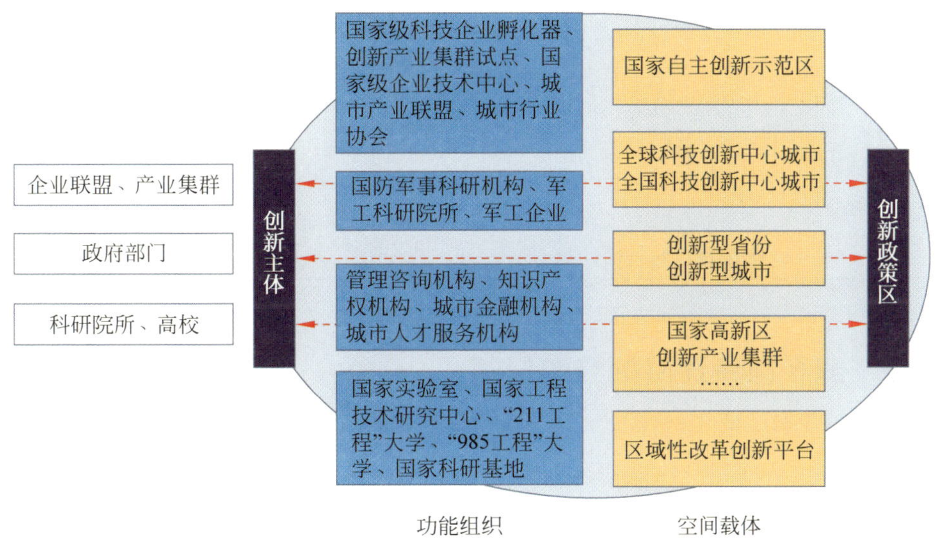

图 2.2　我国科技创新功能组织体系

表 2.2　我国主要创新功能区（政策区）一览表

名　　称	内　　涵
国家自主创新示范区	经国务院批准，在推进自主创新和高技术产业发展方面先行先试、探索经验、做出示范的区域，对于进一步完善科技创新的体制机制，加快发展战略性新兴产业，推进创新驱动发展，加快转变经济发展方式等方面将发挥重要的引领、辐射、带动作用
国家高新技术产业开发区	为发展高新技术而设置的特定区域，是依托于密集的智力资源、技术资源和开放环境，依靠科技和经济实力，吸收和借鉴国外先进科技资源、资金和管理手段，通过实行税收和贷款方面的优惠政策和各项改革措施，最大限度地把科技成果转化为现实生产力而建立起来的，促进科研、教育和生产结合的综合性基地
创新型省份试点	对建设创新型国家发挥显著支撑作用的有关省份。 到 2018 年，推动东、中、西及东北等不同地区的一批省市率先进入创新型省市行列，创新型省份研究与试验发展（R&D）经费支出占地区生产总值（GDP）比重达到 2.5%以上，形成一批高端引领的创新型企业、人才团队，若干重点产业进入全球价值链中高端，基本实现创新驱动发展。 到 2020 年，在全国范围内推动更多省份和城市进入创新型省市行列，形成一批具有全国乃至全球影响力的区域创新中心、科学技术重要发源地和新兴产业策源地，初步形成协同高效的区域创新体系和创新型经济格局，发展驱动力实现根本转换，对建成创新型国家形成有力支撑

续表

名　称	内　涵
创新型城市试点	国家发展改革委、科技部主导，选择依靠科技、知识、人力、文化、体制等创新要素驱动发展的城市（城区）作为试点。创新型城市对其他区域具有高端辐射与引领作用，其内涵一般体现在思想观念创新、发展模式创新、机制体制创新、对外开放创新、企业管理创新和城市管理创新等方面
创新型产业集群试点	由科技部确定，并通过国家火炬计划、创新基金、高新技术企业培育和国家重点新产品等政策资源支持建设创新型产业集群试点。以主导产业、特色产业、优势产业为重点，通过围绕产业链扶持骨干企业、科技型产业，推动产业集群，尤其是创新型产业集群形成，充分发挥产业集群集聚效应，不断提升发展的实力和产业的国际竞争力
开放创新综合实验区	开放创新综合实验区的设立，是站在国家新一轮改革开放前沿，积极探索开放与创新融合、创新与产业融合、产业与城市融合的发展道路，更好地引领全国开发区转型升级和创新发展，是打造国际化开放合作、自主创新发展的产业城市深度融合的开发区增强版

2.2.3 科技创新功能区政策总结

科技创新功能区政策总结如下。

(1) 国家自主创新示范区、高新区在促进创新发展过程中发挥了举足轻重的作用。

根据对城市创新能力与各类创新功能区的相关性分析(见表2.3)，国家自主创新示范区与创新能力中度相关，相关性高于国家高新区和国家经开区。这与国家自主创新示范区数量少，且所在地均为GDP较高及高新区排名在前的城市有关。

表2.3　城市创新能力与国家政策平台数量相关性分析

Pearson相关性	国家高新区数量	国家经开区数量	国家自主创新示范区数量	科技部国家创新试点城市	国家发展改革委国家创新试点城市	工信部试点示范项目
专利申请数量	0.490**	0.490**	0.588**	0.277**	0.455**	0.370**
万人专利数量	0.379**	0.312**	0.563**	0.155*	0.420**	0.306**

注：** 表示在0.01水平(双侧)上显著相关；* 表示在0.05水平(双侧)上显著相关。

国家高新区在过去30年发展中发挥了重要作用①，但根据相关性分析，创新与企业集聚程度高相关，相关性为0.7，但与高新区相关性仅为0.49，说明高新区对创新的作用仍然有待增强。未来，随着高新区研究与试验发展经费投入强度的持续增加，尤其是在中部地区，高新区对创新的支撑作用会更为明显。

(2) 科技创新功能区以园区为主要空间载体，与城市功能融合较差，缺乏整体统筹。

不仅国家高新区以园区形式存在，国家自主创新示范区、创新试点城市等其他科技创新功能区也以园区为主要空间载体，除了位于城市中心的科技中介、科技金融等创新服务功能

① 科技部火炬高新技术产业开发中心，中国高新区研究中心．国家高新区创新能力评价报告2014[M]．北京：科学技术文献出版社，2015：2-4.

外，创新要素和产业资源往往高度集聚于园区和少数大型企业，与城市之间缺乏联系互动，未形成开放融合的发展格局。

而在科技创新园区内部，重产轻城、重物轻人、重硬环境轻软环境的问题也较为突出。园区多以生产功能为主，缺乏对创新功能体系的研究，生活服务及生产设施配套难以满足创新人群、企业需求，制约创新功能的发挥，创新环境及创新氛围营造还有待进一步提升。

2.3 全国科技创新功能网络体系空间的总体特征

全国科技创新功能网络体系空间的总体特征如下。

(1) 创新高度集聚在沿海综合创新带和内陆专业创新城市。

我国企业广泛分布在胡焕庸线以南，包括东部沿海省份、长江中下游省份、吉林、辽宁等，与我国人口分布基本一致。与企业分布相比，创新分布则更加集中，创新中心高度集聚在沿海长三角、珠三角、京津冀、山东半岛、海西等城市群，以及成都、重庆、武汉、西安等个别内陆城市。

(2) 空间格局呈现东强西弱、梯次减弱的特征。

创新城市由沿海向内陆递减的趋势明显。东部地区承载全国绝大部分高等级创新城市，创新城市数量多、等级体系完善，形成国内最为重要的创新地带。其中，江苏和广东创新水平明显高于全国平均水平，是全国创新格局中最重要的两个省份；北京和上海表现出超强的原始创新能力和技术输出能力；华北地区的天津、东北地区的辽宁、华东地区的浙江、福建和山东也属于国内基础条件较好，创新资源较丰富，创新绩效较好的创新高地。

长江经济创新带初步显现。我国中部地区的湖北、西南地区的重庆和四川，既是中国传统的区域科技中心，又在改革开放中逐步形成各自的创新特色，形成长江经济创新带。

2.4 我国主要城市群科技创新网络体系的特征

我国目前已形成两类创新型区域，包括全球创新型区域和全国创新型区域。其中，全球创新型区域具有全国影响力，且已经链入全球创新网络，但各区域的链入程度和内部网络化水平存在显著差异；全国创新型区域则具备跨区域影响力，且部分已经链入次区域网络(如东北亚、东南亚、中亚、西亚等)，但区域内部的创新联系网络尚未形成。

2.4.1 全球创新型区域

我国目前已经形成3个全球创新型区域，分别为京津冀城市群、长三角城市群和珠三角城市群。

(1) 京津冀城市群：近域辐射不明显，知识创新网络直接辐射全国，城市群内部网络化程度低，京津二市是城市群链入全球、全国网络的“绝对”窗口。

京津冀城市群一直是全国科技创新相关投资的主要流出地，部分创新资源具有全国辐射能力，如中关村、清华科技园等。一般城市的腹地往往为周边毗邻地区，但京津冀城市群创新资源的主要辐射范围并非集中于近域，而是直接辐射全国。但城市群内部创新联系的网络化程度仍然低，主要创新中心北京和天津的首位度高，其他城市创新功能滞后①。从各类专项创新看，城市群的知识创新和服务创新能力非常突出，技术创新与其他城市群差异则相对较小。

（2）长三角城市群：充分链入全球创新网络，近域联系明显，内部网络化趋势明显。

长三角城市群外向度高，链入全球创新网络较为充分。一方面，主要创新中心（如上海、苏州）跨国企业研发中心较多，呈现外资、国企、民营企业并重的联合创新；另一方面，一些县、镇（如乌镇）已经作为专业科技创新节点直接链入全球创新网络。

长三角城市群在科技创新领域具有全国影响力，其核心联系和影响范围集中在泛长三角地区，即江苏、浙江、上海和安徽地区。城市群内部网络化程度高，尤其在核心区（包括上海、苏南、浙北地区），已经形成明显的多中心、网络化结构②。从各类专项创新看，城市群的知识创新、服务创新和技术创新能力均非常突出。

（3）珠三角城市群：借力港澳充分链入全球创新网络，近域联系明显，内部网络化趋势明显。

珠三角城市群依托早期与香港展开的“三来一补”以及科技创新成果转化等产业与创新合作，已经培育起华为、中兴等一批具有国际影响力的自主创新跨国企业，科技创新能力具备全国影响力，并形成了以深圳为代表的创新城市。其核心联系集中在珠三角地区，近域联系强度高于京津冀城市群，但低于长三角城市群。城市群内部网络化程度相对较高，尤其在珠江口东岸地区已经形成明显的多中心网络。从各类专项创新看，技术创新突出，高等级知识创新、服务创新型城市缺失。

2.4.2 全国创新型区域

我国目前已经形成5个全国创新区域，分别为成渝城市群、长江中游城市群、山东半岛城市群、海西城市群和辽中南城市群。

（1）成渝城市群：核心联系集中在长江经济带，内部网络化程度低。

成渝城市群具备跨区域影响力，核心联系集中在长江经济带沿线，即西南地区和长三角地区，与关中、华北、珠三角联系逐渐加强，并作为西部开放窗口，初步链入全球科技创新网络。但城市群内部网络化程度仍然较低，板块化严重，成都、重庆两大中心城市首位度高，总体呈现为中心城市与其他城市具有强联系，而其他城市之间的科技创新联系非常弱，形成了以成都为核心的单中心科技创新区域和以重庆为核心的单中心科技创新区域，其中成德绵眉乐走廊上的各城市间的科技创新联系不断加强，其他创新廊道尚未发育。从各类专项创新看，高等级单项（知识创新、技术创新、服务创新）创新城市缺失，但各单项创新水平较为均衡。

（2）长江中游城市群：核心联系集中在长江经济带，内部网络化程度低，三大科技创新板块间联系弱。

长江中游城市群具备跨区域影响力，核心联系集中在长江经济带沿线，即长江中游和长三角地区，并与长江中上游的成渝、滇中城市群联系不断加强。城市群内部网络化程度低，板块化严重，武汉、长沙两大中心城市首位度高，中心城市与其他城市具有强联系，而其他城

① 赵渺希，魏冀明，吴康．京津冀城市群的功能联系及其复杂网络演化[J]．城市规划学刊，2014(1)：46-52.

② 吴志强，陆天赞．引力和网络：长三角创新城市群落的空间组织特征分析[J]．城市规划学刊，2015(2)：31-39.

市之间的科技创新联系非常弱①。初步形成了武汉都市圈、环长株潭地区、南昌地区三大板块，其中，武汉都市圈是以武汉为核心的单中心科创区域，环长株潭地区则仅在长株潭地区形成科创网络，南昌地区为南昌单点，尚未形成创新区域。从各类专项创新看，单项创新中高级创新城市缺失，与成渝城市群相比，服务创新水平尤其偏低。

(3) 山东半岛城市群：核心联系集中在华东地区，区域内部城市发展相对均衡，网络化程度较高。

山东半岛城市群初步具备跨区域影响力，核心联系集中在山东、江苏地区，与东北亚地区(日韩)的科创联系较为密切，初步链入全球创新网络。由于山东半岛各城市发展相对均衡，城市群内部网络化程度较高，形成了以青岛、济南、烟台为主的多中心网络，其中尤以青岛、烟台、威海、潍坊等胶东城市间联系最为紧密。从各类专项创新看，缺少中高级单项创新城市，其中技术创新能力相对突出，但知识创新和服务创新严重滞后。

(4) 海西城市群：核心联系集中在东南沿海地区，局部地区网络化联系初步形成。

海西城市群初步具备跨区域影响力，其核心联系集中在福建、浙江、上海、粤东等东南沿海地区，与江西等地区的联系逐渐加强。城市群整体网络化程度低，在福州、莆田，尤其是厦漳泉等福建沿海地区的网络化科技创新联系初步形成，但沿海与福建内陆城市之间的科技创新联系仍然相对较弱。从各类专项创新看，各单项创新所处城市层级均较低，其中技术创新能力相对突出，知识创新和服务创新严重滞后。

(5) 辽中南城市群：核心联系集中在环渤海地区，内部网络化程度较低。

辽中南城市群初步具备跨区域影响力，核心联系集中在辽宁、天津、河北等环渤海地区，与长三角的联系逐渐加强。城市群内部网络化程度低，沈阳、大连两大中心城市首位度高，呈现中心城市与其他城市的强联系，而其他城市之间的科技创新联系非常弱。各单项创新能力均较弱，其中知识创新能力相对突出，技术创新和服务创新严重滞后。

2.5 主要参考文献

[1] 中国科学技术发展战略研究院. 国家创新指数报告 2014[M]. 北京：科学技术文献出版社，2015：12-20.

[2] 科技部火炬高新技术产业开发中心，中国高新区研究中心. 国家高新区创新能力评价报告 2014[M]. 北京：科学技术文献出版社，2015：2-4.

[3] 赵渺希，魏冀明，吴康. 京津冀城市群的功能联系及其复杂网络演化[J]. 城市规划学刊，2014(1)：46-52.

[4] 吴志强，陆天赞. 引力和网络：长三角创新城市群落的空间组织特征分析[J]. 城市规划学刊，2015(2)：31-39.

[5] 唐子来，李涛. 长三角地区和长江中游地区的城市体系比较研究：基于企业关联网络的分析方法[J]. 城市规划学刊，2014(2)：24-31.

① 唐子来，李涛. 长三角地区和长江中游地区的城市体系比较研究：基于企业关联网络的分析方法[J]. 城市规划学刊，2014(2)：24-31.

第3章
全国科技创新网络体系的发展规律分析

研究表明，科技创新因政府、企业、科研院所等创新主体间相互作用而产生，城市是科技创新的主要载体，因此对城市创新能力、创新发生规律和创新网络联系的研究具有重要意义。国内外学者、政府和研究机构近年来在城市创新能力评价、城市间创新网络联系等方面进行了较多测评，但局限于数据获取的深度与广度，在全国尺度全面探究城市科技创新发生规律的研究较少，且多数采用传统统计数据中的静态指标，对企业这一重要创新主体的关注度不够。

本次研究以覆盖全国337个地级及以上行政单元的科技创新能力评价为基础，对全国科技创新格局进行研究，研究城市创新能力与城市经济基础、人才基础、环境基础等方面因素的相关性，同时根据全国工商企业数据库中的企业互投数据，研究城市间的创新网络联系。与应用传统统计数据的研究相比，企业互投、百度POI(point of interest)等各类大数据的应用使得全尺度、多维度认识创新成为可能。

3.1 国内外已有创新城市评价体系研究

研究人员在使用创新相关指标衡量科学与技术的联系、研究和技术创新的时候，往往会区分不同的空间尺度。以欧盟2003年发布的《第三个欧盟科技指标报告》[①]为例，报告区分了欧盟整体、各大地理区和欧洲国家三个层次，在空间尺度上大体相当于我国的全国、地理分区和省。在城市层面，根据研究需要，也涌现出了多种创新评价指标体系。

在国际研究中常用的评价指标体系或指数有创新城市指数(innovation cities index)[②]、世界银行的"东亚创新型城市"指标[③]、Richard Florida的创新型城市3T(technology，talent，tolerance)指标[④]以及英国"欧洲非首都城市的城市复兴特征"等。

在国内研究中，中国人民大学在2007年发布的《中国三十一省区市创新指数研究报告》第一次对全国城市创新能力进行排名。其他指数包括科技部在2010年配合创新型城市试点印发的《创新型城市建设监测的评价指标》[⑤]、中国科学院科技发展战略研究组在《中国区域创新能力分析》中对区域创新体系进行的评价。此外还有方创琳等编著的《中国创新型城市发展报告》、倪鹏飞等编著的《中国创新城市指数》等。

国内外已有研究侧重使用官方发布的传统静态统计数据衡量城市创新能力，对于正在发生的创新，传统统计资料和数据只能提供零星度量，无法衡量和预测未来创新发展趋势。本次研究希望通过大数据手段来度量创新中要素、效率、投入、服务、平台等内涵，溢出集聚等动态特点，在全面评价的基础上，追踪创新在整个经济中的发展变迁、创新支撑等环境影

---

① 林捷.欧盟发布《第三个欧盟科技指标报告》[J].全球科技经济瞭望，2003(7)：50-52.

② Innovation Cities^{TM} Index 2015：Global [EB/OL]. [2015-10-27]. http://www.innovation-cities.com/innovation-cities-index-2015-global/9609.

③ POH K W，YUEN P H，SINGH A. Singapore as an innovative city in East Asia：an explorative study of the perspectives of innovative industries [EB/OL]. [2005-04-03]. https://elibrary.worldbank.org/doi/abs/10.1596/1813-9450-3568.

④ FLORIDA R. The rise of the creative class[J]. The Washington Monthly，2002，34(5)：15-25.

⑤ 科技部.国家发展改革委关于印发建设创新型城市工作指引的通知[EB/OL].[2016-12-01]. http://www.most.gov.cn/mostinfo/xinxifenlei/fgzc/gfxwj/gfxwj2016/201612/t20161213_129574.htm.

响，使得全面度量城市创新能力和引导城市创新发展成为可能。

3.2 我国科技创新城市评价体系构建

在综合考虑其他创新指数构建标准、数据可获得性等因素的基础上，针对全国337个直辖市及地级市、自治州构建本次研究的城市科技创新评价体系。与其他评价指标体系相比，本指标的设计具有以下两个特点。一是更加突出科学评估，强调评估体系的综合性。目前国家政府层面的创新型城市评估体系以专业性指标为主，如国家发展改革委创新型城市试点评估指标突出产业发展创新和经济增长方式转变创新等；科技部突出科技创新和持续发展能力创新等。本次指数有选择性吸收以上各类专项评估指标体系，涵盖创新产出、创新要素、创新投入、创新服务、创新平台、创新效率、成果转化、创新辐射等多方面综合评价。二是更加突出城市创新特色，体现地区创新差异。在突出很强的综合性特色基础上，设置更多反映城市自主创新的指标，相对淡化反映城市经济社会发展实力的评估指标。

本次研究中采用的数据一方面来源于各地区的城市统计年鉴，以及国务院办公厅、科技部、国家发展改革委、国家统计局等部委网站公开的统计数据和文件，另一方面对于企业专利数、企业投资、各类创新相关机构和平台等指标，通过工商企业数据库、筛取百度地图标记点等方式按行政边界进行统计。在模型的设计过程中，采用层次分析法(analytic hierarchy process，AHP)对不同层级的指标根据重要性的大小进行权系数赋值，参考国内其他评价指数权重进行校核，平衡人均指标和整体统计指标间的权重关系，最终确定城市科技创新综合指数，城市科技创新支撑指数，城市知识创新、技术创新和服务创新指数，及相关因子的权重。

3.2.1 城市科技创新综合指数

城市科技创新综合指数设定创新产出、创新效率、创新投入、创新要素、创新服务和创新平台等6项一级指标，专利申请数量等32项二级指标，从企业专利产出、政府资金投入、创新机构基础设施支持等各角度对城市的综合创新水平进行评价(表3.1)。

表3.1 城市科技创新综合指数

一级指标	二级指标	权重	数据来源
创新产出(30)	专利申请数量	20	龙信专利数据库
	计算机软件著作权数量	5	龙信著作权数据库
	作品著作权数量	5	龙信著作权数据库
创新效率(15)	万人专利申请量	5	龙信专利数据库，地方年鉴数据库
	每百亿元专利效率	5	龙信专利数据库，地方年鉴数据库
	企业平均专利数	5	龙信专利数据库，地方年鉴数据库
创新投入(10)	科学支出	5	地方年鉴数据库
	科学支出占地方财政一般预算内支出比重	5	地方年鉴数据库

续表

一级指标	二级指标	权重	数据来源
创新要素（18）	高等院校数量	2	中国政府网
	“211工程”大学数量	3	教育部网站
	国家级重点实验室数量	2	科技部网站
	国家级工程技术研究中心数量	2	科技部网站
	国家工程实验室	2	发改委网站
	国家级企业技术中心数量	2	发改委网站
	国家级科技企业孵化器数量	2	科技部数据
	上市公司数量	3	证券交易所数据
创新服务（9）	管理咨询中介数量	1	百度地图POI
	行业协会数量	1	百度地图POI
	人才服务中介机构数量	1	百度地图POI
	知识产权中介机构数量	1	百度地图POI
	产业联盟数量	1	百度地图POI
	金融机构数量	1	百度地图POI
	生产力促进中心数量	1	百度地图POI
	科技评估中心数量	1	百度地图POI
	创业投资服务中心数量	1	百度地图POI
创新平台（18）	国家高新区数量	3	科技部网站
	国家经开区数量	1	工信部网站
	科技部国家创新试点城市	2	科技部网站
	发改委国家创新试点城市	2	发改委网站
	工信部试点示范项目	2	工信部网站
	创新型产业集群试点数量	2	科技部网站
	国家自主创新示范区	6	中国政府网

3.2.2 城市科技创新支撑指数

在通过评估体系对国内城市进行创新产出与潜力评估的同时，研究也着眼于探寻影响城市创新能力的关键因素。国内外学者对城市创新的影响因子进行了广泛的研究。Richard Florida 指出城市的环境与文化和创新有较高的关联度，通过创意场所的营造来吸引创新人群，能够提高城市或地区的创新水平①。Stam、de Jone 和 Marlet 对挪威的研究则显示创新同创新人群的关系并不比同产业发展程度的关系更强②。国内学者曹勇等对国内四大直辖市的研究则显示城市经济规模、技术市场技术合同成交额等对城市创新有较强的影响力③。

① FLORIDA R. The rise of the creative class[J]. The Washington Monthly, 2002, 34(5): 15-25.

② STAM E, DE JONG J P J, MARLET G. Creative industries in the Netherlands: Structure, development, innovativeness and effects on urban growth[J]. Geografiska Annaler: Series B, Human Geography, 2008, 90(2): 119-132.

③ 曹勇，曹轩祯，罗楚珺，等. 我国四大直辖市创新能力及其影响因素的比较研究[J]. 中国软科学，2013(6): 162-170.

城市科技创新支撑指数设定城市经济基础、城市人才基础、城市建设基础、城市信息化基础、城市环境和城市外向度等6项一级指标，地区生产总值等21项二级指标，从经济、人才、环境等方面衡量城市发展基础对创新的支撑作用，并在相关性分析检测基础上研究城市创新能力与城市各方面基础条件之间的关系（表3.2）。研究选取了专利申请数量及万人专利数量两个同专利产出密切相关的指标，将它们分别与其他指标进行相关性分析检测。

表3.2 城市科技创新支撑指数

一级指标	二级指标	权重
城市经济基础(40)	地区生产总值	6
	人均地区生产总值	6
	地区生产总值增长率	5
	规模以上工业总产值	5
	社会消费品零售总额	6
	第二产业占地区生产总值比重	6
	第三产业占地区生产总值比重	6
城市人才基础(20)	年末总人口	4
	本科及以上学历人口比例	8
	硕士及以上学历人口比例	8
城市建设基础(10)	全社会固定资产投资总额	5
	房地产开发投资完成额	5
城市信息化基础(10)	万人国际互联网用户数	5
	万人移动电话年末用户数	5
城市环境(10)	建成区绿化覆盖率	4
	污水集中处理率	3
	工业固体废物综合利用率	3
城市外向度(10)	规模以上工业企业数_外商投资企业比例	3
	规模以上工业企业数_港澳台投资企业比例	2
	当年实际使用外资金额	2
	外资投资额	3

3.2.3 城市知识创新、技术创新和服务创新指数

为了衡量城市在不同领域的创新能力，更加细致地刻画城市的创新特征，本次研究还构建了城市知识创新、技术创新和服务创新三个创新指数。城市知识创新指数采用高等院校数量、科学支出占地方财政一般预算内支出比重、作品著作权数量等8项指标衡量城市知识创新能力；城市技术创新指数采用万人专利申请数量、国家高新区数量、上市公司数量等12项指标衡量城市的技术创新能力；城市服务创新指数采用金融机构数量等9项指标衡量城市服务创新能力（表3.3）。

表 3.3　城市知识创新、技术创新、服务创新指数

一级指标	二级指标	权重	数据来源
知识创新(100)	高等院校数量	5	中国政府网
	“211 工程”大学数量	20	教育部网站
	国家级重点实验室数量	20	科技部网站
	国家级工程技术研究中心数量	15	科技部网站
	国家工程实验室	15	发改委网站
	科学支出	10	地方年鉴数据库
	科学支出占地方财政一般预算内支出比重	10	地方年鉴数据库
	作品著作权数量	5	龙信著作权数据库
技术创新(100)	万人专利申请数量	25	龙信专利数据库，地方年鉴数据库
	专利申请数量	15	龙信专利数据库
	计算机软件著作权数量	5	龙信著作权数据库
	每百亿元专利效率	10	龙信专利数据库，地方年鉴数据库
	企业平均专利数	10	龙信专利数据库，地方年鉴数据库
	国家高新区数量	5	科技部网站
	国家经开区数量	5	工信部网站
	创新型产业集群试点数量	5	科技部网站
	工信部试点示范项目	5	工信部网站
	国家级企业技术中心数量	5	科技部网站
	国家级科技企业孵化器数量	5	科技部网站
	上市公司数量	5	证券交易所数据
服务创新(100)	管理咨询中介数量	10	百度地图 POI
	行业协会数量	10	百度地图 POI
	人才服务中介机构数量	12	百度地图 POI
	知识产权中介机构数量	12	百度地图 POI
	产业联盟数量	12	百度地图 POI
	金融机构数量	12	百度地图 POI
	生产力促进中心数量	8	百度地图 POI
	科技评估中心数量	12	百度地图 POI
	创业投资服务中心数量	12	百度地图 POI

3.3 全国城市科技创新功能网络特征

对全国城市科技创新功能网络的研究，不仅要关注单个城市的科技创新能力及其特征，更重要的是关注城市之间的科技创新活动的关联，识别科技创新功能网络及其特征，对形成区域科技创新网络体系的相关规律进行深入研究，以期更好地指导区域科技创新网络体系的构建。

城市之间联系的紧密程度预示了城市产业协作的强度以及可能的创新要素流动方向。对于创新网络的构建与度量，国内外学者已有诸多研究，如 Derudder 等在对全球城市网络的研究中使用航空公司的航班数据度量全球城市的联系程度与中心性[①]；朱查松等在对长

① DERUDDER B, WITLOX F. An appraisal of the use of airline data in assessing the world city network: a research note on data[J]. Urban Studies, SAGE Publications, 2005, 42(13): 2371-2388.

三角城市间网络联系的研究过程中采用2009年第二次全国经济普查的企业数据，利用统计的企业间总部及分公司的关系测度城市间的联系的强弱情况①。

本次研究采用工商企业的相互投资数据库中的企业投资数据，对全国城市的企业间往来投资进行了量化统计。相比传统统计数据，企业间投资数据更能够精确地反映城市在企业和市场视角下的创新联系紧密程度，其可度量的特性能够更好地反映创新联系的强弱情况。

全国城市科技创新功能网络具有以下特征。

(1) 创新排名前20%的城市显著分为4级。

根据对我国城市科技创新指数的评价结果(图3.1)，采用聚类分析方法，可以将我国创新城市分为4个等级，分别是全球创新型城市、国家创新型城市、地区创新型城市和创新发展型城市(图3.2)。

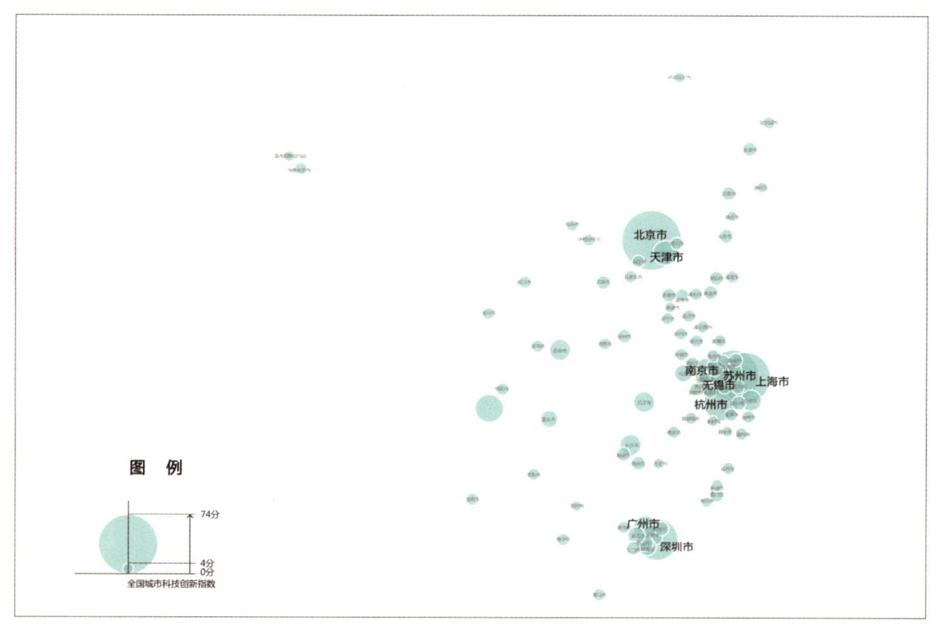

图3.1 我国城市科技创新指数评价结果

全球创新型城市(一级)集中在沿海三大世界级城市群，包括北京、苏州、上海、深圳等4个城市。此类城市的共同特点是创新产出多、创新服务和创新效率高，各项创新指标都排名前列。这些城市基本上是世界城市、国际大都市、国家中心城市，承担参与全球创新城市竞争、支配或影响全球关键经济和社会创新领域的使命，具备高等级创新平台(国家级高新区、国家自主创新示范区)、精细化创新服务(科技金融、中介、孵化、测试、人才培训、交流等完善的创新服务)、高等级创新要素(具有较强科研能力和产业转化能力的国家级高校与科研机构(清华、北大)、跨国公司研发中心、国家级企业技术中心(大型国有企业、大型高新技术企业)、开放式创新公共平台)等。从空间特征上看，此类城市全部位于我国东部沿海、长三角(50%)、京津冀(25%)、珠三角(25%)。

① 朱查松，王德，罗震东．中心性与控制力：长三角城市网络结构的组织特征及演化——企业联系的视角[J]．城市规划学刊，2014(4)：24-30.

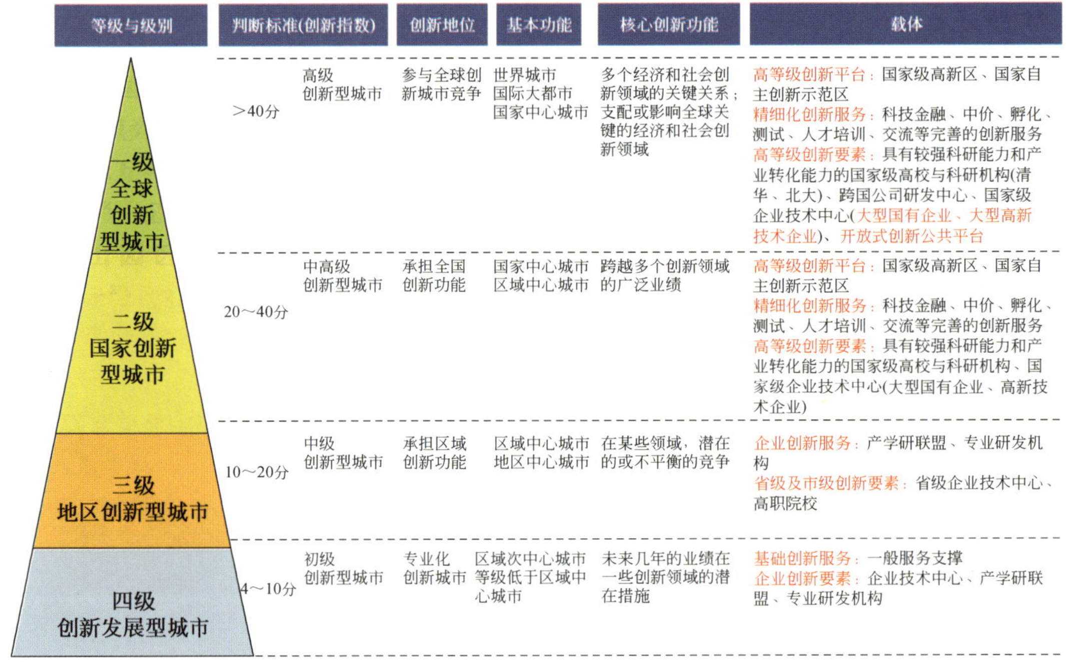

图 3.2　我国创新城市分级标准

国家创新型城市(二级)集中在沿海三大世界级城市群和中西部国家级城市群地区，包括杭州、成都、无锡、南京、广州、天津、宁波、常州、武汉、西安、长沙、东莞，共 12 个城市。此类城市的共同特点是跨越多个创新领域，承担国家级创新功能。这些城市基本是国家中心城市、区域中心城市，具备高等级创新平台(国家级高新区、国家自主创新示范区)、精细化创新服务(科技金融、中介、孵化、测试、人工培训、交流等完善的创新服务)、高等级创新要素(具有较强科研能力和产业转化能力的国家级高校与科研机构、国家级企业技术中心(大型国有企业、高新技术企业))等。从空间特征上看，此类城市或是位于沿海城市群的城市(8/12)，或是中西部国家级城市群的中心城市(4/12)。

地区创新型城市(三级)覆盖东部沿海大部分省会城市和省域次级中心城市，包括珠海、合肥、中山、镇江、佛山、重庆、青岛、沈阳、厦门、芜湖、南通、济南、嘉兴、惠州、长春、大连、郑州、株洲、江门、湘潭、绍兴、太原、烟台等 23 个城市。此类城市的共同特点是人口总量居中，企业创新能力突出，汇集了多个产学研联盟、专业研发机构。相对前两类城市，其科技创新服务发展相对滞后，仅具备省级及市级创新要素，如省级企业技术中心、高职院校等。与一、二级创新城市相比，三级创新城市往往位于产业集群发达地区，通过搭建传统产业集群与科研院所之间的合作渠道，促进传统产业集群向创新集群转化，在某类专业化创新领域具有一定竞争力。从空间特征上看，此类城市多是我国东部沿海地区的省会城市、西部中心城市(重庆)和省域第二大城市(大连、厦门、青岛、株洲、湘潭)。

创新发展型城市(四级)基本覆盖西部地区剩余省会城市和东部大量地级市，包括扬州、湖州、哈尔滨、石家庄、福州、台州、温州、南昌、潍坊、肇庆、金华、昆明、洛阳、泉州、铜陵、贵阳、海口、徐州、盐城、兰州、南宁、马鞍山、蚌埠、连云港、临沂、泰州、威海、景德镇、乌鲁木齐、呼和浩特、宝鸡、银川、唐山、济宁、淄博、滁州、绵阳、宣城、宿迁、保定、包头、通化、衢州、昌吉回族自治州、呼伦贝尔、漳州、鞍山、丽水、柳州、泰安、吉安等51个城市。此类城市的共同特点是人口总量居中，传统工业主导，具备一些高校、科研院所，但经济结构转型压力相对较大，在各项创新指标上相对落后，创新的总分值比较低，未来需要突破创新和产业转型的瓶颈，提升创新活力。

（2）高等级创新城市以综合创新为主。

一级和二级高等级创新型城市普遍呈现知识创新、技术创新和服务创新协调同步发展的态势（表3.4），16个一级和二级创新城市全部为直辖市、省会城市、计划单列市或第一批沿海经济开放城市，最早享受国家创新资源和对外开放政策，显示出创新规模优势，以及资源持续投入和体制改革释放的创新活力。

表3.4 创新城市等级与类型

%

		一级创新城市(>35分)	二级创新城市(20~35分)	三级创新城市(10~20分)	四级创新城市(4~10分)
知识创新主导型				22	6
技术创新主导型				22	14
服务创新主导型			9		8
多联驱动创新型	两种模式主导		36	52	69
	三种模式主导	100	55	4	4

（3）知识创新城市首位度高，领军城市突出。

知识创新城市分析结果具有首位度高、领军城市突出的特征（北京得分是位居第二的上海的2倍），指数差异很大（最高的90分以上，最低的小于10分），约3/4的城市知识创新指数低于全国平均水平（表3.5）。

表3.5 各城市群知识创新城市排名分布

%

	知识创新			
	90分以上	40~90分	20~40分	10~20分
京津冀城市群	100		17	0
长三角城市群		100	17	37
珠三角城市群	0	0	33	7
小计	100	100	67	44
长江中游城市群			16	7
成渝城市群			17	7
小计	0	0	33	14
山东半岛城市群				7
海西城市群				0
哈长城市群				14
辽中南城市群				7
中原城市群				7
关天城市群				7
小计	0	0	0	42
总计	100	100	100	100

从分布上看，强知识创新型城市相对集中在京津冀、珠三角、长三角、长江中游、成渝地区，基本都是国家中心城市、区域中心城市以及省会城市。

（4）服务创新城市首位度高，依城市等级分布特征明显。

与知识创新城市类似，服务创新城市分析结果也具有首位度高、领军城市突出的特征

(北京、上海得分是位居第三的杭州的2倍),指数差异很大(最高的70分以上,最低的小于10分),约80%的城市服务创新指数低于全国平均水平(表3.6)。

表3.6 各城市群服务创新城市排名分布

%

	服务创新				
	70分以上	60~70分	30~60分	20~30分	10~20分
京津冀城市群		100		14	8
长三角城市群	100		33	43	25
珠三角城市群			33	14	17
小计	100	100	66	71	50
长江中游城市群					17
成渝城市群			34	14	0
小计	0	0	34	14	17
山东半岛城市群					8
海西城市群					17
哈长城市群					0
辽中南城市群					0
中原城市群					8
关天城市群					0
小计	0	0	0	14	33
总计	100	100	100	100	100

从分布上看,强服务创新型城市同样集中在京津冀、珠三角、长三角、长江中游、成渝地区,基本都是省会城市。

(5) 技术创新城市离散度高,分布相对均衡。

技术创新城市分布相对离散,数量多,指数差异小。技术创新优势较强(50分以上)的城市包括苏州、北京、深圳,技术创新优势中等(25~50分)的城市包括上海、杭州、无锡、宁波。技术创新城市随着创新区域层级下沉显著,高等级技术创新城市(25分以上)集中于东中部地区的京津冀、珠三角、长三角,而长江中游、成渝、山东半岛、海西、辽中南的技术创新首位城市得分仅在15~25分之间。

3.4 城市科技创新能力与城市支撑要素相关性分析

本次研究以全国337个地级行政单元的创新数据为基础,采用Pearson分析法进行城市创新能力与各类支撑要素之间的相关性分析。在城市创新能力方面,选取专利数量、万人专利数量和企业平均专利数量三个兼顾创新规模与效率的指标。在城市支撑要素方面,选取反映城市经济发展水平、人才基础、对外开放情况、信息化程度、城市建设水平等方面的指标,包括年末总人口、地区生产总值、人均地区生产总值、第二和第三产业占比、社会消费品零售总额、全社会固定资产投资额、房地产开发投资完成额、万人国际互联网用户数、万人移动电话年末用户数、建成区绿化覆盖率、污水集中处理率、工业固体废物综合利用率、规模以上工业企业数、当年实际利用外资额、外资投资额、万人拥有企业数量、万人新成立企业数量等。可以得出如表3.7所示的分析结果。

表 3.7　城市创新能力与城市支撑要素相关性分析结果

	专利数量	万人专利数量	企业平均专利数量	年末总人口	地区生产总值	人均地区生产总值	第三产业占地区生产总值比重	第二产业占地区生产总值比重	社会消费品零售总额	全社会固定资产投资额	房地产开发投资完成额	万人国际互联网用户数	万人移动电话年末用户数	建成区绿化覆盖率	污水集中处理率	工业固体废物综合利用率	规模以上工业企业数(外商)	规模以上工业企业数(港澳台)	当年实际利用外资额	外资投资额	万人拥有企业数量	万人新成立企业数量
专利数量	1	0.860**	0.689**	0.264**	0.756**	0.428**	0.372**	-0.086	0.688**	0.562**	0.629**	0.473**	0.446**	0.123*	0.073	0.129*	0.606**	0.310**	0.679**	0.620**	0.616**	0.580**
万人专利数量	0.860**	1	0.714**	0.045	0.575**	0.476**	0.314**	-0.011	0.486**	0.362**	0.407**	0.580**	0.678**	0.249**	0.093	0.116	0.572**	0.486**	0.487**	0.408**	0.792**	0.771**
企业平均专利数量	0.689**	0.714**	1	0.054	0.410**	0.441**	0.129*	0.185**	0.344**	0.359**	0.348**	0.362**	0.297**	0.160**	0.126*	0.177**	0.466**	0.277**	0.397**	0.295**	0.362**	0.342**
年末总人口	0.264**	0.045	0.054	1	0.553**	-0.093	0.198**	-0.192**	0.588**	0.658**	0.582**	-0.025	-0.093	-0.038	0.084	0.133*	0.125*	0.003	0.489**	0.359**	0.035	0.045
地区生产总值	0.756**	0.575**	0.410**	0.553**	1	0.553**	0.496**	-0.103	0.973**	0.867**	0.889**	0.539**	0.482**	0.152*	0.200**	0.150*	0.638**	0.288**	0.871**	0.673**	0.640**	0.597**
人均地区生产总值	0.428**	0.476**	0.441**	-0.093	0.553**	1	0.201**	0.341**	0.466**	0.489**	0.440**	0.574**	0.541**	0.223**	0.265**	0.054	0.496**	0.222**	0.460**	0.296**	0.538**	0.484**
第三产业占地区生产总值比重	0.372**	0.314**	0.129*	0.198**	0.496**	0.201**	1	-0.676**	0.562**	0.419**	0.539**	0.440**	0.447**	0.089	0.109	0.053	0.542**	0.306**	0.416**	0.320**	0.518**	0.473**
第二产业占地区生产总值比重	-0.086	-0.011	0.185**	-0.192**	-0.103	0.341**	-0.676**	1	-0.185**	-0.051	-0.175**	-0.020	-0.039	0.105	0.137*	-0.040	-0.184**	-0.101	-0.089	-0.094	-0.113	-0.103
社会消费品零售总额	0.688**	0.486**	0.344**	0.588**	0.973**	0.466**	0.562**	-0.185**	1	0.851**	0.913**	0.536**	0.436**	0.120*	0.190**	0.160**	0.607**	0.272**	0.818**	0.650**	0.596**	0.546**
全社会固定资产投资额	0.562**	0.362**	0.359**	0.658**	0.867**	0.489**	0.419**	-0.051	0.851**	1	0.898**	0.377**	0.272**	0.101	0.228**	0.134*	0.532**	0.119*	0.852**	0.504**	0.390**	0.361**
房地产开发投资完成额	0.629**	0.407**	0.348**	0.582**	0.889**	0.440**	0.539**	-0.175**	0.913**	0.898**	1	0.466**	0.352**	0.105	0.192**	0.127*	0.570**	0.197**	0.839**	0.593**	0.505**	0.460**
万人国际互联网用户数	0.473**	0.580**	0.362**	-0.025	0.539**	0.574**	0.440**	-0.020	0.536**	0.377**	0.466**	1	0.637**	0.060	0.147*	0.076	0.555**	0.432**	0.387**	0.294**	0.735**	0.688**
万人移动电话年末用户数	0.446**	0.678**	0.297**	-0.093	0.482**	0.541**	0.447**	-0.039	0.436**	0.272**	0.352**	0.637**	1	0.445**	0.171**	-0.014	0.509**	0.500**	0.352**	0.242**	0.863**	0.849**
建成区绿化覆盖率	0.123*	0.249**	0.160**	-0.038	0.152*	0.223**	0.089	0.105	0.120*	0.101	0.105	0.060	0.445**	1	0.163**	0.005	0.262**	0.260**	0.138*	0.092	0.320**	0.297**
污水集中处理率	0.073	0.093	0.126*	0.084	0.200**	0.265**	0.109	0.137*	0.190**	0.228**	0.192**	0.147*	0.171**	0.163**	1	0.055	0.148*	0.074	0.158**	0.070	0.160**	0.148*
工业固体废物综合利用率	0.129*	0.116	0.177**	0.133*	0.150*	0.054	0.053	-0.040	0.160**	0.134*	0.127*	0.076	-0.014	0.005	0.055	1	0.177**	0.180**	0.141*	0.132*	0.106	0.079
规模以上工业企业数(外商)	0.606**	0.572**	0.466**	0.125*	0.638**	0.496**	0.542**	-0.184**	0.607**	0.532**	0.570**	0.555**	0.509**	0.262**	0.148*	0.177**	1	0.558**	0.653**	0.517**	0.626**	0.550**
规模以上工业企业数(港澳台)	0.310**	0.486**	0.277**	0.003	0.288**	0.222**	0.306**	-0.101	0.272**	0.119*	0.197**	0.432**	0.500**	0.260**	0.074	0.180**	0.558**	1	0.234**	0.178**	0.558**	0.505**
当年实际利用外资额	0.679**	0.487**	0.397**	0.489**	0.871**	0.460**	0.416**	-0.089	0.818**	0.852**	0.839**	0.387**	0.352**	0.138*	0.158**	0.141*	0.653**	0.234**	1	0.667**	0.512**	0.471**
外资投资额	0.620**	0.408**	0.295**	0.359**	0.673**	0.296**	0.320**	-0.094	0.650**	0.504**	0.593**	0.294**	0.242**	0.092	0.070	0.132*	0.517**	0.178**	0.667**	1	0.421**	0.373**
万人拥有企业数量	0.616**	0.792**	0.362**	0.035	0.640**	0.538**	0.518**	-0.113	0.596**	0.390**	0.505**	0.735**	0.863**	0.320**	0.160**	0.106	0.626**	0.558**	0.512**	0.421**	1	0.957**
万人新成立企业数量	0.580**	0.771**	0.342**	0.045	0.597**	0.484**	0.473**	-0.103	0.546**	0.361**	0.460**	0.688**	0.849**	0.297**	0.148*	0.079	0.550**	0.505**	0.471**	0.373**	0.957**	1

注：** 表示在 0.01 水平(双侧)上显著相关；* 表示在 0.05 水平(双侧)上显著相关。

排除部分高相关性结果，可以得出如下结论。

第一，城市创新能力与城市经济规模（GDP）、发展水平（人均 GDP）高度相关。城市经济规模集聚效应是创新发生的基础条件，区域创新体系能否形成取决于区域合理的经济梯度。

第二，城市创新能力与外商投资比例、投资额高度相关。改革开放以来沿海城市深度参与全球化进程，在学习中提升产业创新水平。

第三，城市经济结构与城市创新能力无明显相关性。

第四，城市创新能力与企业集聚程度（上市公司数量、在营企业数量）高度相关。

第五，城市创新能力与企业活跃程度（孵化器数量、新成立企业数）等高度相关。

第六，城市创新能力与专业化的科技创新服务机构（知识产权中介机构）高度相关。

第七，城市创新能力与高层次生产服务机构（包括管理咨询中介、人才服务中介、金融机构等）高度相关。

第八，城市创新能力与中小企业服务机构（包括生产力促进中心、创业投资服务中心）弱相关。

第九，城市创新能力与优质知识创新资源（国家级重点实验室、国家级工程技术研究中心）中度相关，但相关性不如企业集聚和活跃度。

第十，城市创新能力与城市人才结构相关性较弱。

第十一，城市创新能力与基本建设规模（包括全社会固定资产投资、房地产投资完成额）中度相关。

第十二，城市创新能力与城市信息化程度中度相关。

第十三，城市环境与城市创新能力无明显相关性。与城市环境相比，经济发达城市的就业机会和服务水平对创新人才和企业更具吸引力。

3.5 城市科技创新能力模型构建

综合以上相关性分析结论，本次研究构建我国城市科技创新能力模型如下：

城市科技创新能力$=F$(创新产出，创新效率，创新投入，创新要素，创新服务，创新平台)

$$\begin{aligned}\text{创新综合指数}=&\sum\left\{\frac{\text{创新产出 }a}{\max\text{ 创新产出 }a}\times\text{权重}\right\}+\sum\left\{\frac{\text{创新效率 }b}{\max\text{ 创新效率 }b}\times\text{权重}\right\}+\\&\sum\left\{\frac{\text{创新投入 }c}{\max\text{ 创新投入 }c}\times\text{权重}\right\}+\sum\left\{\frac{\text{创新要素 }d}{\max\text{ 创新要素 }d}\times\text{权重}\right\}+\\&\sum\left\{\frac{\text{创新服务 }e}{\max\text{ 创新服务 }e}\times\text{权重}\right\}+\sum\left\{\frac{\text{创新平台 }f}{\max\text{ 创新平台 }f}\times\text{权重}\right\}\end{aligned}$$

$$\begin{aligned}\text{创新支撑要素指数}=&\sum\left\{\frac{\text{经济基础 }a}{\max\text{ 经济基础 }a}\times\text{权重}\right\}+\sum\left\{\frac{\text{人才基础 }b}{\max\text{ 人才基础 }b}\times\text{权重}\right\}+\\&\sum\left\{\frac{\text{城市建设基础 }c}{\max\text{ 城市建设基础 }c}\times\text{权重}\right\}+\\&\sum\left\{\frac{\text{城市信息化基础 }d}{\max\text{ 城市信息化基础 }d}\times\text{权重}\right\}+\\&\sum\left\{\frac{\text{城市环境 }e}{\max\text{ 城市环境 }e}\times\text{权重}\right\}+\sum\left\{\frac{\text{城市外向度 }f}{\max\text{ 城市外向度 }f}\times\text{权重}\right\}\end{aligned}$$

3.6 全国科技创新空间格局的发展规律

全国科技创新空间格局的发展具有如下规律。

（1）高等级科技创新城市是国家科技创新功能链入国际的关键。具体表现在以下几个方面。

① 高等级科技创新城市决定中国在全球的创新地位。

高等级科技创新城市的科技创新能力决定国家在全球的创新地位。我国城市以制造全球化、服务国际化和节点专业化链入全球创新网络，已形成若干具有全球影响力的创新型城市、区域。

一是改革开放初期制造业全球化趋势使我国部分城市，特别是沿海地区城市依托全球化产业集群链入全球价值链，随着产业集群升级，逐步链入全球创新链。制造业全球化的代表性城市包括苏州、东莞等。

二是国家中心城市依托对外开放的门户地位逐渐集聚国际化科技服务资源，随着城市全球控制能力提升，逐步通过服务国际化引领全球创新链。目前已经有部分城市在优势领域具备全球影响力，如北京的互联网产业、上海国际金融中心建设等。

三是处于高等级城市群的小城镇有机会在专业领域作为创新节点链入全球创新链。最具代表性的城镇是乌镇，通过举办国际互联网大会促进文化与科技相融。

② 高等级科技创新城市与高等级科技创新区域相伴而生。

从世界经验来看，高等级科技创新区域均能孕育多个具备全球影响力的创新型城市，并且其创新城市体系均呈现“金字塔型”结构（表 3.8）。根据 2thinknow 发布的全球城市创新指数，世界级城市群内的高等级创新城市数量多，同时其创新城市体系呈现金字塔结构，如欧洲莱茵河流域经济带、英伦沿海城市群、美国西海岸城市群、美国东北部城市群等都拥有评分在 52 分以上的高等级科技创新城市，同时拥有数量庞大的一般科技创新城市；而处于发展过程中的次级城市群，如美国的得克萨斯三角地带、佛罗里达等地区，科技创新城市等级明显下沉。

表 3.8 欧洲和美国主要城市群科技创新城市等级分布

	区域		一级科技创新城市（≥52分）	二级科技创新城市（45~51分）	三级科技创新城市（40~44分）	四级科技创新城市（35~39分）	合计
第一等级城市群	欧洲	英国城市群	2	4	9		15
		莱茵河流域经济带	2	15	7		24
	美国	加利福尼亚州	3	5	8	1	17
		东北地区	3	5	5		13
		五大湖地区	1	4	12	2	19
第二等级城市群		卡斯卡迪	1	1			2
		皮德蒙特地区		4	3	1	8
		得克萨斯三角地带		4			4
		佛罗里达		3	2		5
		落基山脉山前地带		2	2		4
		沿海海湾地区			3		3
		亚利桑那阳光走廊			2		2
	小计		8	28	37	4	77

资料来源：根据 2thinknow Innovation Cities™ Index 2015 排名总结。

同样地，我国也呈现出高等级科技创新城市与高等级科技创新区域相伴而生的规律（表3.9），全球科技创新型区域内部优先出现具备全国辐射能力的二级科技创新城市。根据科技创新城市现状指数评价，一级（40分）以上的科技创新型城市（北京、苏州、上海、深圳等）全部集中在沿海三大城市群。这些城市是世界城市、国际大都市、国家中心城市，能够代表国家参与全球科技创新城市竞争，支配或影响着全球关键经济和社会创新领域。长江中游、成渝、山东半岛、海峡西岸城市群等城市群的科技创新城市等级明显下沉，集中了较多二级（20～40分）的科技创新型城市，如杭州、成都、无锡、南京、广州、天津、宁波、常州、武汉、西安、长沙、东莞等。这些城市或是国家中心城市，或是区域重要的中心城市，跨越多个创新领域，能够承担国家级创新功能。

表3.9 我国主要城市群创新城市等级分布

	区域	全球科技创新型城市(>40分)	国家科技创新型城市(20~40分)	地区科技创新型城市(10~20分)	创新发展型城市(4~10分)
全球科技创新型区域	京津冀	1	1	0	3
	长三角	2	4	6	10
	珠三角	1	2	5	1
国家科技创新型区域	长江中游	0	2	2	2
	成渝	0	1	1	1
	山东半岛	0	0	3	3
	海西	0	0	1	4
	辽中南	0	0	2	1

资料来源：根据全国城市科技创新综合指数排名总结。

③ 城市和城市群地区的规模经济作用、高密度的人口集聚、完善的服务支撑是科技创新发生的基础条件。

城市经济规模集聚效应和服务支撑能力是创新发生的基础条件。根据相关性分析结果，我国城市创新能力与城市经济规模、城市发展水平、城市外向度高度相关。地区生产总值、社会消费品零售总额、规模以上企业中外商和港澳台投资比例、当年实际利用外资额等指标与城市专利数量都呈现显著相关（表3.10）。

表3.10 城市经济规模、发展水平与城市创新产出的相关性分析

Pearson相关性	地区生产总值	人均地区生产总值	第三产业比重	第二产业比重	社会消费品零售总额	规模以上外商企业比例	规模以上港澳台企业比例	当年实际利用外资额	外资投资额
专利申请数量	0.756**	0.428**	0.372**	−0.086**	0.688**	0.606**	0.310**	0.679**	0.620**
万人专利数量	0.575**	0.476**	0.314**	−0.011**	0.486**	0.572**	0.486**	0.487**	0.408**

注：** 表示在0.01水平（双侧）上显著相关。

此外，城市的创新能力与城市创新服务支撑水平高度相关。科技创新能力较强的城市，其知识产权机构数量（图3.3）、金融机构数量（图3.4）和国家级企业孵化器（图3.5）等创新服务机构的数量也较多。

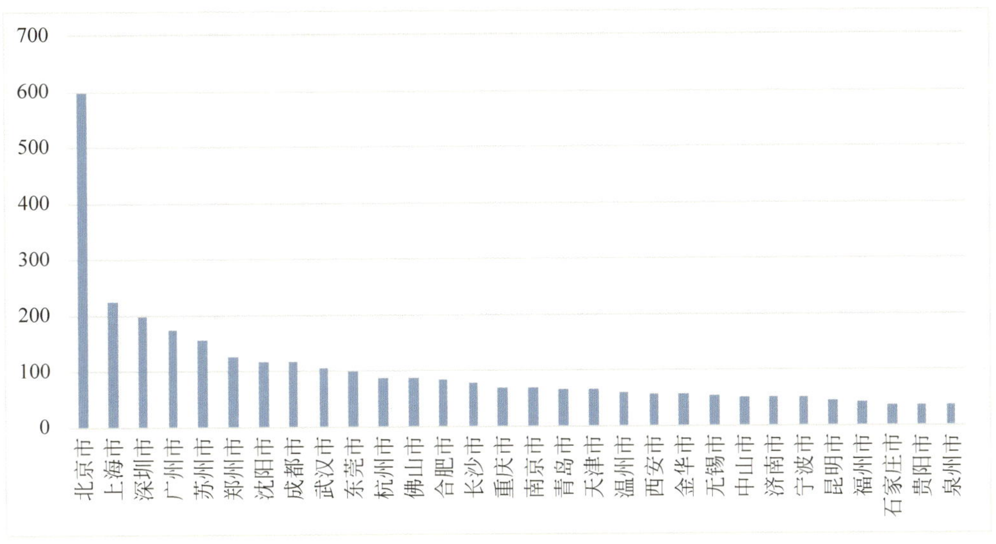

图 3.3　全国城市知识产权机构数量排名前 30 位的城市

资料来源：百度地图标记点(point of interest)。

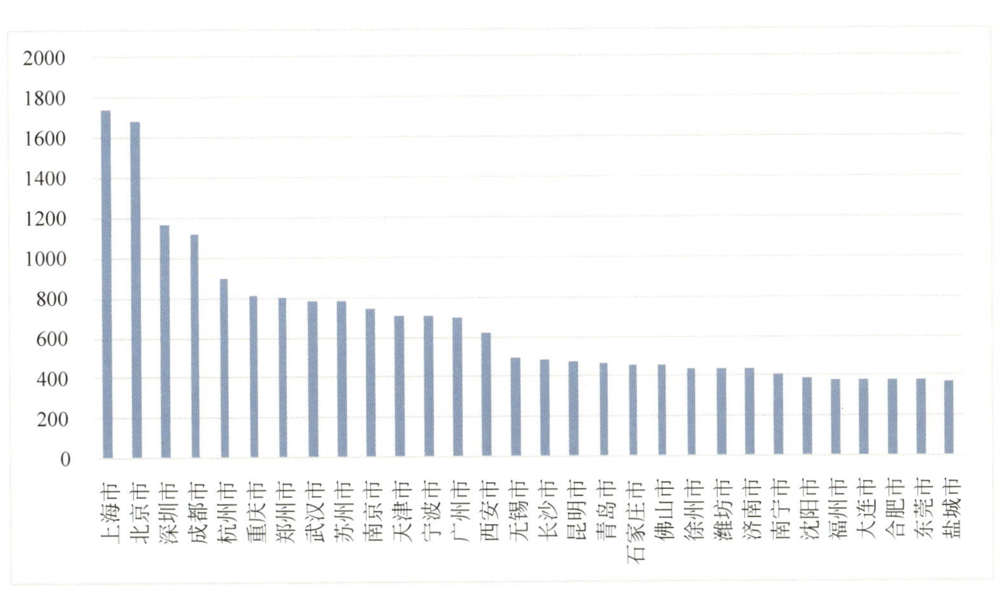

图 3.4　全国城市金融机构数量排名前 30 位的城市

资料来源：百度地图标记点(point of interest)。

(2) 创新网络建设是提升国家科技创新能力的重要手段。具体表现在以下几个方面。

① 知识创新、技术创新和服务创新网络构成国家创新网络体系。

知识创新、技术创新和服务创新网络共同构成国家创新网络体系，我国已形成若干具备全国辐射能力和跨区域辐射能力的创新型区域、创新型城市。

② 创新网络联系超越地域限制。

研究表明，全球创新网络联系主要表现为高等级创新区域之间的联系。从我国城市创

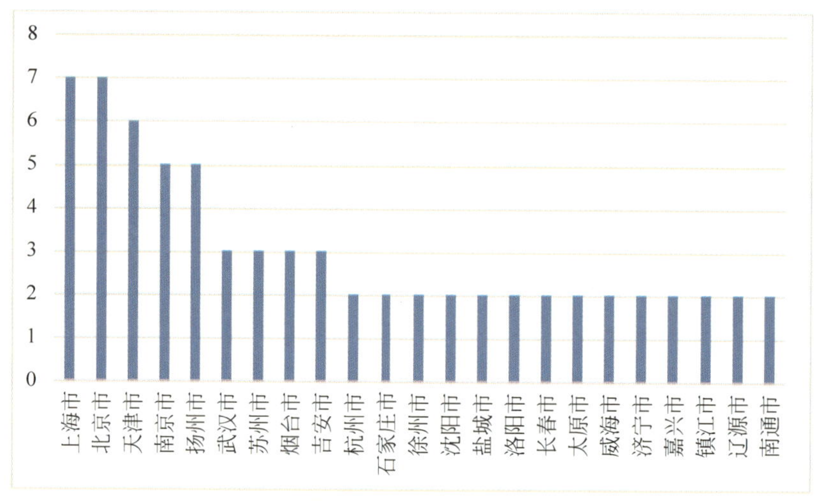

图 3.5　全国城市国家级企业孵化器数量 2 家以上的城市

资料来源：科技部网站名单。

新网络联系来看(图 3.6)，等级完善的城市群能够形成紧密联系圈层，如长三角城市群近域联系明显，核心联系集中在泛长三角地区；珠三角城市群近域联系明显，核心联系集中在广东地区。创新型区域、创新型城市的等级越高，其联系强度越大，如长三角、珠三角、京津冀等城市群的扩散范围能够覆盖全国，三大城市群之间联系强度最高，且中心城市(北京、上海、广州等)扩散范围更广、联系强度更高。

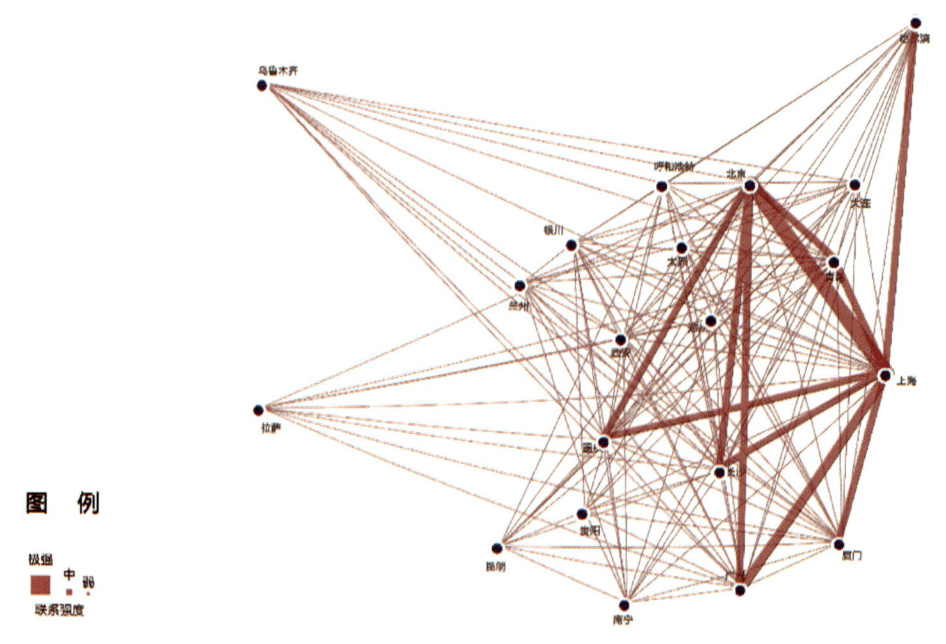

图 3.6　全国城市科技创新网络联系现状(2015)

资料来源：龙信(公司)企业数据库，科技创新相关行业(包括科学研究与技术服务业、制造业、金融业、租赁与商务服务业、通信与软件信息服务业等行业)间投资企业。

③ 区域科技创新廊道的本质是科技创新型企业依托区域交通线联系形成的科技创新功能区。

区域科技创新廊道的本质是科技创新型企业依托区域交通线联系形成的科技创新功能区，同时承载技术协作、信息传递、人才流动和服务合作等方面的联系功能(图 3.7)。区域内科技创新源通过虚拟化的联系通道实现知识、信息、技术逐级传递，主要包括技术协作联系通道、信息传递联系通道、人才流动联系通道和服务合作联系通道等。区域内会依托交通联系通道等形成创新廊道。制造业集聚区(带)会推动创新功能集聚区(带)逐步形成，如长三角的沪宁、沪杭、杭甬沿线，成渝的成德绵眉乐沿线等，其演化过程为企业发展→引发技术或服务创新→知识创新要素引入→创新水平提升。在创新功能区的关键节点，尤其是知识创新资源的引入区，会促进形成创新服务的中心，推动城市创新功能升级。

图 3.7　区域创新扩散模式(自绘)

3.7 科技创新主体与创新发生规律研究

可以从以下三个方面对科技创新主体与创新发生规律进行研究。

(1) 企业、科研院所和政府三类主体互动发展推动创新。

大规模、多样化的创新主体是创新城市建设的基础。三螺旋理论(Triple Helix Theory)被认为是创新研究中的一个新范式，用来描述企业、大学和政府在创新过程中的互动关系。理论核心是指大学、企业、政府之间通过组织的结构安排、制度设计等加强三者资源与信息的分享沟通，提高科技资源的运用效率与效能。企业、科研机构主导下的创新大体可分为技术创新、知识创新和服务创新，政府以提供创新服务和营造创新环境为主。对我国创新城市的实证研究也能够从侧面印证这一理论(图 3.8)。

(2) 企业是推动科创的核心力量，优质知识要素是科创的催化剂。具体表现在以下两个方面。

① 促进企业集聚与集群化发展是提升城市创新能力的关键因素。

企业是技术创新和服务创新的主体，也是知识创新的重要推动力，因此促进企业集聚与集群化发展是提升城市创新能力的关键因素。我国城市创新能力与企业活跃程度(孵化器数量、上市公司数量)(图 3.9)、企业间联系程度(行业协会和产业联盟)等高度相关，城市通过行业协会和产业联盟促进产业集群形成与协同创新(表 3.11，图 3.10～图 3.13)。

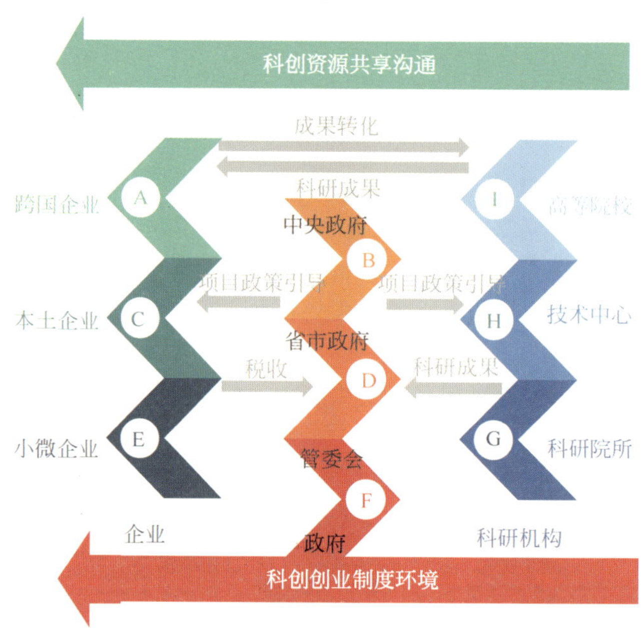

图 3.8　企业、政府与科研机构在创新中的相互作用(自绘)

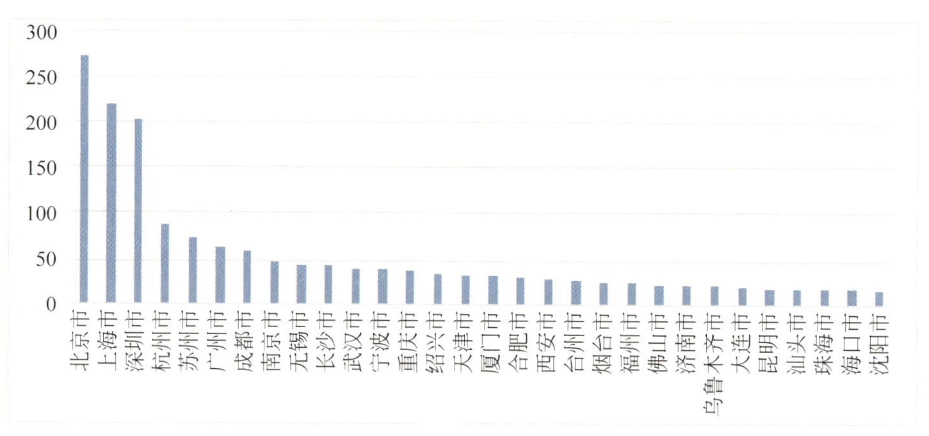

图 3.9　全国城市上市公司数量排名前 30 位的城市

资料来源：百度地图标记点(point of interest)。

表 3.11　企业要素与城市创新产出的相关性分析

Pearson 相关性	产业联盟数量	行业协会数量	国家级企业技术中心数量	创新型产业集群试点数量	国家级科技企业孵化器数量	上市公司数量	万人在营企业数量	万人新成立企业数量
专利申请数量	0.534**	0.703**	0.417**	0.485**	0.560**	0.794**	0.616**	0.580**
万人专利数量	0.245**	0.469**	0.268**	0.411**	0.294**	0.591**	0.792**	0.771**

注：** 表示在 0.01 水平(双侧)上显著相关。

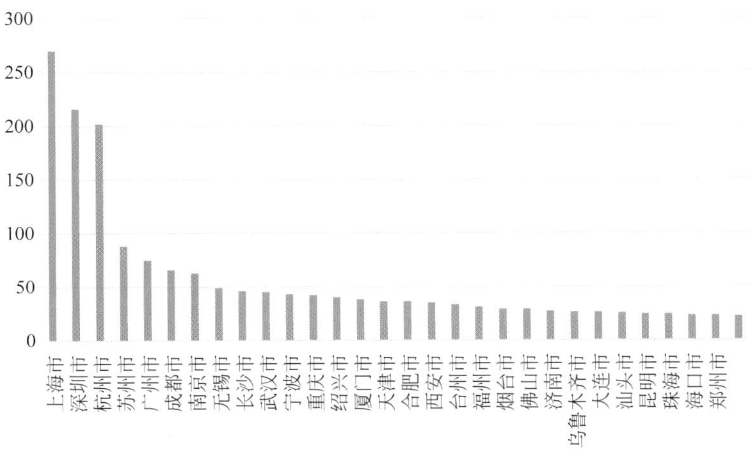

图 3.10 全国城市国家级企业技术中心数量 5 家以上的城市

资料来源：科技部国家级企业技术中心名单。

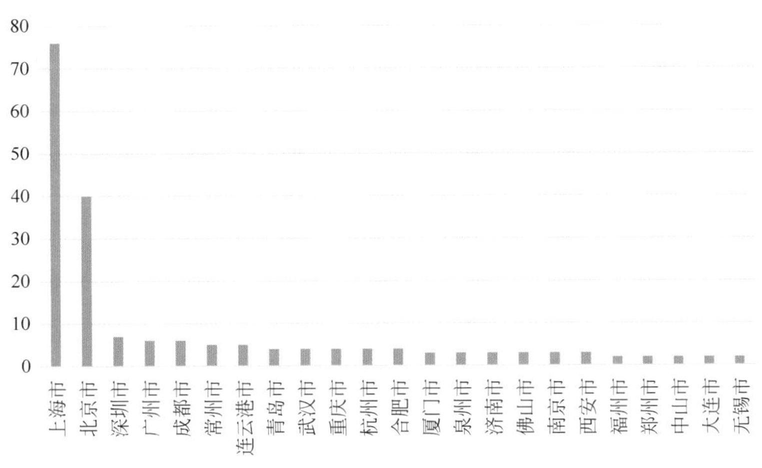

图 3.11 全国城市产业联盟数量 2 家以上的城市

资料来源：百度地图标记点(point of interest)。

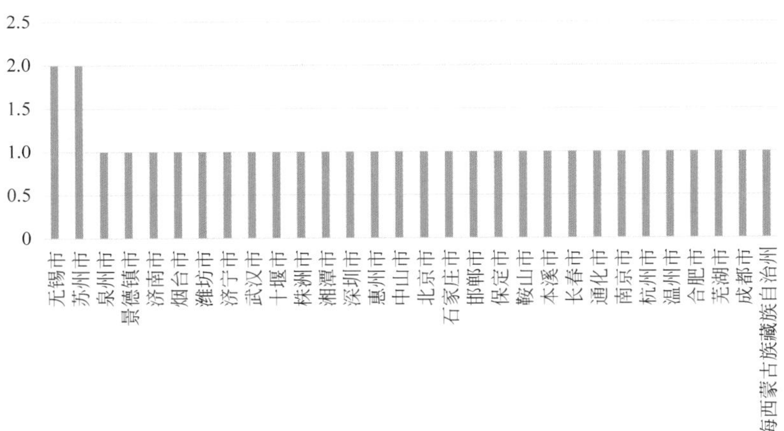

图 3.12 全国城市创新型产业集群数量 1 家以上的城市

资料来源：工信部创新型产业集群名单。

② 在企业创新活跃的前提下引入知识创新要素，能够使产学研互促发展。

在企业创新活跃的前提下引入知识创新要素，能够使产学研互促发展(表 3.12)，但仅集聚知识创新要素并不一定能够激发创新。我国城市创新能力与优质知识资源，如国家211 院校(图 3.14)、如国家级重点实验室数量(图 3.15～图 3.16)、国家级工程技术研究中心数量(图 3.17)相关性较高，但其相关性不如企业的集聚和活跃度。

表 3.12 知识创新要素与城市创新产出相关性分析

Pearson 相关性	高等院校数量	"211"院校数量	国家级重点实验室数量	国家级工程技术研究中心数量	国家工程实验室	年末总人口	本科及以上学历人口比例	硕士及以上学历人口比例
专利申请数量	0.517**	0.573**	0.583**	0.580**	0.557**	0.320**	0.477**	0.375**
万人专利申请数量	0.253**	0.250**	0.288**	0.287**	0.259**	0.353**	0.285**	0.350**
企业平均专利数	0.418**	0.432**	0.500**	0.515**	0.423**	0.442**	0.383**	0.444**

注：** 表示在 0.01 水平(双侧)上显著相关。

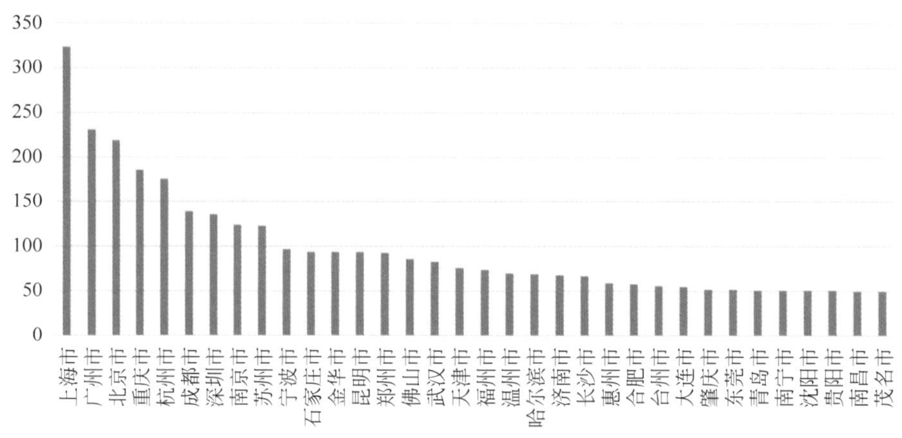

图 3.13 全国城市行业协会数量 50 家以上的城市

资料来源：百度地图标记点(point of interest)。

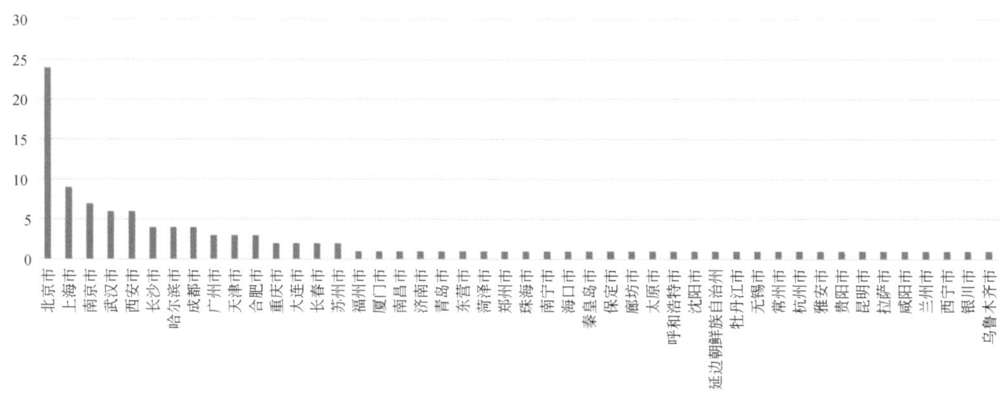

图 3.14 全国城市"211"院校数量

资料来源：教育部 211 院校名单。

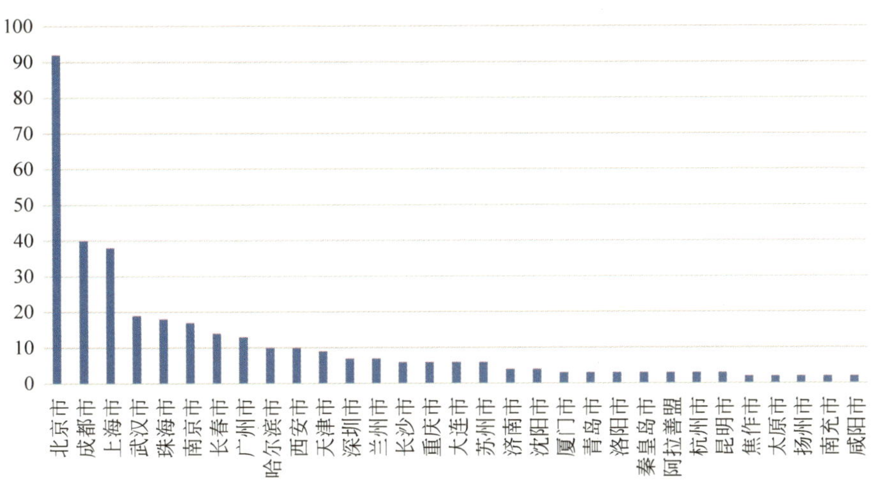

图 3.15　全国城市国家重点实验室数量 2 家以上的城市

资料来源：科技部国家重点实验室名单。

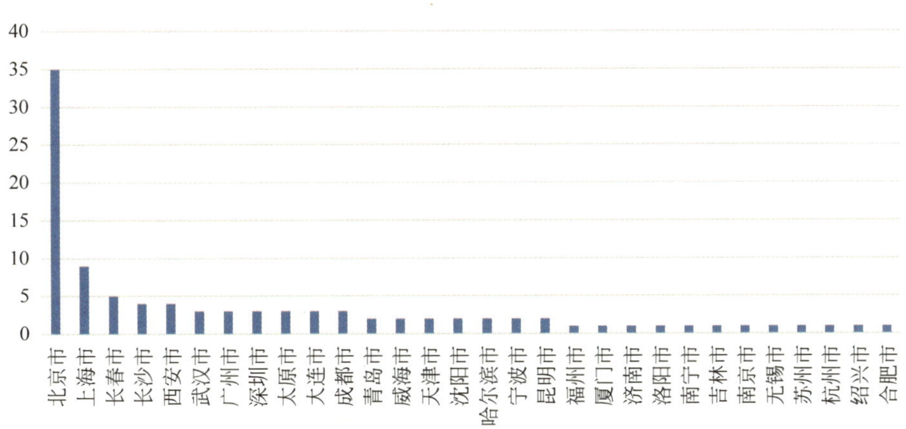

图 3.16　全国城市国家工程实验室数量 1 家以上的城市

资料来源：科技部国家工程实验室名单。

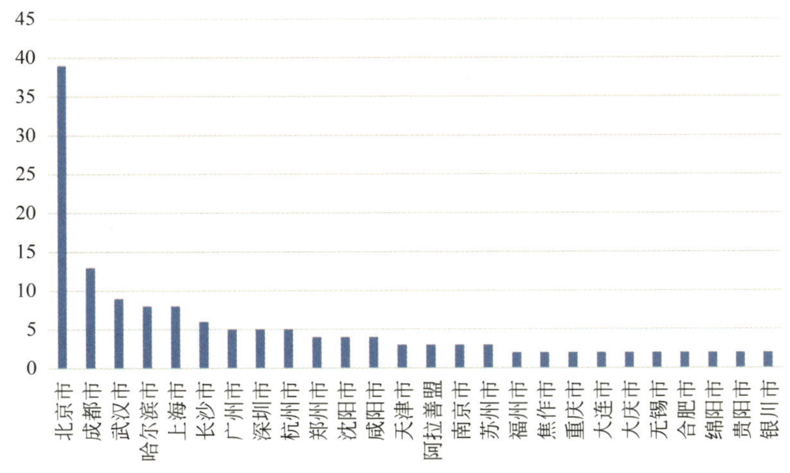

图 3.17　全国城市国家工程技术研究中心数量 2 家以上的城市

资料来源：科技部国家工程技术中心名单。

优质的知识资源对提升企业创新能力、活跃城市的发展能起到促进作用。以深圳为例，企业发展是创新产生的前置条件，之后引发技术创新或服务创新，通过优质科研资源投放并实现产学研合作，最后形成创新服务中心，促进创新水平快速提升(图 3.18)。

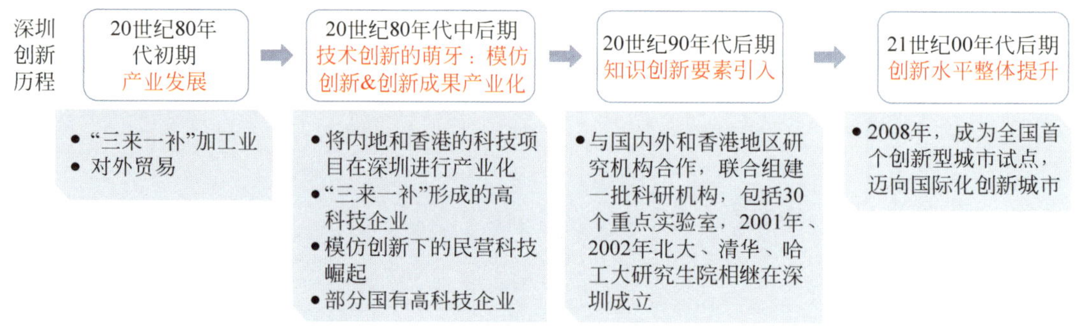

图 3.18 深圳市创新发展历程(自绘)

(3) 科创环境的建设是政府发挥作用的最主要领域。

我国城市创新能力与城市创新服务支撑能力显著相关(表 3.13)，城市创新支撑能力包括完善的创新服务体系、激发创新的政策环境和宜居的城市环境等(图 3.19～图 3.21)。在同等经济发展水平下，城市环境改善对创新具有促进作用，但是单纯的城市环境与城市创新能力无明显相关性，说明与城市环境相比经济发达城市的就业机会和服务水平对创新人才和企业更具吸引力。

表 3.13 创新环境要素与城市创新产出相关性评价

Pearson 相关性	全社会固定资产投资额	房地产投资完成额	万人国际互联网用户数	万人移动电话年末用户数	建成区绿化覆盖率	工业固体废物综合利用率	污水集中处理率
专利申请数量	0.562**	0.629**	0.473**	0.473**	0.123*	0.129*	0.73
万人专利数量	0.362**	0.407**	0.580**	0.580**	0.249**	0.116*	0.093*

注：** 表示在 0.01 水平(双侧)上显著相关；* 表示在 0.05 水平(双侧)上显著相关。

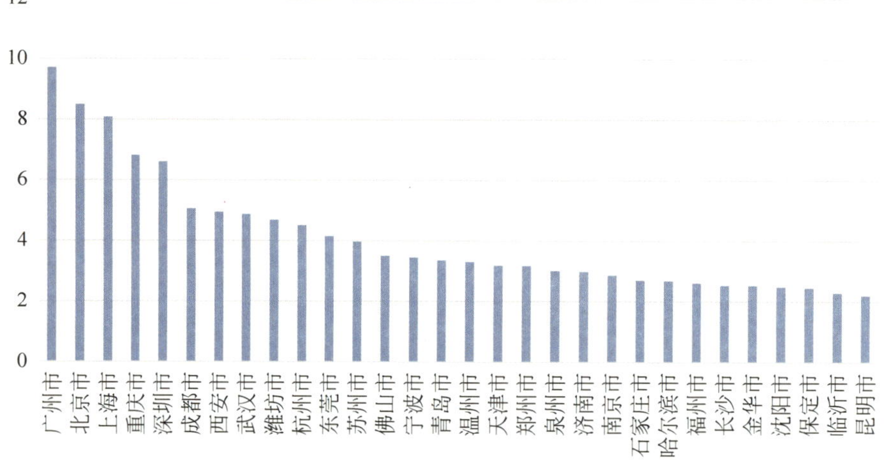

图 3.19 全国城市信息化基础评价排名前 30 的城市

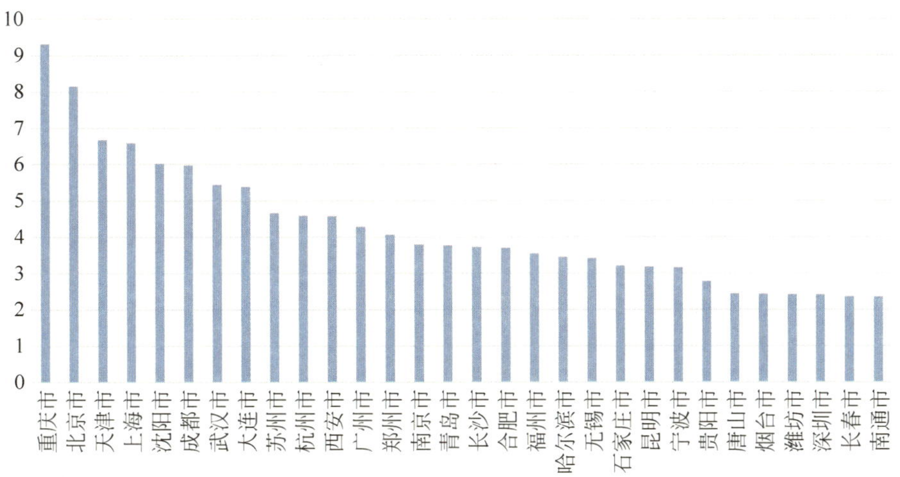

图 3.20　全国城市建设基础评价排名前 30 的城市

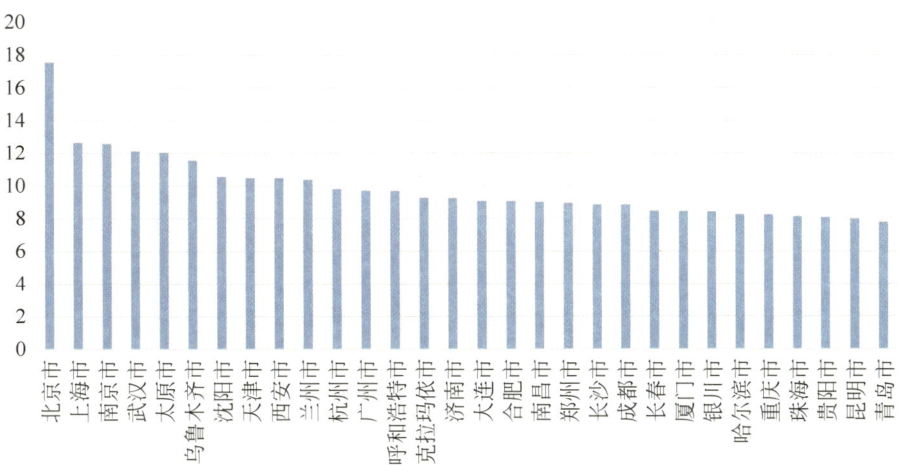

图 3.21　全国城市人才基础评价排名前 30 的城市

3.8　主要参考文献

[1]　POH K W, YUEN P H, SINGH A. Singapore as an innovative city in East Asia: an explorative study of the perspectives of innovative industries [EB/OL]. [2005-04]. The World Bank, 2005, https://elibrary.worldbank.org/doi/abs/10.1596/1813-9450-3568.

[2]　FLORIDA R. The rise of the creative class[J]. The Washington Monthly, 2002, 34(5): 15-25.

[3]　STAM E, DE JONG J P J, MARLET G. Creative industries in the Netherlands: Structure, development, innovativeness and effects on urban growth[J]. Geografiska Annaler: Series B, Human Geography, 2008, 90(2): 119-132.

[4]　DERUDDER B, WITLOX F. An appraisal of the use of airline data in assessing the world city network: a research note on data[J]. Urban Studies, SAGE Publications, 2005, 42(13): 2371-2388.

[5] 林捷.欧盟发布《第三个欧盟科技指标报告》[J].全球科技经济瞭望,2003(7):50-52.

[6] 曹勇,曹轩祯,罗楚珺,等.我国四大直辖城市创新能力及其影响因素的比较研究[J].中国软科学,2013(6):162-170.

[7] 朱查松,王德,罗震东.中心性与控制力:长三角城市网络结构的组织特征及演化——企业联系的视角[J].城市规划学刊,2014(4):24-30.

[8] Innovation Cities™ Index 2015: Global [EB/OL].[2015-10-27]. http://www.innovation-cities.com/innovation-cities-index-2015-global/9609.

第4章
城市科技创新网络体系引导

创新型城市的建设具有重要的战略意义，是支撑我国迈进创新型国家和人才强国行列的重要举措。目前国家创新型试点、国家自主创新示范区等一系列以城市为创新单元的创新试点建设不断推进。其中，上海和深圳作为创新型城市试点的建设典范，在支持创新创业、推动“双自联动”等方面制定了相应的政策，对其他城市在创新领域的建设具有借鉴意义。总结城市科技创新规律，我们发现创新型城市的建设需要政府、科研机构、企业等主体共同推进，其中政府在创新型城市建设中应当发挥主动性，为城市创新营造良好的制度与环境。

4.1 创新型城市和相关试点情况

4.1.1 创新型城市的内涵

创新型城市指的是以科技进步为动力，以自主创新为主导，以创新文化为基础，主要依靠科技、知识、人力、文化、体制等创新要素驱动发展的城市[①]。创新型城市的发展要素包括城市创新资源、城市创新载体、城市创新服务、城市创新通道、城市创新环境、城市创新平台等。创新型城市是开展国家创新活动、建设创新型国家的重要基地，是推进国家创新体系建设的关键环节，是加快经济发展方式转变的核心引擎。

4.1.2 创新型城市试点

创新型城市建设主要关注的是整个城市的发展，政策和措施也是立足于城市，以期将创新的成果辐射整个地区。各地区在建设国家创新型城市过程中，大都制定了如下政策：引进创新型人才，与科研院所合作，提升创新能力；强调政府资金支持、银行贷款、融资、民间资本等多渠道筹集资金，促进企业提高自主创新能力，发展高技术产业；加快推进体制机制创新，转变政府职能，从管理者转为服务者的角色；改善城市发展环境，优化设施配套，吸引创新人才。

1. 国家发展改革委批复的 17 个国家创新型城市试点

为全面落实创新型城市建设，2010 年 1 月 6 日《国家发展改革委关于推进国家创新型城市试点工作的通知》发布，文件指出“在推进深圳市创建国家创新型城市试点工作的基础上，同意大连、青岛、厦门、沈阳、西安、广州、成都、南京、杭州、济南、合肥、郑州、长沙、苏州、无锡、烟台等城市申报的创建国家创新型城市总体方案，支持以上十六个城市开展创建国家创新型城市试点”。至此，国家发展改革委批复的推进国家创新型城市试点共有 17 个。

国家发展改革委推进国家创新型城市试点的主要思路是：“创建国家创新型城市要以实现创新驱动发展为导向，以提升自主创新能力为主线，以体制机制创新为动力，以营造创新友好环境为突破口，健全创新体系、聚集创新资源、突出效益效率、着眼引领示范，探索区域创新发展模式，培育一批特色鲜明、优势互补的国家创新型城市，形成若干区域创新发展增长极，增强国家综合实力和国际竞争力，为实现创新型国家建设目标奠定坚实

---

① 方创琳，刘毅，林跃然，等. 中国创新型城市发展报告[M]. 北京：科学出版社，2013：1-2.

基础。”

主要任务有四方面：加强统筹规划协调，强化城市创新功能；健全区域创新体系，突出企业主体地位；推进城市产业升级，优化区域产业结构；建设创新友好环境，促进创新创业发展。

2. 科技部开展的42个国家创新型试点城市(区)

2016年12月1日科技部和国家发展改革委联合下发了《科技部、国家发展改革委关于印发建设创新型城市工作指引的通知》，选择依靠科技、知识、人力、文化、体制等创新要素驱动发展的城市(城区)作为试点。创新型城市对其他区域具有高端辐射与引领作用，其内涵一般体现在思想观念创新、发展模式创新、机制体制创新、对外开放创新、企业管理创新和城市管理创新等方面。

截至2016年12月，国家创新型试点城市总数达到61个(表4.1)。《建设创新型城市指标体系》采用创新要素集聚能力、综合实力和产业竞争力、创新创业环境、创新对社会民生发展的支撑、创新政策体系和治理架构、特色指标等26个指标，对试点城市进行评估验收。

表4.1 创新型城市试点建设名单

序号	省、自治区、直辖市	城市(区)
1	北京	海淀区
2	天津	滨海新区
3	河北	石家庄市、唐山市、秦皇岛市
4	山西	太原市
5	内蒙古	呼和浩特市、包头市
6	辽宁	沈阳市、大连市
7	吉林	长春市
8	黑龙江	哈尔滨市
9	上海	杨浦区
10	江苏	南京市、常州市、连云港市、镇江市、南通市、泰州市、扬州市、盐城市、无锡市、苏州市
11	浙江	宁波市、嘉兴市、杭州市、湖州市
12	安徽	合肥市
13	福建	福州市、厦门市
14	江西	南昌市、景德镇市、萍乡市
15	山东	济南市、青岛市、济宁市、烟台市
16	河南	郑州市、洛阳市、南阳市
17	湖北	武汉市、襄阳市、宜昌市
18	湖南	长沙市
19	广东	广州市、深圳市
20	广西	南宁市
21	海南	海口市
22	重庆	沙坪坝区
23	四川	成都市

续表

序号	省、自治区、直辖市	城市(区)
24	贵州	贵阳市、遵义市
25	云南	昆明市
26	陕西	西安市、宝鸡市
27	甘肃	兰州市
28	宁夏	银川市
29	青海	西宁市
30	新疆	乌鲁木齐市、昌吉市、石河子市

3. 国家自主创新示范区

国家自主创新示范区指的是经国务院批准,在推进自主创新和高技术产业发展方面先行先试、探索经验、做出示范的区域。国家自主创新示范区对进一步完善科技创新的体制机制、加快发展战略性新兴产业、推进创新驱动发展和加快转变经济发展方式等方面将发挥重要的引领、辐射、带动作用。

截止到2017年,国家自主创新示范区共17家,如表4.2所示。

表4.2 国家自主创新示范区名单

批复时间	区域	自主创新示范区名称	涉及的国家高新区
2009.3.13	北京	中关村国家自主创新示范区	中关村科技园区
2009.12.8	湖北	武汉东湖国家自主创新示范区	武汉东湖高新区
2014.1.19	上海	上海张江国家自主创新示范区	上海张江、紫竹高新区
2014.10.20	江苏	江苏苏南国家自主创新示范区	南京、苏州、无锡、常州、昆山、江阴、武进、镇江高新区,苏州工业园区
2014.12.11	天津	天津国家自主创新示范区	天津滨海高新区
2014.12.11	湖南	湖南长株潭国家自主创新示范区	长沙、株洲、湘潭高新区
2015.6.11	四川	成都国家自主创新示范区	成都高新区
2015.8.25	陕西	西安国家自主创新示范区	西安高新区
2015.8.25	浙江	杭州国家级高新区	杭州高新区、萧山临江高新区
2014.5.13	广东	深圳国家自主创新示范区	首个以城市为基本单元的,涵盖了全市10个行政区和新区的产业用地
2015.9.29		珠三角国家自主创新示范区	广州、中山火炬、东莞松山湖、佛山、惠州、珠海、肇庆、江门高新区
2016.04.05	山东	山东半岛国家自主创新示范区	济南、青岛、淄博、潍坊、烟台、威海
2016.04.05	辽宁	沈大国家自主创新示范区	沈阳、大连
2016.04.05	河南	郑洛新国家自主创新示范区	郑州、洛阳、新乡
2016.6.16	福建	福厦泉国家自主创新示范区	福州、厦门、泉州
2016.6.16	安徽	合芜蚌国家自主创新示范区	合肥、芜湖、蚌埠
2016.7.19	重庆	重庆国家自主创新示范区	重庆

4. 创新型省份试点

2016年,科技部制定的《建设创新型省份工作指引》,从统筹布局、编制方案、开展建设、监督评价四个方面提出了建设思路(表 4.3)。

表 4.3 创新型国家建设和创新型省份试点建设思路

思　路	建设做法
统筹布局	采取以创促建、试点先行的方式,选取若干具有较强创新能力和综合竞争力、良好创新创业生态、显著创新特色优势的省份,支持开展创新型省份试点建设
编制方案	各省(自治区、直辖市)科技主管部门牵头编制创新型省份(试点)建设方案。各有关省(自治区、直辖市)人民政府对建设方案进行审核,并函送科技部。建设期限原则上不超过 5 年
开展建设	科技部对创新型省份(试点)建设方案予以批复,省(自治区、直辖市)人民政府根据批复要求启动创新型省份(试点)建设。各有关省(自治区、直辖市)科技主管部门向科技部报送创新型省份(试点)建设年度进展报告
监督评价	将"综合科技进步水平指数""R&D/GDP 比重""高新技术企业数量""党委政府出台实施创新驱动发展战略的决定或意见及配套政策""拥有能抓创新、会抓创新、抓好创新的科技管理队伍"5 个指标作为考核指标

资料来源：2016 年 4 月科技部印发的《建设创新型省份工作指引》。

《建设创新型省份工作指引》指出："建设创新型省份是加快实施创新驱动发展战略,2020 年进入创新型国家行列的必然要求；是培育发展新动力,引领经济发展新常态的内在需要；是贯彻落实国家区域发展总体战略,推动区域协调发展的重要支撑。"

《建设创新型省份工作指引》提出,建设创新型省份的发展目标是："到 2018 年,推动东中西及东北等不同地区的一批省市率先进入创新型省市行列,创新型省份研究与试验发展(R&D)经费支出占地区生产总值(GDP)比重达到 2.5%以上,形成一批高端引领的创新型企业、人才团队,若干重点产业进入全球价值链中高端,基本实现创新驱动发展。到 2020 年,在全国范围内推动更多省份和城市进入创新型省市行列,形成一批具有全国乃至全球影响力的区域创新中心、科学技术重要发源地和新兴产业策源地,初步形成协同高效的区域创新体系和创新型经济格局,发展驱动力实现根本转换,对建成创新型国家形成有力支撑。"

5. 创新型产业集群试点

科技部确定,并通过国家火炬计划、创新基金、高新技术企业培育和国家重点新产品计划申报等政策资源支持建设创新型产业集群试点。以主导产业、特色产业、优势产业为重点,通过围绕产业链扶持骨干企业、科技型产业,推动产业集群,尤其是创新型产业集群形成,充分发挥产业集群集聚效应,不断提升发展的实力和产业的国际竞争力。

2013 年 3 月科技部印发的《创新型产业集群试点认定管理办法》中提出了创新型产业集群试点评价指标体系,从创新环境、主导产业、服务体系三个方面提出了评价标准。

6. 开放创新综合实验区

开放创新综合实验区的设立,是站在国家新一轮改革开放前沿,积极探索开放与创新融合、创新与产业融合、产业与城市融合的发展道路,更好地引领全国开发区转型升级和创新发展,打造国际化开放合作、自主创新发展的产城深度融合的开发区增强版。

2015 年,苏州工业园区成为全国首个开放创新综合试验区。主要任务包括：建设更高水平的开放合作示范平台、建设产业优化升级示范平台、建设国际化创新驱动示范平台、建设行政体制改革示范平台、建设城市综合治理示范平台。

4.1.3 创新型城市评价指标

国内创新型城市评价代表性指标体系有：国家科技部创新型城市建设监测评判指标体系、中国科学院科技发展战略研究小组中国区域创新能力评判指标、中国科学院创新发展研究中心区域创新能力评判指标、中国人民大学国家创新评判指标、创新城市评价课题组中国创新城市评判指标、创新型国家建设报告课题组创新型城市评判指标、国家创新体系建设战略研究组创新型城市评判指标、中关村创新指数、深圳创新指数和张江创新指数等。

我国创新型城市十大判断标准是：人均 GDP 超过 10 000 美元、全社会 R&D 投入占 GDP 的比重超过 5%、企业 R&D 投入占销售总收入的比重超过 5%、公共教育经费占 GDP 的比重大于 5%、新产品销售收入占产品销售收入的比重超过 60%、科技进步对经济增长的贡献率超过 60%、高新技术产业增加值占工业增加值的比重大于 60%、对内技术依存度大于 70%、发明专利申请量占全部专利申请量的比重大于 70%、企业专利申请量占社会专利申请量的比重大于 70%①。

全球创新型城市的基本特征是：具有较强的综合经济实力和较大的人口规模，具有便利快速的对外交通联系，拥有较强的对外经济联系和广泛的全球市场，集聚了一大批多样化高层次创新人才，吸引大量具有高研发能力的组织机构入驻，具有发达的科技中介机构和较高的科技服务能力，建成国际著名的创新平台和空间载体，具有开放性和包容性的创新文化氛围②。

4.1.4 创新型城市推动模式

根据创新发展动力的差异，创新型城市具有不同的推动模式。

(1) 工业创新驱动模式。例如沈阳等传统老工业城市。这类城市推动创新的政策主要为：一是在创新模式上，强调在现代产业体系构建上，加快用高新技术改造传统产业步伐，抓好企业技术中心、技术创新示范企业等创新主体建设；支持传统行业骨干企业加强产业链上下游合作，提高协同创新、集成创新和引进技术的消化吸收再创新能力。二是在空间载体上，加快调整和优化产业布局，推动区域传统产业合作和有序转移；充分发挥既有高新区、经开区的创新示范效应，带动全市经济与科技创新结合；推进优势产业集聚发展，加快推动产业集群建设。三是在创新环境上，强化政策支持，拓宽融资渠道。

(2) 军民融合型推动模式。例如绵阳、西安、兰州、长沙等城市。这类城市推动创新的政策主要为：一是在顶层设计上，依托国家自主创新示范区、国家高新区和国家级新区等国家级平台，建设军民融合创新示范区，把国防科技创新和军民融合产业发展纳入省、市国民经济和社会发展规划。二是在资源配置上，一方面要充分发挥科研院所、高等院校、军工企业和优势民营企业的自身优势，支持建好军民两用技术开发中心、国防重点实验室、国防工业中试基地等研发平台，推进先进技术、产业产品、基础设施等军民共享共用；另一方面是积极吸纳大型军工骨干企业、优势民营企业设立研发、生产型分支机构，促进形成军民融合

① 方创琳，马海涛，王振波，等. 中国创新型城市建设的综合评估与空间格局分异[J]. 地理学报，2014(4)：459-473.

② 屠启宇，张剑涛. 全球视野下的科技创新中心城市建设[M]. 上海：上海社会科学院出版社，2015.

产业规模聚集效应,促进地方、军队、企业、社会联合开展科技攻关,形成协同创新的发展格局。三是在创新环境上,要加快形成有利于军民融合深度发展的市场环境、产权制度、分配制度以及人才培养、引进和使用机制,积极构建优秀科技力量服务国防科技创新、国防科技成果迅速向民用转化的良好格局。

(3)双创驱动模式。这类城市,特别是处于工业化中后期阶段的城市,推动创新的政策主要为:一是在创新模式上,加快新技术尤其是关键核心技术研发应用,改造提升传统产业;加强资源能源的高效利用,积极发展绿色、循环、低碳经济;将互联网产业化、产业互联网化,促进传统企业适应物联网、云计算、移动互联网等新一代信息技术的挑战;通过产品创新、技术创新、商业模式创新、管理创新,加快企业转型升级。二是在创新空间上,鼓励“双创”基地建设,加快创新创业服务平台构建,在大众创业、万众创新的发展战略下,建设“双创”基地、发展众创空间,加快培育创新动能,推进专业空间、网络平台和企业内部众创;加强创新资源共享,加快构建创新服务支撑平台,更好地发挥政府创业投资引导基金和中小企业发展基金的作用;推广研发创意、制造运维、知识内容和生活服务众包;完善监管制度,规范发展实物众筹、股权众筹和网络借贷。三是在创新环境上,强化政策支持,拓宽融资渠道;制定有效的人才激励计划。

(4)全面综合协调模式。例如北京、上海等城市。这类城市推动创新的政策主要为:一是构建全面的创新体系,包括组织体系、社会支撑服务体系、宏观管理体系和技术体系。二是以应用为导向形成自主创新能力,原始创新、集成创新、引进吸收再创新多种创新模式并进;采用产学研联合、技术联盟、跨区域跨国研发机构合作等方式探索自主创新路径。三是强调科教兴市与产学研相结合,通过相关制度建设为战略实施提供良好的宏观环境和基础条件,培育知识、信息、人才等核心要素市场,促进大学校区、科技园区、公共社区的“三区联动”模式。

(5)风险投资促进模式。例如深圳等城市。这类城市推动创新的政策主要为:一是依托风险投资促进创新。高新技术产业化发展越来越依赖于风险投资和资本市场,尤其是风险大、战略意义重大的高新技术项目,并且风险投资渠道来源多元化,形成了以政府主办及机构合办的风险投资公司为主体,以境外风险投资机构为重要补充,以高科技贷款担保公司和投资顾问公司为配套服务的风险投资体系。二是打造公平竞争环境,包括打造公平的竞争环境、法制环境和完善的产业配套环境。三是积极发挥会计师事务所等中介机构以及同业公会的作用。

(6)主导产业推动模式。例如青岛等城市。这类城市推动创新的政策主要为:一是强调主导产业集群建设,构建以名牌产品和名牌企业集团为支柱的产业体系,加强产业品牌和城市品牌之间的互动。二是加快政策优势支撑,优化创新环境,加快制度体系建设,设立企业发展基金。三是培育企业家精神,推动生产要素向优秀企业家集聚,为优秀企业家创造良好的社会环境,通过各种合法激励手段调动各类企业人才的积极性、主动性和创造性。四是建设评价体系,促进质量管理。

(7)民营经济主导模式。例如温州等城市。这类城市推动创新的政策主要为:一是加快民营经济企业发展模式创新,推进企业组织模式和经营模式创新、市场开拓模式和竞争模式创新。二是营造民营经济创新环境、市场化经济环境,随着经济发展不断调整相关政策;围绕人才和技术提供全方位服务;发挥行业协会和民营商会作用,营造弘扬创业精神、鼓励试错、包容失败的创新氛围[①]。

4.2 上海和深圳的创新城市建设实践

4.2.1 上海创新城市建设实践

1. 上海提出建设具有全球影响力的科技创新中心

2015 年 5 月，中共上海市委上海市人民政府出台了《关于加快建设具有全球影响力的科技创新中心的意见》，从体制机制改善、人才高地建设、创新环境营造、创新布局优化四个方面提出 20 多项意见(表 4.4)。

表 4.4 《关于加快建设具有全球影响力的科技创新中心的意见》主要内容

4 个方面	20 项措施	主要内容
建立市场导向的创新型体制机制	着力推进政府管理创新	简化行政审批，放宽新兴行业市场准入管制，推进政务公共数据资源开放应用
	改革财政科技资金管理	加强对基础前沿类科技计划的支持，扩大对中小型科技企业创新产品和服务的采购比例(与北京相同)
	深化科研院所分类改革	建立现代科研院所分类管理体制，建立科研院所创新联盟
	健全鼓励企业主体创新投入的制度	制定关于创新活动投资的相关税收支持政策，加大国企创新转型考核权重
	完善科技成果转移转化机制	下放高校和科研院所科技成果的使用权、处置权、收益权，成果转移转化收益全部留归单位，建立市场化的国有技术类无形资产可协议转让制度
建设创新创业人才高地	进一步引进海外高层次人才	简化外籍高层次人才证办理程序，放宽年龄限制，降低科技创新人才 B 证申请条件，外籍高层次人才中国绿卡申办周期缩短至 90 天
	充分发挥户籍政策的激励和导向作用	居住证转办户口年限由 7 年缩短为 2～5 年
	创新人才培养和评价机制	进行办学自主权的制度创新，探索建立全市统一的人才资助信息申报经办平台，强化实践能力评价，调整不恰当的论文要求
	拓展科研人员双向流动机制	鼓励科研人员在职离岗创业、保留人事关系离岗创业，鼓励高校设立科技成果转化岗位，大学生创业时间计入实践教育学分
	加大创新创业人才激励力度	允许高校和科研院所科技成果转化收益归属研发团队所得比例不低于 70%(与北京相同)
	推进"双自"联动建设人才改革试验区	建设海外人才离岸创业基地("区内注册、海内外经营"的离岸模式)

① 方创琳，刘毅，林跃然，等. 中国创新型城市发展报告[M]. 北京：科学出版社，2013：61-65.

续表

4个方面	20项措施	主要内容
营造良好的创新创业环境	促进科技中介服务集群化发展	形成若干个科技服务产业集群,高新技术企业减按15%的税率征收企业所得税,打造辐射全球的技术转移交易网络
	推动科技与金融紧密结合	政府天使投资引导基金,进行科技保险产品创新,银行成立投资管理公司,上海证券交易所设立"战略新兴板"
	支持各类研发创新机构发展	支持跨国公司在沪设立研发中心,鼓励国内企业去海外设立研发中心
	建造更多开放便捷的众创空间	建设国家"四新"(新技术、新产业、新业态、新模式)经济实践区,扶持众创空间发展
	强化法治保障	制定科技成果转移、张江国家自主创新示范区条例等地方性法规,实行严格的知识产权保护
优化重大科技创新布局	加快建设张江综合性国家科学中心和若干重大创新功能型平台	建设若干重大创新功能型平台,在信息技术、生物医药、高端装备等领域,重点建设若干共性技术研发支撑平台,建设一批科技成果转化服务平台
	实施一批重大战略项目,布局一批重大基础工程	布局一批能够服务国家战略和把握世界科技进步大方向的相关项目,如大飞机、北斗导航、高端处理器芯片、脑科学与人工智能、干细胞与组织功能修复等
	建设各具特色的科技创新集聚区	聚焦张江核心区和紫竹、杨浦、漕河泾、嘉定、临港等重点区域,突出各自的特色
	制定若干配套政策文件	围绕强化创新活力、强化科技成果转化、强化发挥人才作用,制定促进科技成果转移转化、完善金融支持体系、鼓励各类主体创新、加大知识产权运用和保护力度、激励创新创业人才等一批配套政策文件

《关于加快建设具有全球影响力的科技创新中心的意见》提出的建设目标是:努力把上海建设成为世界创新人才、科技要素和高新科技企业集聚度高,创新创造创意成果多,科技创新基础设施和服务体系完善的综合性开放型科技创新中心,使其成为全球创新网络的重要枢纽和国际性重大科学发展、原创技术和高新科技产业的重要策源地之一,跻身全球重要的创新城市行列。

分阶段目标是:2020年前,形成科技创新中心基本框架体系,为长远发展打下坚实基础。政府管理和服务创新取得重要进展,市场配置创新资源的决定性作用明显增强,以企业为主体的产学研用相结合的技术创新体系基本形成,科技基础设施体系和统一开放的公共服务平台构架基本建成,适应创新创业的环境全面改善,科技创新人才、创新要素、创新企业、创新组织数量和质量位居全国前茅,重要科技领域和重大产业领域涌现一批具有国际领先水平并拥有自主知识产权和核心技术的科技成果和产业化项目,科技进步贡献率全面提升。

2030年,着力形成科技创新中心城市的核心功能,在服务国家参与全球经济科技合作与竞争中发挥枢纽作用,为我国经济发展提质增效升级作出更大的贡献。走出一条具有时代特征、中国特色、上海特点的创新驱动发展的新路,创新驱动发展走在全国前头、走到世界前列。基本形成较强的集聚辐射全球创新资源的能力、重要创新成果转移和转化能力、创新经济持续发展能力，初步成为全球创新网络的重要枢纽和最具活力的国际经济中心城市之一。

最终要全面建成具有全球影响力的科技创新中心，成为与我国经济科技实力和综合国力相匹配的全球创新城市。

2. 上海市支持创新创业的相关措施

1）“创业浦江”行动计划

“创业浦江”行动计划旨在整合国际与国内创新资源、协同创新链与产业链、联动张江国家自主创新示范区与中国上海自由贸易试验区、统筹科技创新与城市发展，立足上海、面向全球，构建专业化、市场化、社会化的众创空间，激发全社会创造活力，打造经济发展新引擎，引领具有全球影响力的科技创新中心建设。实施“全城创客”行动、“创业启明”行动、“便捷创业”行动、“安心创业”行动、“专精创业”行动、“巅峰创业”行动、“点赞创业”行动和“创业共治”行动等八项重大行动。

“创业浦江”行动计划的目标是到2020年，上海形成要素齐全、功能完善、合作开放、专业高效、氛围活跃的创业服务体系，创业治理能力现代化水平明显提高，创业生态系统明显优化，创新创业文化氛围更加浓厚。上海基本形成政府、市场和社会多元参与的科技创业治理结构和治理机制。集聚“白领”创业者、大学生创业者、连续创业者、海外创业者等各类科技创业者超过20万人；涌现出一批具有全球性或区域性市场领袖地位的创新型企业，科技小巨人企业超过3000家，形成100个由小巨人企业牵头发起的产业技术创新联盟；在创业孵化、转移转化、研发服务、科技金融、创业宣传、创业教育等领域，培育和积聚一大批专业化、市场化、社会化创业服务组织和众创空间，人才、知识、技术和资本等创新要素高度集聚、开放共享，各类机构良性互动、开放合作；全市备案天使投资人超过3000人，机构式天使投资和创业投资基金超过100支；形成一批初创企业、服务机构集聚度高、活跃度高、协同性强、辐射力强且品牌效应显著的创业社区，使上海成为我国创业“养分”最充沛的区域。

2）上海众创空间联盟

2015年3月由近40家创业服务组织共同发起成立的上海众创空间联盟，作为全国首个区域性众创空间联盟，将成为上海新型孵化器资源共享、交流合作的平台。

上海众创空间联盟是从事创新创业孵化培育、投资、培训，以创业者、创客、极客为对象的众创空间服务机构、组织或个人自愿组成的，集民间性、互助性、公益性于一体的行业性组织。其基本原则是“入会自愿、退会自由、互助互利、共同发展”。宗旨是形成海纳百川的大众创业、万众创新的生态环境，提升创业者、创客、极客的创业能力和技术产品开发、市场竞争力，为打造具有全球影响力创新中心的上海作出贡献。

3）国家技术转移东部中心建设

2015年4月，位于上海的国家技术转移东部中心获科技部批复，成为五个国家技术转移中心之一（见表4.5）。国家技术转移东部中心将以市场化运营机制为原则，立足上海国际化都市和长三角龙头的特性，聚焦技术源头和产业端口，探索与高校对接、与金融结合、与企业共赢、与国际接轨的技术转移服务新范式，打造成为国家创新体系示范、国际技术转移枢纽和上海科技创新引擎。国家技术转移东部中心未来将形成技术转移机制完善的模式创新示范区，实现国内外知名产业(工业)技术研究机构、技术转移机构、科技金融机构等的空间集聚，打造使国内外技术、金融、资本、人才和资源高效配置的国家技术转移大平台。

表 4.5　国家技术转移中心名单

国家技术转移中心	城市
国家技术转移北方中心	北京
国家技术转移郑州中心	郑州
国家技术转移南方中心	深圳
国家技术转移东部中心	上海
国家技术转移苏南中心	苏州

4）产学研协同创新平台

上海市认定了 128 家专业技术服务平台，在评估评价中重视平台服务企业的效果(2014 年被评估的用户满意度达 99%以上)。同时上海市政府大力推动平台运营服务模式的转型与升级，在集聚创新资源、创新服务手段、服务企业自主研发、支撑产业技术创新等方面取得重要进展。平台门户网站注册用户约 51.5 万，用户数量连续 5 年居全国同类平台首位。上海市重视由企业运作的服务机构加盟研发平台，目前 1124 家加盟单位中，企业类占总量的 61.5%；企业特别是中小企业成为平台共享服务的受益主体，其中上海地区企业用户约 5.8 万家，重点企业用户 3210 家。

5）孵化器“2.0 版本”

浦东正在推进建设大规模的企业孵化器。它们与一般地区的孵化器不同，是“2.0 版本”。浦东瞄准的不仅仅是为刚刚参加工作的创业者提供低廉的创业环境，更重要的是围绕科技创新中心、企业需求、产业发展，在产业链的上下端，聘请高端创业导师，与高端企业、先进地区进行合作，做出专业的孵化器，为创业企业提供配套管理和人才支持。

3. 上海“双自联动”建设

1）中国(上海)自由贸易试验区概况

2013 年 9 月 29 日中国(上海)自由贸易试验区(以下简称自贸区)正式成立，面积 28.78km^2，涵盖上海市外高桥保税区、外高桥保税物流园区、洋山保税港区和上海浦东机场综合保税区 4 个海关特殊监管区域。2014 年 12 月 28 日全国人大常务委员会授权国务院扩展中国(上海)自由贸易试验区区域，将金桥出口加工区、张江高科技园区和陆家嘴金融贸易区纳入自贸区范围，自贸区面积扩展到 120.72km^2。

综合保税区包括外高桥保税区、外高桥保税物流园区、洋山保税港区、浦东机场综合保税区。陆家嘴金融片区包括陆家嘴金融贸易区、世博前滩地区。金桥开发片区以创新政府管理和金融制度、打造贸易便利化营商环境、培育能代表国家参与国际竞争的战略性新兴产业为重点，不断提升经济发展活力和创新能力。

张江高科技片区是上海贯彻落实创新型国家战略的核心基地。这里将推动上海自贸区建设与张江国家自主创新示范区进行深度联动，提升张江园区创新力，重点在国家科学中心、发展“四新”经济、科技创新公共服务平台、科技金融、人才高地和综合环境优化等领域开展探索创新。

2）“双自联动”重点

“双自联动”机制上突出四个方面。一是突出把自贸区理念融入科技创新中心建设，坚持与国际通行规则相衔接，坚持对标国际、面向全球。二是突出以制度创新破解科技创新瓶颈。自贸区的核心任务是制度创新，提升自主创新能力最紧迫的是破除体制机制障碍。深化“双自联动”就是要通过制度创新，破除一切制约科技创新的体制障碍和制度藩篱。三是突出以开放提升科技创新能力，促进创新要素跨境流动、创新资源高效配置，打造具有全球影响力的创新策源地。四是突出利用科技创新政策支持自贸区建设，充分发挥科技领域的政策优势，促进自贸区拓展创新功能。

3）“双自联动”方案

“双自联动”实施方案包括“1＋4”5个方面、18项内容。“1”是指创新体制机制，通过试点建立一套体现市场导向、符合国际惯例的创新型体制机制，使创新创业的门槛更低、生态更优、效率更高，其中包括建立一套与国际接轨、推动高新技术企业和技术先进型服务企业发展的支持办法；建设面向国际的知识产权交易服务平台，建立与国际接轨的知识产权保护机制等。“4”是指机构、资本、技术、人才等四大创新要素。例如，在集聚高能级创新机构和创新活动中，提出发展国际创新服务业，建设国际化创新创业孵化平台，促进跨境研发活动便利化，深化集成电路全产业链保税监管试点等。

4）科技与金融结合

推动科技与金融的紧密结合，加强科技城与金融城的互动，为科技创新提供金融服务的支撑。针对“科技与金融”的结合，未来将围绕创新链完善资金链，建立健全适合科技企业轻资产特征的债权融资体系、覆盖科技企业全生命周期的股权投资体系和多层次的科技金融服务体系，切实缓解科技中小微企业融资难问题。

主要内容包括完善政府引导、市场主导的创新投入体系，建立符合科技创新规律的财政科技投入体系；完善以功能为导向的股权类基金支持体系；建立促进股权与债权融资风险分担机制；支持科技创新企业利用多层次资本市场做大做强；支持建立张江科技银行；鼓励商业银行等金融机构为科技企业提供跨境金融创新服务；探索引入境外创投基金直接投资境内科技企业等。

在自贸区金融创新支持科技创新方面，浦东新区将复制一些自贸区的金融创新措施，打通贸易监管创新、金融监管创新、服务业扩大开放等与科技创新之间的通道，使科技创新更便利、成本更低、要素流动更活跃，从而更好地服务于科技创新企业。具体措施包括：①推动股权投资；开展境内外双向投资；通过FT账户（银行等金融机构为客户在自贸区分账核算单元开立的规则统一的本外币账户），利用境外低成本资金，降低科技企业融资成本。②推进生物研发材料进出口便捷通关，实现保税、通关与检验检疫等便利化。

5）“双自联动”空间布局

在优化空间布局方面，张江从科技园区向科技城转型，努力建成国际领先、世界一流的科技城。进一步优化“城＋廊”的空间布局：“城”的内核是综合性国家科学中心，主体是张江高科技园区，外围包括康桥和国际医学园区，以及周边镇级工业园区；“廊”是浦东中部创新走廊，以张江科技城为核心，北联金桥，向南呼应临港。

张江将以综合性国家科学中心为内核，由内到外建设大科学设施、公共技术服务平台、应用技术创新和转化、科技产业等多个科技创新圈，以张江高科技园区为主体，以康桥工业园区、国际医学园区和周边镇级工业园区为支撑，形成一个完整的科技城。以张江科技城为核心，北联金桥、外高桥，中接国际医学园区，向南呼应临港，延伸创新链辐射区域，构建一条浦东中部创新走廊，着力打造从基础创新、源头创新、技术转移转化到高新技术产业的完整创新链条。

6）"双自联动"建设人才改革试验区

《关于加快建设具有全球影响力的科技创新中心的意见》首个相关配套政策——《关于深化人才工作体制机制改革　促进人才创新创业的实施意见》于2015年7月出台。它在体制机制上实现了创新和突破，"双自联动"建设人才改革试验区，人才的市场化评价、激励机制等成为亮点。在引才、使用管理和环境上显示出开放、搞活、优化的特点，围绕建设科技创新中心的目标形成了一套"组合拳"。

充分发挥上海自贸区和张江国家自主创新示范区政策叠加和联动优势，以人才政策突破和体制机制创新为重点，在人才引进培养、股权激励、成果转化、创业孵化、创业融资等方面先行先试，大力建设创新人才高度集聚、创新资源深度融合、创新机制开放灵活、创新活力竞相迸发的国家人才改革试验区。

探索建立上海自贸区海外人才离岸创新创业基地，加大海外人才引进渠道和平台建设力度，建立多层次的离岸创业服务支持系统，探索可复制、可推广的离岸创业托管模式，为海外人才营造开放、便利的创业营商环境。

探索设立张江科技银行等金融机构，开展针对科技型中小企业的金融服务创新，支持高层次人才创新创业。建立与国际规则接轨的高层次人才招聘、薪酬、考核、科研管理、社会保障等制度，支持高校、科研院所、园区等试点建立"学科（人才）特区"，实施长聘教职制度，构建灵活的用人机制。

4.2.2　深圳创新城市建设实践

1. 深圳国家自主创新示范区建设

深圳于2006年制定了国家创新型城市建设的"1＋4"文件；2008年实施全国首部国家创新型城市发展总体规划，出台了加强自主创新"33条"政策措施和引进高层次人才政策等系列文件；2012年出台了《关于努力建设国家自主示范区　实现创新驱动发展的决定》等"1＋10"政策文件；2014年率先发布促进科技创新的地方性法规，形成了较为完善的创新政策法规体系，引导社会资源加速向创新领域聚集，经济社会发展的创新驱动特征日益明显。

1）发展目标

《深圳国家自主创新示范区发展规划纲要（2013—2020年）》中提出，深圳要以创新发展加快国家创新型城市建设，以和谐发展建设民生幸福城市，以协调发展加快特区一体化进程，为全国实现创新驱动发展提供示范，努力当好推动科学发展、促进社会和谐的排头兵。

提出要把深圳建设为创新驱动发展示范区、科技体制改革先行区、战略性新兴产业聚集区、开放创新引领区、创新创业生态区，力争到2020年使深圳成为具有国际影响力的科技创新中心。

2）产业空间布局

《深圳国家自主创新示范区空间布局规划(2015—2020 年)》提出，深圳国家自主创新示范区总面积为 397km²，总体呈现出“双核驱动、多点支撑”的组团式空间结构，逐步形成发展有序、功能互补的“一区十园”的空间格局。

其中“一区”是指深圳国家自主创新示范区；“十园”是指将示范区划分为 10 个园区，分别是南山园区(48.93km²)、福田园区(14.92km²)、罗湖园区(7.86km²)、宝安园区(92.29km²)、龙岗园区(89.61km²)、盐田园区(8.43km²)、光明园区(34.09km²)、坪山园区(43.86km²)、龙华园区(47.50km²)、大鹏园区(9.51km²)，覆盖了全市 10 个区、新区的共 66 个小园区。

“双核驱动”是指以大沙河创新走廊连接的深圳湾、留仙洞、大学城等为基础，形成知识技术创新驱动核；以前海深港现代服务业合作区为基础，打造高端现代服务业创新驱动核。“多点支撑”则包括以光明、观澜、宝龙、坪山等为基础，建设国家半导体照明产业化基地、国家出口加工区、国家生物产业基地；以福田、罗湖、南山等为基础，建设中央商务区、罗湖国际消费中心总部基地、后海总部基地、红树湾超级总部基地、华侨城文化创意产业基地、蛇口网谷互联网产业基地；以宝安、光明、龙岗、龙华等为基础，建设航空城、光明绿色新城、华为科技城、国际低碳城。

2011 年的《深圳市产业空间布局规划(2011—2020 年)》从全市层面制定了“全口径产业、全市域空间”的布局规划。包括从空间要素角度重组全口径产业类型；根据空间要素分布规律划分 5 类产业分区；为保护产业空间划定制造业布局控制线；分解工业用地指标到标准分区，对接规划管理工作。

产业园区层面制定了规划编制技术指引。包括总结以往产业园区在产业选择、功能布局、用地规划、配套设施等方面存在的规划编制问题；检讨传统规划技术方法应对上述问题的不适应性，明确规划优化目标；提炼适用于上述规划编制问题的技术方法、标准通则及经验数据，指导产业园区规划编制工作。

2. 深圳市支持创新创业的相关措施

1）国家技术转移南方中心建设

2014 年 11 月国家技术转移南方中心正式落地深圳。南方中心由科技部与深圳市政府共同建设，以推动科技与经济紧密结合为目标，以深化科技体制改革为突破口，开展市场有效配置全球创新资源的探索与实践，构建以深圳为核心的跨区域、跨领域、跨机构的技术流通与转换新格局。科技部将加强对南方中心建设和发展的指导，在方案实施、项目安排、政策先行先试等方面给予积极支持；深圳市政府则在技术转移政策落实、技术转移服务体系建设、南方中心基地建设、资金投入、机制探索和金融创新促进技术转移等方面给予重点保障。

2）“四创联动”

2015 年深圳市政府工作报告中首次提出了强化“创新、创业、创投、创客”的“四创联动”新思路，努力将深圳建成更高水平的国家自主创新示范区。

如果未来将大创新政策、大创新环境、大创新规划和创业的计划，和现在大众创新、创客活动联动起来，“四创联动”会形成更强大的创新力量，推动深圳更好地发展，增强深圳的经济和城市竞争能力。

3）促进创客发展三年行动计划

为支持创新创业创客发展，2015 年 6 月深圳出台了《促进创客发展三年行动计划（2015—2017 年）》，提出紧紧围绕深圳国家自主创新示范区的建设，积极完善创客空间新型孵化模式，大力培育创客文化，释放全社会创新创业的活力，为建设现代化国际化创新型城市做出贡献。

紧扣创客服务支撑体系，面向创客发展需求，充分发挥政府、市场“两只手”作用，从拓展创客空间、搭建创客服务平台、打造创客活动品牌、倡导创客精神、创客人才培养等方面提出具体举措，营造深圳“宜创”土壤环境，降低创客创新创业成本，壮大创客创新创业群体。并通过建立跨部门协调工作机制，引导社会资金支持创客发展，大力培育创客文化来保障创客发展。

3. 深圳“双自联动”建设

1）深圳自贸区建设

2015 年 3 月中共中央政治局会议审议通过广东（三大片区：广州南沙新区片区、深圳前海蛇口片区、珠海横琴新区片区）、天津、福建自由贸易试验区总体方案。

前海和蛇口具有优越的政治优势、区位优势、改革开放优势、地缘辐射优势、创新优势和法律优势。其中，政治优势体现在深圳是改革开放的窗口，前海则是特区中的特区，前海服务业比上海更早开始承担综合配套改革的政治使命。区位优势体现在前海和蛇口毗邻香港，这一优势将会辐射香港与内地的紧密合作，引领粤港现代服务业的创新合作，带动珠三角地区的产业升级。改革开放优势体现在，前海作为特区中的特区，发挥服务业改革开放的先导作用，蛇口作为高端制造业和出口加工区，为高端制造业的改革开放提供试验场地，在前海和蛇口区域可以充分发挥制造业和服务业的相互作用机制，蛇口工业区给前海服务业对外开放的发展提供辐射的平台与空间，前海服务业可以支撑蛇口工业区的产业转型和质量升级。地缘辐射优势体现在，深港进一步合作，将通过蛇口的传递效应，将自贸区的经验首先复制到深圳其他海关监管区，然后扩大至珠三角地区。创新优势体现在，深圳是一个创新思想和创业者云集的地区，聚集了一批锐意进取、改革创新的人才，汇集了华为、中兴、腾讯等产业创新最活跃的企业。法律优势体现在深圳经济特区有立法权，前海可以充分利用经济特区立法权，在金融服务、电信服务、专业服务等领域率先按照国际标准进行立法探索，营造国际标准的法律环境。深圳前海蛇口自贸区的定位是在深港进一步融合的过程中，寻找中国参与国际贸易规则制定的路径，以开放促改革，找到适合市场经济体制的中国改革的新道路①。

① 何泳，曹崧. 全球视野中的前海蛇口自贸区——访深圳大学自贸区研究中心主任刘伟丽[N]. 深圳特区报，2015-3-25(3).

2）深圳自贸区空间范围

深圳前海蛇口片区共 28.2km^2，其中前海工业区区块共有 15km^2，蛇口工业区区块共有 13.2km^2。

前海和蛇口凭借其区位优势，未来将以“对港澳开放”和“全面合作”为方向，在投资准入政策、货物贸易便利化措施、扩大服务业开放等方面先行先试，率先实现区内货物和服务贸易自由化。

从广东自贸区版图来看，前海深港合作区的 15km^2 范围全部被纳入自贸区范围，蛇口自贸区则扩展至 13.2km^2，由蛇口工业区切出来的 9.4km^2 先导区和包括蛇口港、赤湾港等货物贸易平台在内的 3.8km^2 港口海关监管区组成。

为了体现差异化，前海主要集中发展现代服务业、金融业跨境服务业，同时依托深港合作，被纳入扩围范畴的蛇口工业区侧重在航运、邮轮经济、湾区经济上与前海互为补充①。

4. 深港合作

1）深港创新圈

2007 年 5 月 21 日，经国务院港澳办、广东省人民政府批准，香港特别行政区政府与深圳市人民政府在香港正式签订《“深港创新圈”合作协议》，标志着深港双方启动“深港创新圈”的建设工作，深港的科技合作进入了一个新阶段。

合作协议在 17 个方面达成了共识，内容主要包括：一是双方政府设深港创新及科技合作督导会议，并根据需要成立若干个专职小组；二是加强“深港创新圈”战略研究的合作，尽快制订创新圈发展战略和实施步骤；三是加强两地创新人才、设备、项目信息资源的交流与共享，双方合作建立统一的深港科技资源信息库；四是加强两地科研机构及高校间的合作，鼓励双方科教人员的交流和培养；五是整合创新资源，支持创新合作，双方政府共同出资支持两地企业和科研机构合作开展创新研发项目，实行共同申报、共同评审，并共同促进其产业化；六是加强双方科技园区的合作，实现合理布局、突出特色，努力构建完整的产业链和创新链；七是鼓励和支持双方科技中介服务机构的合作，并赴对方设立分支机构；八是加强双方在知识产权管理、保护和使用方面的交流与合作，为自主创新提供有效保障；九是加强合作向外推广深港两地的科技服务和成果，以及加强双方会展业的合作，培育各自有特色、有品牌的国际性科技展会；十是双方共同努力改善通关环境和跨境交通，为物流、资金、人才和信息等创新要素的流动提供更大的便利；十一是加强双方在医疗卫生、环境保护、食品药品检验、出入境检验检疫等公共服务领域的科技合作与交流；等等②。

“深港创新圈”的区位规划布局，是以边界地区为纽带，以港北教育研发集群及深南产业集群为主轴，以珠三角为纵深的立体空间布局。具体规划包括，由深圳湾核心创新区、边境区及福田保税区封闭创新区组成的深圳湾与深港边境科技创新区，以及由香港北教育研发聚集创新区、港岛大学及数码港高端创新区、深圳宝安及龙岗延伸创新区、未来其他延伸跨境创新区组成的深港科技创新区两大区域③。

---

① 宋腾虎.融入自贸区国家战略　深圳再启改革开放 2.0 时代[N].南方都市报(深圳)，2015-06-26.

② “深港创新圈”合作协议在港正式签署[EB/OL].[2017-05-20]. http://www.most.gov.cn/kjbgz/200705/t20070529_50047.htm.

③ 深港两地政府签署“深港创新圈”合作协议[N].深圳特区报，2007-05-22.

2）深港青年创新创业基地

2013 年 6 月首个深港青年创新创业基地在深圳南山云谷创新产业园正式揭牌。深港青年创新创业基地将香港的人才团队、高等教育和基础研发等方面的优势，与深圳经济特区雄厚的产业基础、优良的创新创业环境有机结合起来，为两地青年施展才华、实现创新创业梦想搭建了更宽广的舞台，对于深港共同打造国际化的创新中心，提升可持续的竞争能力具有重要意义。

深港青年创新创业基地面积 2000m^2。服务对象主要包括：20～40 岁的香港公民来深创业，成立具有一定研发能力的科技企业或创业服务公司者；20～40 岁的内地赴香港留学生来深创业，成立具有一定研发能力的科技企业或创业服务公司者；45 岁以下，目前已经在港创业并已成立具有一定研发能力的科技企业或创业服务公司者；香港高校在校学生或毕业不超过 5 年、带着高校产学研项目或自有科技项目有意来深创业者。创新创业基地将为入驻企业提供设施良好、配套完善的商务办公场地，组织“创业之星”大赛、“接触”创业沙龙，提供创业导师、理论研究及课题合作、科技金融、资源共享、公共平台、国际交流合作及展会活动等服务。

3）前海深港现代服务业合作区

2013 年 12 月，深圳前海深港现代服务业合作区推出《前海深港现代服务业合作区促进深港合作方案》，提出：到 2020 年，要在前海实现“万千百十”的发展目标，即由港资、港企开发使用的建筑面积超过 900 万 m^2，港资服务业规模突破 1000 亿元，成功孵化培育的港资创新创业领军企业超过 100 家，建设香港优势产业十大集聚基地。

同时出台 50 条政策措施，分为八大方面，包括：进一步扩大对香港开放，为香港服务业拓展市场空间和经济腹地创造条件；积极推动设立广东自由贸易区，促进深港市场要素跨境流动；积极争取国家部门支持，推进深港金融深度合作，建设中国金融业对外开放试验示范窗口；深化深港两地在科技、文化、专业服务领域的合作；创新开发建设模式，形成深港共同开发建设新格局；拓展香港专业人士就业创业空间，建立人才合作交流机制，创新深港人才合作发展模式；借鉴香港成功经验，营造市场化、法治化、国际化营商环境；构建常态化合作的体制机制，进一步密切深港合作。

4.3 城市科技创新规律

4.3.1 三螺旋创新系统

政府、企业和大学共同构成三螺旋创新系统。对于创新系统而言，大学-产业-政府之间的相互作用、组织创新和技术进步同样重要①。创新系统包括知识创新系统、技术创新系统和创新支撑系统三大系统(图 4.1)。

知识创新系统是以高校实验室、工程技术研究中心和科研院所为核心，以基础研究和应用研究、发现和创造新知识为驱动，最后实现科技成果转化的创新系统。在空间上以高校、

① ETZKOWITZ H, MELLO JMCD, ALMEIDA M. Towards “meta-innovation” in Brazil: The evolution of the incubator and the emergence of a triple helix[J]. Research Policy, 2005, 34(4): 411-424.

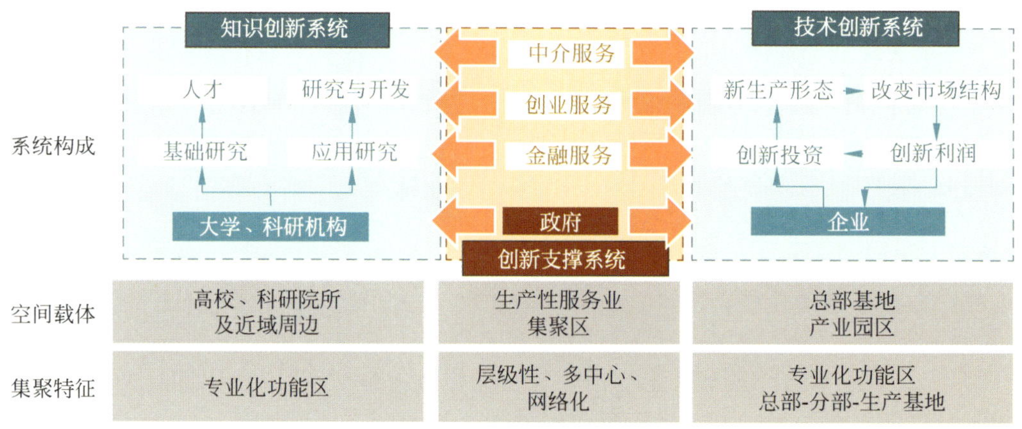

图 4.1　创新系统的构成

科研院所及周边地区为主。技术创新系统是以科技企业为创新主体，以市场需求为驱动，联合研究机构进行创新并实现科技成果转化的系统。在空间上以总部基地、产业园区为代表。创新支撑系统包括政府、公共机构、中介机构等，主要提供高质量的软硬件创新环境，支撑知识创新与技术创新相互作用。在空间上以生产性服务业集聚区为代表(徐珏、于丽英，2010)①。

4.3.2　创新功能集聚与扩散规律

1. 创新功能的集聚

全球科技创新网络仍在进一步强化“中心集聚”的趋势。在全球层面，创新功能集聚在世界级城市群和全球城市，形成全球创新枢纽。在区域层面，创新资源向区域核心城市集聚，呈现出中心-次中心等级性。在城市层面，技术创新与产业化、创新转化功能往往具有伴生性，技术创新向城市的核心区、专业化功能区集聚，呈现层级性与网络化特征②。

2. 创新功能的扩散

创新功能的扩散包括近域扩散和跳跃扩散两种模式。近域扩散指的是创新在主中心加速集聚并逐步向周边地区扩散，因此创新主中心周边需要预留一定的创新空间。跳跃扩散指的是创新可以在距离较远的地方跨越式形成创新中心，与主中心形成功能互补。

创新功能的扩散呈现梯度规律，从作为主中心的创新源向主中心周边、次中心、次中心周边呈梯度扩散。区域内创新源通过虚拟化的联系通道实现知识、信息、技术逐级传递，主要包括技术协作联系通道、信息传递联系通道、人才流动联系通道和服务合作联系通道等(图 4.2)。

① 徐珏，于丽英. 产业集群成长中的官产学三重螺旋关系演变分析[J]. 科技管理研究，2010(11)：180-181，186.

② 黄亮. 国际研发城市的特征、网络与形成机制研究[D]. 上海：华东师范大学，2014：124-132.

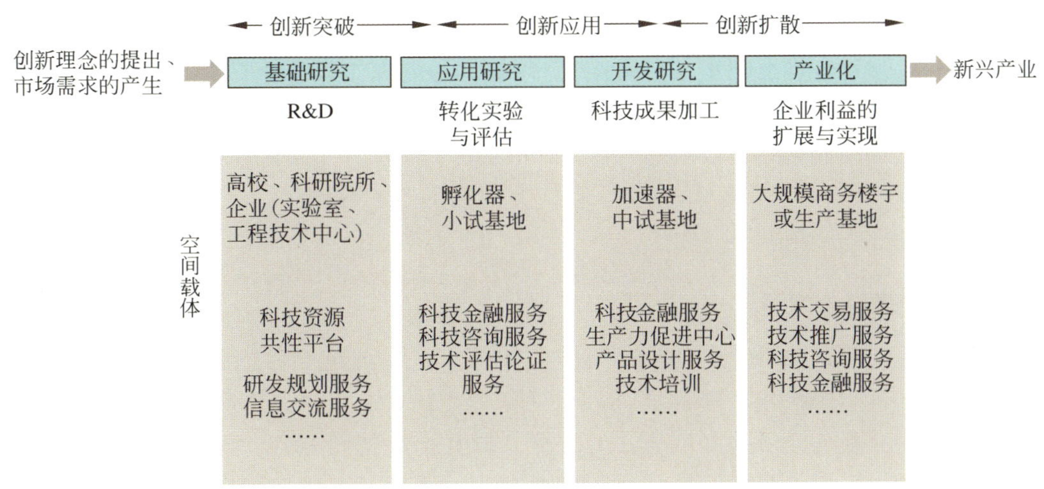

图 4.2　创新功能扩散及所需的空间载体

4.3.3　推进产城融合发展

1. 产业创新环境营造和创新要素集聚

产业创新环境营造需要集聚人才、资金、税收、投融资、土地等各方面的创新要素,充分集聚国际化智力资源,吸引风险资本支撑高新技术产业发展,集聚顶尖高校和科研机构,引导企业和政府研发投入。

例如,硅谷通过吸引众多高度专业化和国际化的高等教育人才,打造全球风险资本的最大聚集地,依托长期有效的研发投入(R&D)来创造独特的创新环境。中关村也提出要构建以领军企业、高校和科研机构、人才、科技资本、创业服务体系和机构、创新文化等为要素的创新创业生态系统(表 4.6)。

表 4.6　中关村创新创业生态系统

领　　域	内　　容
吸引高层次人才	针对各类人才的不同需求给予相应的政策保障
支持创新发展	支持战略性新兴产业和生产性服务业发展
鼓励重视 R&D	对研发费用、企业员工教育费用等进行税前加计扣除
发展科技金融	建设企业信用体系,支持企业上市,建立场外非上市股份公司股权交易市场试点,鼓励创业投资机构发展等
土地政策支持创新企业发展	降低重点创新企业用地成本,探索集体建设用地使用流转机制

2. 服务业发展对创新的有效支撑

多元创新功能的集聚是创新型城市空间布局的重要特点。城市多元创新功能集聚分布,特别是科技企业和科技服务、金融服务的伴生和集聚关系更强,且与城市中心体系契合,体现了创新企业和创新人群对多元城市服务的需求。纽约和东京的空间布局中,就显现出多元创新服务业在城市中心和副中心高度集聚、伴生发展的规律。

金融产业通过“不禁止的都是允许的”的负向监管模式，提升市场活跃程度，组建资本市场监管委员会，通过外国公司退市修正案、会计制度与国际接轨等财政制度，提高本土金融创新产品的国际适用性。例如，波士顿创新与金融双驱动的模式，剑桥市为大波士顿地区的中央智力区，提供高教、研发等功能。波士顿市为中央商务区，提供各种金融保险、总部办公等服务。两者融为一体，并在128高速公路形成高科技产业带，促进科研成果的迅速产业化。

3. 推进产城融合发展

推进产城融合，增强产城联系，主要有以下措施：一是加快服务对接。打造集聚生活服务设施的15min生活圈，提供全周期全方位的生命生活关怀；建设集聚生产服务设施的产业创新邻里中心，为创新活动提供全方位支撑。二是推进空间融合。创新空间与其他城市功能空间相互融合，提供弹性发展空间和持续发展的活力。三是加快交通联通。提供多元化和绿色化的交通出行方式，创新功能区与其他功能区形成高效便捷的交通联系。四是促进园区产业和功能同步优化。以主导产业的动态更新为基础，有效地贯彻了产业链、上下游配套和招商选商的发展理念。注重以城市功能优化提升为支撑，注重人才培养。

4.3.4 创新城市管理

1. 适应弹性发展的规划管控

美国地方政府设置了一些与创新相关的弹性分区，放宽功能的准入机制，从而为功能复合、研发空间以及新功能的诞生预留了很大的弹性。

例如，在帕罗奥图市区划条例中，针对城市中心区，规划社区PC作为弹性较大的过渡性基底区，可布局几乎所有土地用途(需取得相应的规划许可)。当原有用地分区弹性不足，可将其变更为规划社区，以利于各种土地用途的混合；当对用地有了具体的规划后，同样可对该区域进行变更。针对郊区独立的科技园区，帕罗奥图区划中采用另一种规划基底区——研究园区来进行产业集群及相关服务功能的布局，以满足研究与制造用途。分区内可设置金融服务、高校与培训机构等用途，对制造业有一定的限制，以保证研究园区良好的环境。区内对办公用途的设置也有一定的限制，主要供基础研究与制造业使用。研究园区内禁止新建独栋住宅区与双拼别墅区，可设置多家庭居住功能，以满足创新产业对居住及家庭办公等用途的需求。

2. 结合创新需求的存量用地改造更新

通过三旧地区和存量用地的改造，提供低成本、便利化、全要素、开放式的创新创业空间。通过科技服务业和文化创新产业的植入以及多元功能的配套激发创新中心活力。

例如在波士顿南城计划中，通过激活传统创新中心，打造Kendall广场扩建项目，并且从创新创业者需求出发，率先启动以波士顿创新中心为核心的园区服务项目。

3. 城市科技服务平台对创新的有效支撑

城市科技服务平台对创新的有效支撑表现为以下几方面：一是推进城市创新服务设施

建设。包括信息化基础设施及平台建设：Wi-Fi、住宅光纤布线、政府数据共享等。二是构建科技资源共享平台。紧密依托高校和科研机构，构建产学研联盟，推动科技交流合作。三是完善创业孵化平台。四是加快构建人才公共服务平台建设。创新功能需要创新人才的支撑，要构建有助于境内外创新人才充分发挥才智的平台。

例如，纽约发展城市创新服务基础设施，通过创建 14 处中小型孵化器、全市住宅光纤布线、公园无线网络、纽约宽带链接地图等，对"游侠式"创业者提供网络服务、小型咨询、学习机会、小额投资等落到实处的创新服务。"数字化创客·纽约"是纽约市为支持创业小微公司以及创造创新的科技生态而打造的一个官方网络平台。将创业创新链条中的各方，包括创客、求职者、初步成长的公司、投资者、创业指导者等聚集到了一起，提供社交平台，拓展资源；同时将信息进行整合，提供开放办公空间信息、工作机会、学习机会、创业指导等。

4.4 主要参考文献

[1] ETZKOWITZ H, MELLO JMCD, ALMEIDA M. Towards "meta-innovation" in Brazil: The evolution of the incubator and the emergence of a triple helix[J]. Research Policy, 2005, 34(4): 411-424.

[2] 方创琳，刘毅，林跃然，等. 中国创新型城市发展报告[M]. 北京：科学出版社，2013：1-2，61-65.

[3] 方创琳，马海涛，王振波，等. 中国创新型城市建设的综合评估与空间格局分异[J]. 地理学报，2014(4)：459-473.

[4] 何泳，曹崧. 全球视野中的前海蛇口自贸区——访深圳大学自贸区研究中心主任刘伟丽[N]. 深圳特区报，2015-03-25(3).

[5] 黄亮. 国际研发城市的特征、网络与形成机制研究[D]. 上海：华东师范大学，2014：124-132.

[6] 李恒. 美国大学知识创新体系的区域差异及溢出效应研究[D]. 上海：华东师范大学，2016：81-146.

[7] 宋腾虎. 融入自贸区国家战略　深圳再启改革开放 2.0 时代[N]. 南方都市报(深圳)，2015-06-26.

[8] 汤海孺. 创新生态系统与创新空间研究——以杭州为例[J]. 城市规划，2015(39)：19-24.

[9] 屠启宇，张剑涛. 全球视野下的科技创新中心城市建设[M]. 上海：上海社会科学院出版社，2015.

[10] 王文春. 基于科技论文发表量的中国城市知识创新分布研究[D]. 西安：西北大学，2008：34-41.

[11] 徐珏，于丽英. 产业集群成长中的官产学三重螺旋关系演变分析[J]. 科技管理研究，2010(11)：180-181，186.

[12] 佚名. 深港两地政府签署"深港创新圈"合作协议[N]. 深圳特区报，2007-05-22.

[13] 曾鹏，曾坚，蔡良娃. 城市创新空间理论与空间形态结构研究[J]. 建筑学报，2008(8)：34-38.

第5章
科技创新功能区发展引导

5.1 科技创新型功能区分类

5.1.1 根据不同科技创新主体和核心资源分类

根据科技创新主体的能级、核心资源的不同，将创新功能区分为5个类型，包括综合功能区、开放功能区、体制机制改革创新功能区、科技创新园区和科技城(表5.1)。

表5.1 我国主要科技创新功能区分类

类型		主要功能	对应部门
综合功能区	国家级新区	承担国家重大发展和改革开放战略任务的综合功能区	国家发展和改革委员会
开放功能区	自贸区、保税区	开放功能区	国家发展和改革委员会
体制机制改革创新功能区	国家改革开放试验区及相关试验区(合作区)	体制机制改革创新功能区	国家发展和改革委员会
科技创新园区	国家自主创新示范区	自主创新和高新技术产业发展的先行区，目标是建设成为世界一流的高科技园区	科学技术部
	国家高新区	高新技术产业集聚地和辐射区域经济科学发展示范区	科学技术部
	国家大学科技园	为高等学校科技成果转化、高新技术企业孵化、创新创业人才培养、产学研结合提供支撑的平台和服务的机构	科学技术部、教育部
	国家农业科技园	发展现代农业的综合创新示范基地	科学技术部、农业农村部
科技城	绵阳科技城	把绵阳市丰富的科技资源转化为巨大的生产力，促进我国西部地区的经济发展，是“科学技术是第一生产力”重要论断的具体实践	国务院

5.1.2 根据不同核心科技创新功能分类

根据科技创新核心功能的不同，将创新功能区分为5个类型，包括知识型、技术型(制造业基地)、技术型(制造业总部)、技术型(高新技术企业总部)、技术型(国防军工的研发生产)(表5.2，图5.1)。

表 5.2 基于不同核心功能的创新功能区分类

类型	核心科技创新功能	衍生核心科技创新功能	外围配套
知识型	重点实验室、工程技术研究中心	生产中试、科技金融、企业孵化服务、科技成果转化服务	基础居住社区、基础生产性服务
技术型(制造业基地)	企业技术中心、企业实验室、企业运营总部	生产中试、生产基地	
技术型(制造业总部)	企业技术中心、企业实验室、企业运营总部	生产中试、科技金融	
技术型(高新技术企业总部)	企业技术中心、企业实验室、企业运营总部、旗舰企业	生产中试、科技金融、企业孵化服务	
技术型(国防军工的研发生产)	国防军事科研机构、军企技术研究中心、工程实验室、工程技术研究中心、军工科研院所	生产中试、科技金融	

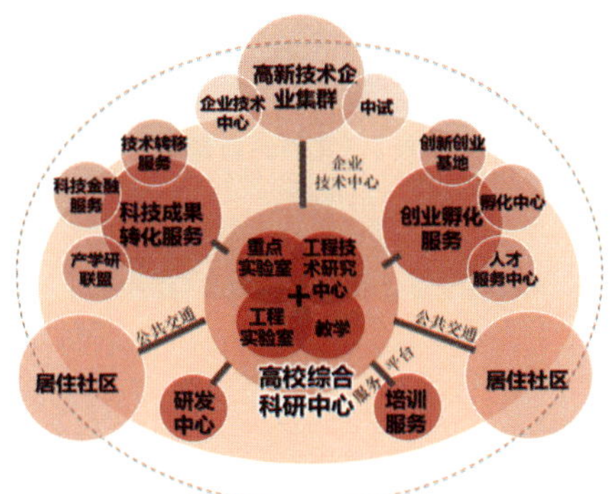

知识创新功能区(高校综合科研中心)

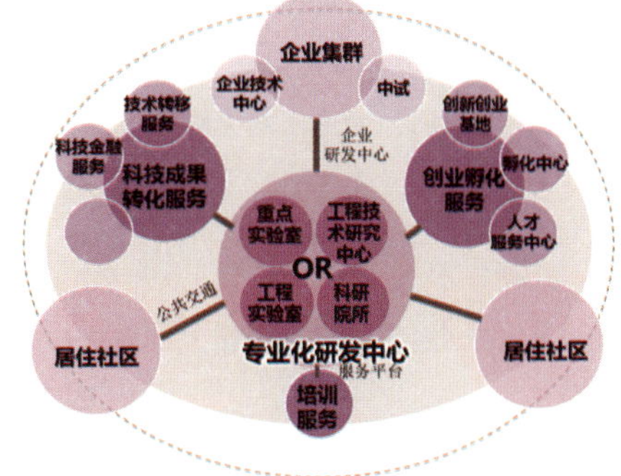

知识创新功能区(专业化研发中心)

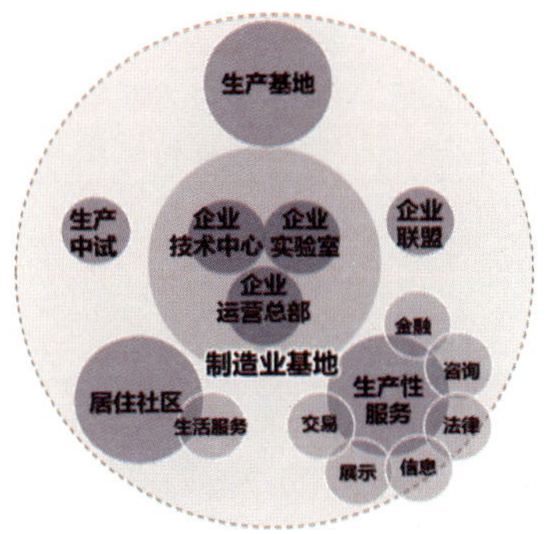

技术创新功能区(制造业基地)

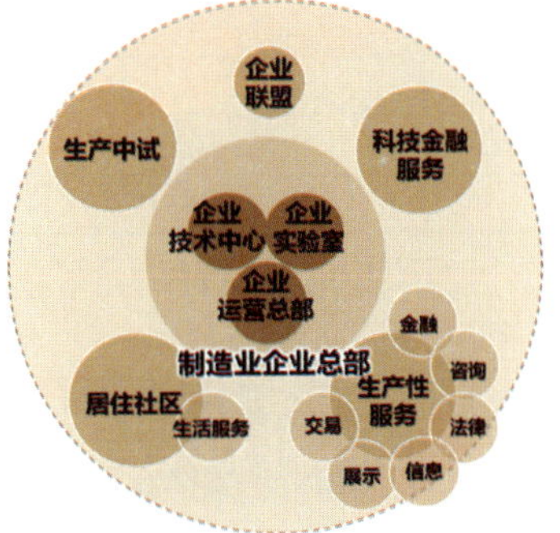

技术创新功能区(制造业总部)

图 5.1 科创型园区功能集聚范式(自绘)

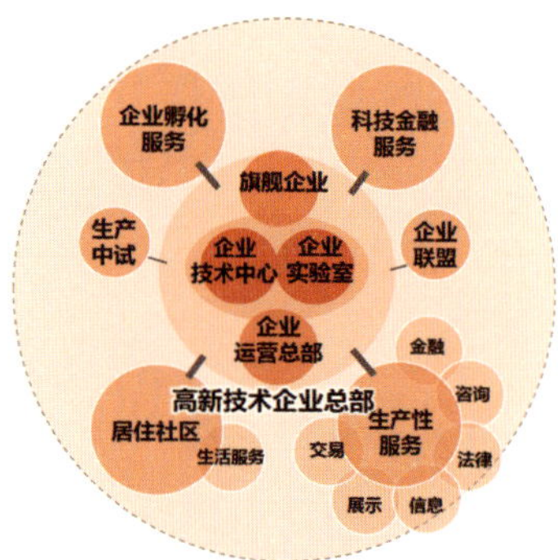

技术创新功能区(高新技术企业总部)

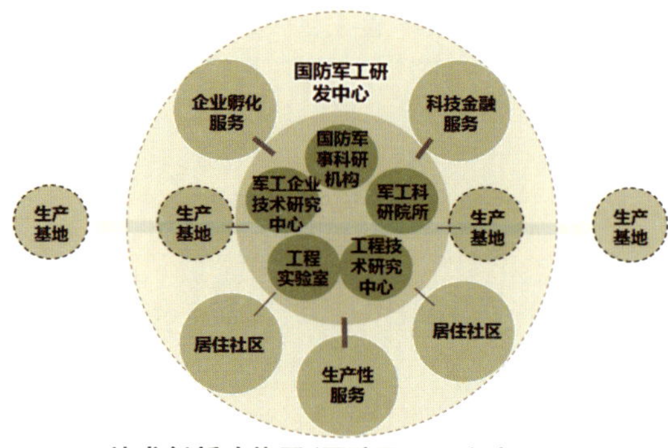

技术创新功能区(国防军工研发中心)

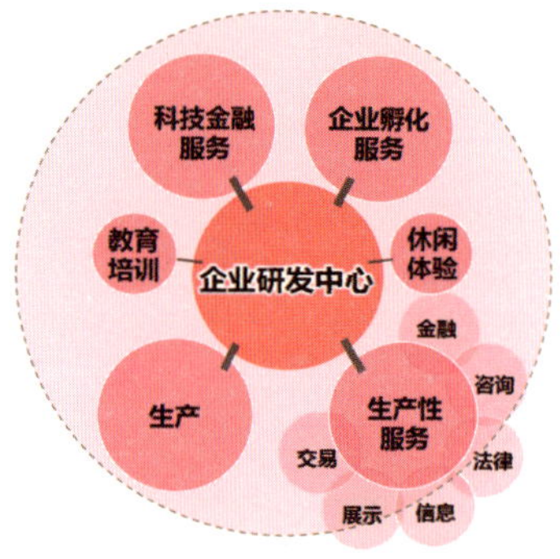

服务创新功能区(企业研发中心)

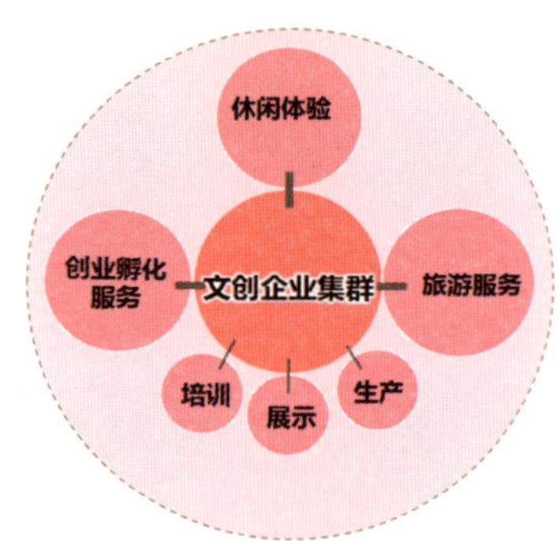

服务创新功能区(文创企业集群)

图 5.1 (续)

5.1.3 根据用地规模分类

根据用地规模的不同,将创新功能区分为 3 个类型(表 5.3),包括大、中、小 3 种规模尺度的创新功能区,所对应的构建目标和空间组织重点各有侧重。

表 5.3 科创园区功能集聚引导

尺　度	规模/hm^2	目标导向	空间组织重点
小尺度	15～25	人性化尺度	研发功能主导
中等尺度	50～150	功能复合	弹性组织,适应变化
大尺度	300 以上	宜居宜业	产城融合

5.2 科技创新型功能区的研究视角

5.2.1 基于创新型企业和人群需求的研究视角

1. 创新型企业的共性需求特征

创新、服务、跨界融合是企业的关键需求。创新型企业对园区的要求已经从基本的物质空间需求发展到环境价值需求，进而向科技、创新、交流、信息共享与智慧运营等软环境需求转变(图 5.2)，企业对园区的选择正在经历物化的弱化与文化的强化过程。

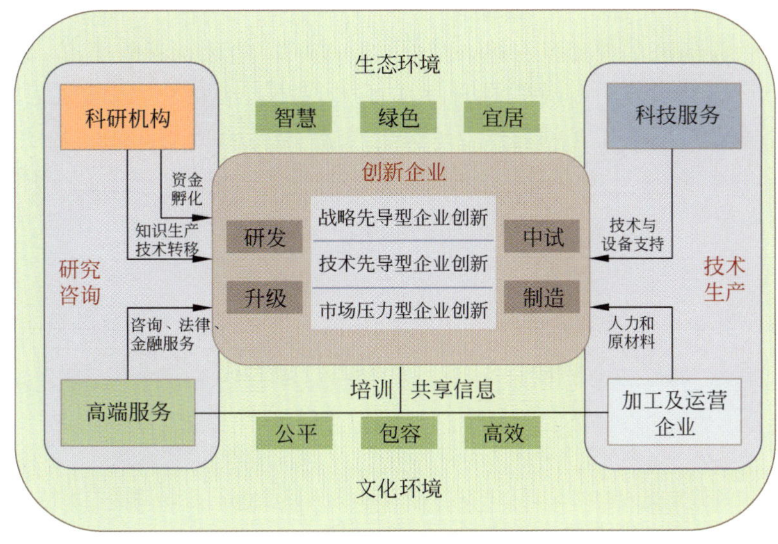

图 5.2　创新企业生产组织方式

总体来说，创新型企业关注的焦点主要包括：①客户需求、市场需求和战略需求；②科研人员、企业家、创业者的创业精神；③创新基础设施完备的服务平台；④研究型大学和机构的支撑(远程互动)；⑤政策优势和开放式创新路径。

2. 创新型企业的个性需求特征

创新型企业既包括以大型科研机构、高校和企业为代表的创新的龙头与主力军，也包括以中小微科技企业为代表的创新最活跃和最具潜力的主体。不同类型的创新型企业的空间需求有所不同。各类创新型企业对空间的需求主要包括三类，即服务于不同创新阶段的科技研发空间、孵化中试空间，以及保障创新的共享型综合服务平台。具体细分和空间形式见表 5.4。

表 5.4　各类创新企业空间需求特征一览表

<table>
<tr><th colspan="3">亚　企　业</th><th>大型科技研发机构</th><th>高等院校的科研中心</th><th>大型企业的科研部门</th><th>中小微型科技企业</th></tr>
<tr><td rowspan="5">亚需求与亚空间</td><td colspan="2">科技研发空间</td><td>科研楼、实验室、博士后流动站</td><td>科研楼、实验室、院士工作站、博士后流动站</td><td>研发办公楼、实验室</td><td>企业孵化器、写字楼、开放实验室</td></tr>
<tr><td colspan="2">孵化中试空间</td><td colspan="4">中试基地、中试车间、中试检测楼、开放实验室、共用技术研发中心</td></tr>
<tr><td rowspan="3">成果转化服务平台</td><td>科技资源服务平台</td><td colspan="4">大型科学仪器设备共享中心、行业技术中心、科技文献与科学数据共享中心、超级计算与数据中心、工业设计机构、技术咨询机构</td></tr>
<tr><td>科技创业孵化服务平台</td><td colspan="4">技术登记机构、技术交易中心、知识产权代理服务机构、海外留学人才创业中心、产业联盟、行业协会/商会、中心企业创业服务协会、创新工场、创业俱乐部、创业咖啡屋</td></tr>
<tr><td>科技金融服务平台</td><td colspan="4">科技银行、风险投资公司、小额贷款公司、担保公司、金融服务中心、保险公司、法律服务中心、律师事务所、知识产权法庭、会计事务所、会议中心、会展中心、酒店、商务会馆</td></tr>
</table>

3. 创新人群的共性需求特征

创新型人才以科研人员、企业家、创客、创业者为主体。这类人群的特征主要体现在高学历和高能力、个人价值实现和存在感、向往自由和开放、热衷探索和交流、注重体验和品质等方面。相应地，这类人群的空间需求偏好主要体现注重个性化、体验化、高层次等特征。区别于其他人群，创新型人才对创新创业所需的全要素服务、开放自由的环境氛围等有着特殊需求（表 5.5）。

表 5.5 创新人群需求的整体特征一览表

创新需求要素	主要特征
生活环境	友好绿色、健康舒适的城市生态环境；多彩活力的城市生活氛围
公共空间	便捷完善、高品质的公共空间和服务设施；慢行优先、人性化尺度的宜步社区；高效可达的公共交通网络
居民服务	全生命周期、全人群关怀的多元化服务；智慧智能、便捷周到的社区服务
开放空间	灵活自由的公共交流空间；互联互通的网络空间；激发灵感的良好生态环境；浓厚的创新文化氛围
创新服务	个性化全要素的工作空间；多元优质的资源共享空间；全链条、专业化的创新孵化服务；开放包容、鼓励创新的政策环境

4. 创新人群的个性需求特征

创新型人才既包括科研人员和企业人士等创新的中坚力量，也包括国际人才等。不同类型的创新人群对居住、生活、休闲、学习和交流的空间需求有所不同（表 5.6）。

表 5.6 各类创新人群空间需求特征一览表

亚人群		科研人员	企业人士	国际人才	普通人群
亚需求		科技研发	创业经商	知识交流	健康生活
亚空间	居住	青年公寓、专家公寓、商品住宅	高档社区、商务公寓	国际社区	商品住房、安置住房
	生活	幼托园、小学、中学	幼托园、小学、中学、家政服务公司	国际学校、家政服务公司	幼托园、小学、中学
	休闲	健身场馆、展览中心、音乐厅、影剧院、综合购物中心	康体养生会所、设计体验工坊、展览中心、音乐厅、剧院、高档餐厅	健身场馆、音乐厅、剧院、西式餐厅	体育馆
	学习	科技图书馆、继续教育机构	管理培训机构	外文书吧	图书室
	交流	咖啡馆、酒吧、书吧、绿色开敞空间	企业家俱乐部、商务会馆、创业沙龙、咖啡馆、茶楼、酒吧	咖啡馆、酒吧、绿色开敞空间、社交俱乐部	公园

5.2.2 基于组织行为学的研究视角

1. 组织行为学的研究视角

组织行为学是指综合运用心理学、社会学、人类学、生理学、生物学、经济学和政治学等知识，探讨个体、群体和结构对组织内部行为的影响，从而使组织的运作更有效(图 5.3)。

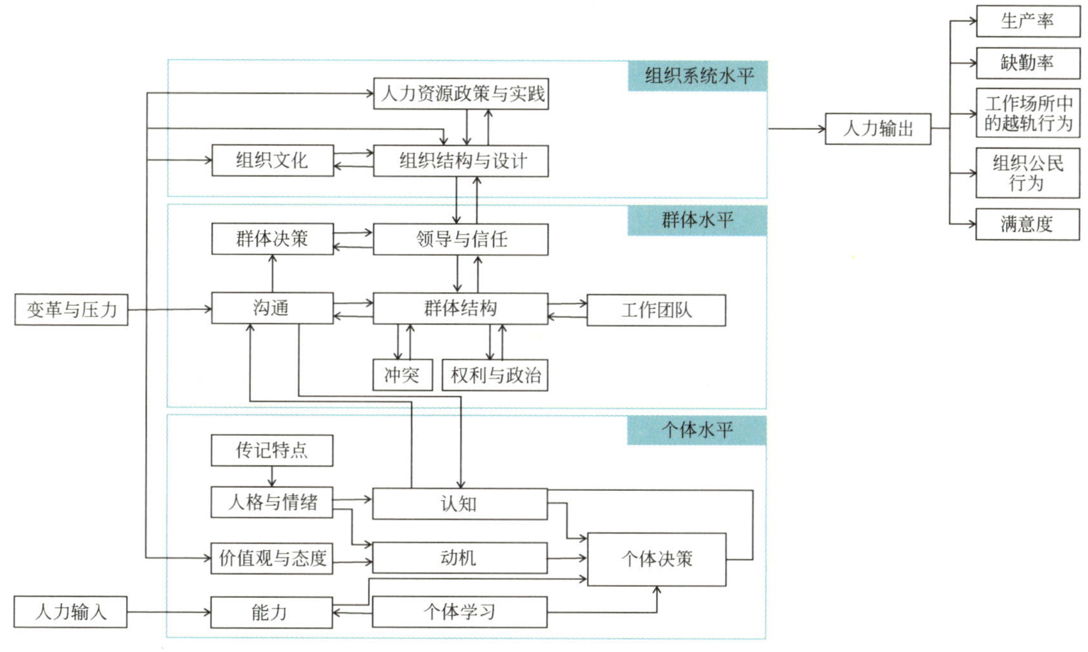

图 5.3 组织行为学基本模型

在组织行为学的视角下，通过研究创新型企业的内部组织特征、创新行为的组织特征，以及外部空间对创新行为的影响，进一步认识创新空间需求的特征。

2. 创新型企业的组织特征

创新型企业的内部组织和空间模式与一般行政机构存在较大的差异。

在内部组织上，行政机构主要表现为控制严密、专门化程度高、高度集权化等，而创新型企业则主要表现为结构松散、专门化程度低、分权化等(图 5.4)。

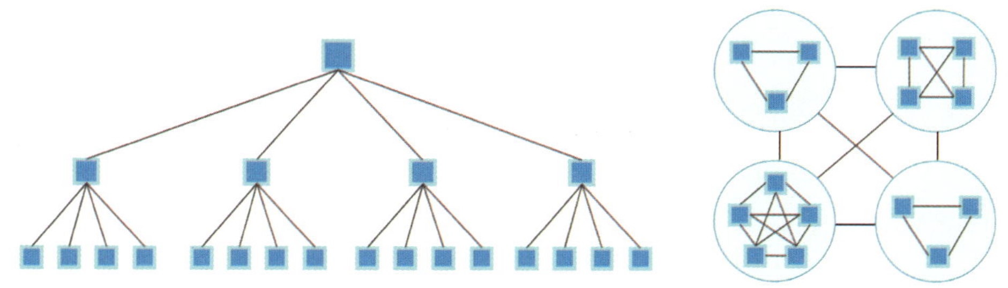

图 5.4 行政机构(左)、创新企业(右)的内部组织(自绘)

在空间模式上，行政机构的特征主要表现为设定好岗位、规整办公室、内廊式等，而创新型企业重点打造成长型团队，其特征主要表现为单元式、交往空间等(图 5.5)。

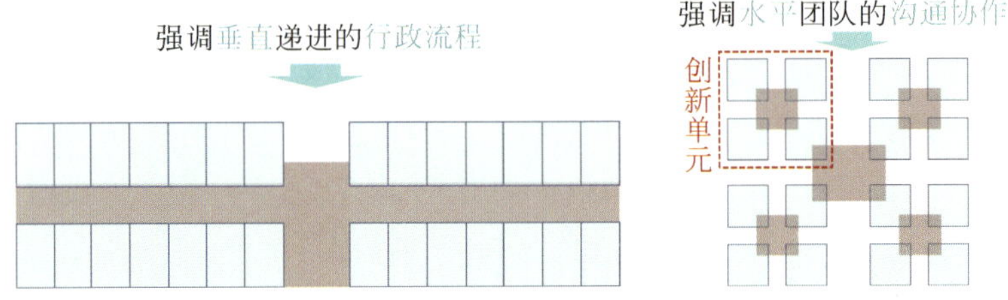

图 5.5　行政机构(左)、创新企业(右)的空间模式(自绘)

3. 创新行为的组织特征

创新活动是一种团队性工作。其组织特征首先体现为多专业协同的工作方式，需要不同专业的团队互相配合来开展创新活动；其次体现为较高频率的沟通和交流，即创新活动不但需要独立思考的个人空间，更需要人与人之间密切的交流空间。

4. 外部空间对创新行为的影响

开放式的办公环境能够促进创新行为。宽敞的空间和视野适于营造开放和信任的氛围，并且有利于内部灵活地分隔，可自由组织，开放与私密并存，适合创新活动的进行。

人性化的空间尺度能够促进创新行为。创新型企业的办公环境空间尺度需要适宜，既不能过于狭小，也不能过于空旷，否则不利于营造创新氛围。

休闲化的交流空间有利于创新行为。通过空间分隔，设置多个封闭的、非封闭的交流空间，营造轻松的交流氛围，从而实现有效的交流，促进创新行为的发生。

5.3　创新功能区的选址、功能和环境营造

5.3.1　创新功能区的选址与布局引导

1. 选址原则

创新功能区优先在科技创新基础条件好的科创型城市中进行选取，并符合以下四点原则：所处城市具有较强的综合经济实力；所处城市具有健全的科技服务中介机构和科技创新服务能力；所处城市具有良好的科技创新环境，包括制度环境、文化和生态环境等；位于科技创新型城市或区域科技创新功能集聚区、创新走廊之上。因此，建议在创新功能区的申报条件中增加对其所在城市基础条件的评价。

2. 用地布局引导

在用地规模方面，结合世界科技创新功能区规模大型化的发展趋势，综合考虑用地集约、节省基础设施建设投资等因素，建议创新功能区的核心区规模控制在 1～3km^2。

在用地功能分类方面，创新功能区应重视科技研发和科技金融服务等功能，合理提高教育科研、商务用地和工业研发用地的比例。建议教育科研用地的比例控制在8%～10%，商务用地的比例控制在5%～8%，工业研发用地的比例控制在10%～15%。

在弹性引导与管控方面，面向创新需求的新业态、新空间，建议创新功能区居住用地增加住宅办公、住宅商业和公益性住宅用地三个小类；工业用地增加工业研发用地小类。建议创新功能区的用地管控采取弹性管理和适度控制的方式，鼓励不同类型用地的兼容性。

5.3.2 创新功能区的功能引导

创新功能区应适度配套居住、生活、娱乐等三类生活服务功能，以及较为完善的科技中介、科技金融服务等生产服务功能，构建功能复合的"综合城市功能区"。同时，创新功能区应嵌入所在城市的公共服务中心体系，共享所在城市的高端生产和生活服务，形成无边界的创新功能区(图5.6)。

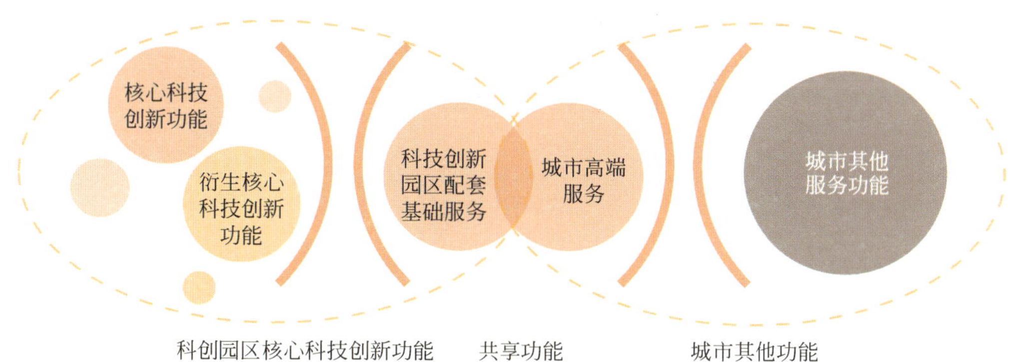

图5.6 创新功能区配套功能集聚范式(自绘)

5.3.3 创新功能区的环境营造引导

营造适宜的科技创新环境，需要从"以人为本"的角度出发，通过建设鼓励人群沟通与交流的非正式交往空间，营造激发创新人群活力的创新氛围，满足科技创新人才的需求。

首先，整合核心创新要素，鼓励并发展多种非政府组织(NGO)，建立宣传和推广平台。其次，要注重交往、交易场所营造。建设开放的、多元的非正式交往空间，增强园区内外交流。再次，要注重园区生态环境。通过营造高品质绿化环境，柔化园区空间，以及精细化管控，实现绿色保障，提升园区的环境品质。最后，升级园区基础设施，建设智慧型园区。着重加强园区内光纤网络、高效供热(冷)系统、智能仪表、实时能源管理、零排放建筑、智能交通等基础设施的建设，从而构建"智能+互联"创新社区。

5.4 创新功能区空间布局模式

根据创新功能区的空间尺度不同，本文分别对小尺度、中等尺度和大尺度园区的基本布局模式进行了总结。

5.4.1 小尺度园区

1. 功能构成模式

小尺度园区以研发功能用地为主，只有小部分用地用于生活与生产配套。

在业态构成方面，研发功能以孵化功能为主；生产配套服务设施由一个综合服务设施来完成；生活配套服务设施则多为小型餐厅、咖啡厅、商业零售等满足人们基本需求的业态类型为主。

在功能布局方面，研发功能为主体部分，每个建筑组团应着重考虑与园区核心公共开敞空间的联系，而生活性配套设施与交往空间结合布置，方便创新人员的使用(图 5.7)。

图 5.7 功能比例与分布示意图(自绘)

2. 开敞空间模式

小尺度园区的开敞空间主要包括公共开敞空间和建筑自身围合的开敞空间。在空间尺度上，长度约 300m(即人步行 3～4min)，宽度 25～30m(即人最适宜穿越的尺度)，最为适宜。建筑之间的交往空间一般具有内向性，朝向中心开敞空间。同时，结合开敞空间布置活动场地与相关配套服务设施，以提高空间利用的有效性(图 5.8)。

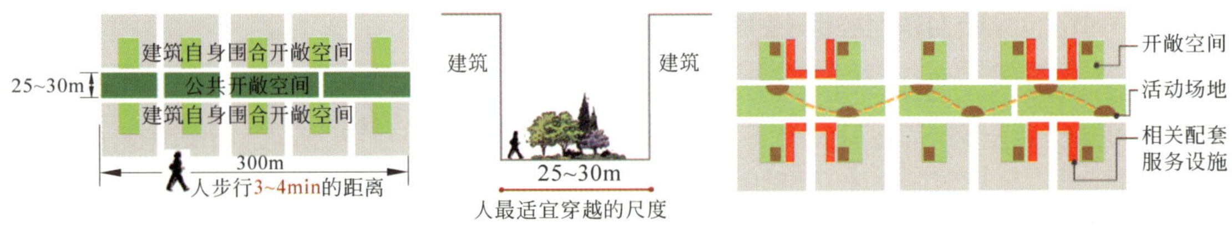

图 5.8 开敞空间模式设计(自绘)

3. 交通组织模式

小尺度园区宜采用人车分流、注重步行的交通组织方式。停车场的设置应以地下停车为主，尽量减少地面停车。地面停车场宜沿外围道路布置，从而减少对内部步行环境的干扰(图 5.9)。

4. 基本布局模式的建筑化演绎

针对几种常见的小尺度园区，本文将小尺度园区的基本布局模式进行了建筑化演绎，以适应不同类型园区的需求(图 5.10)。

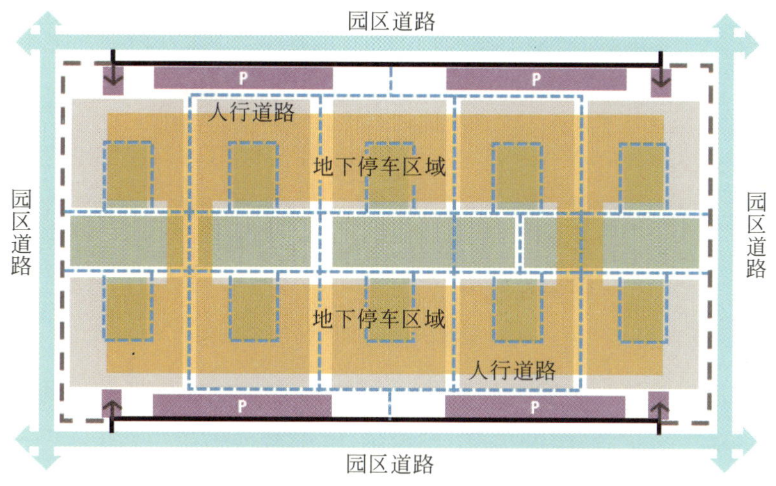

图 5.9　交通组织模式(自绘)

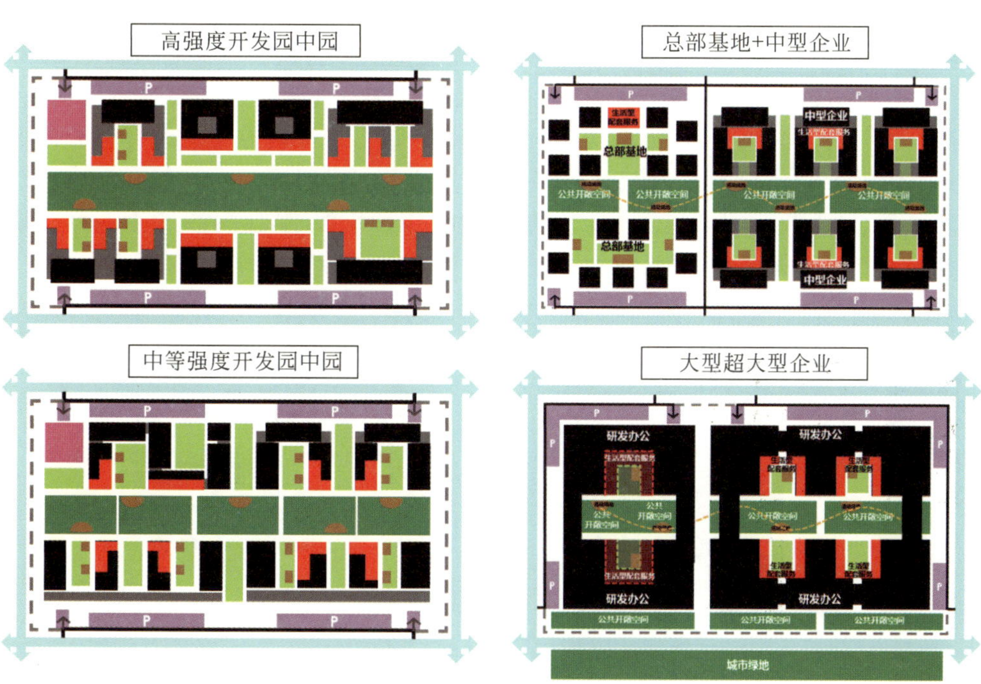

图 5.10　小尺度园区基本布局模式的建筑化演绎(自绘)

5.4.2　中等尺度园区

1. 功能构成模式

中等尺度园区以研发功能用地为主,但其生产和生活配套设施用地的比例高于小尺度园区(图 5.11)。

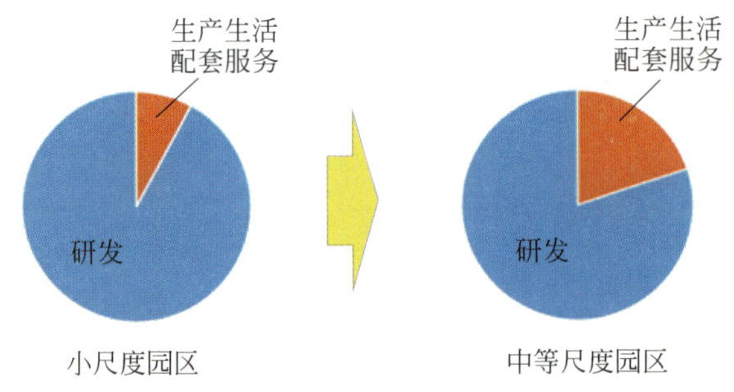

图 5.11　中等尺度功能区的生产和生活配套设施占比(自绘)

在业态特征方面,中等尺度园区的功能更加多元,业态更加多样。研发功能用地的业态多样,例如统规统建的园中园、总部基地、孵化器、由企业自建的独立出让地块,与居住功能相结合的 SOHO 办公等,各种业态用地的比例由市场决定。生产配套服务设施包括风险投资、金融创投中心、技术转移中心、外包服务中心、信息中心、交流学习中心、会展、商务酒店等相对独立的机构。生活配套服务设施应在小尺度园区的基础上增加满足创新人群居住要求的住宅和公寓,健身房、影院等休闲设施,以及中型商业零售及餐饮等服务设施。

在功能布局方面,研发功能仍然为主体部分,研发办公组团围绕核心绿地均质化布局。生产配套设施分为园区级和组团级两个级别;园区级的生产配套设施应结合核心绿地集中布置,布置于园区入口处的生产配套设施应具有标志性;组团级的生产配套设施一般会结合园中园布置。生活配套设施也分为园区级和组团级两个级别,园区级的生活配套设施应结合中央绿地布置于园区入口处,居住用地应集中布置,邻近商业娱乐休闲设施布置于园区外围。组团级生活配套设施与生产配套设施相结合,集中布置(图 5.12)。

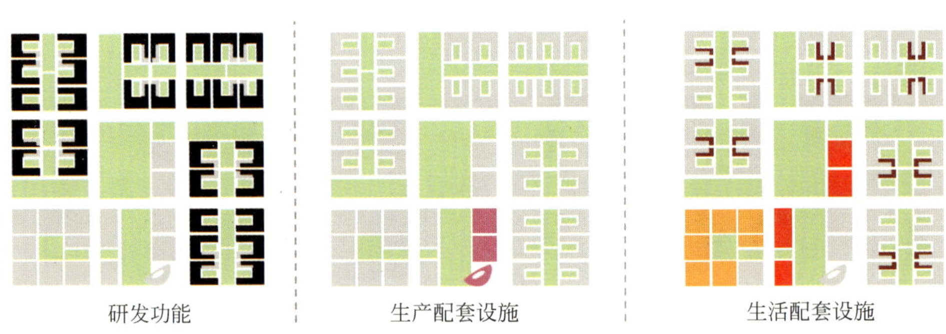

图 5.12　中等尺度功能区的功能布局特征(自绘)

2. 开敞空间模式

中等尺度园区的开敞空间模式分为园区级和组团级两个级别。与小尺度园区比较,中等尺度园区的开敞空间所占用地的比例偏小。园区级的开敞空间兼具生态景观与游憩功能,组团级的开敞空间具有交往功能。

此外,开敞空间需要通过增加与周边用地的接触面积,以提高其均好性;通过增加游憩设施、运动场地等,增强与周边区域的连通性和开放性,以提高其有效性(图 5.13)。

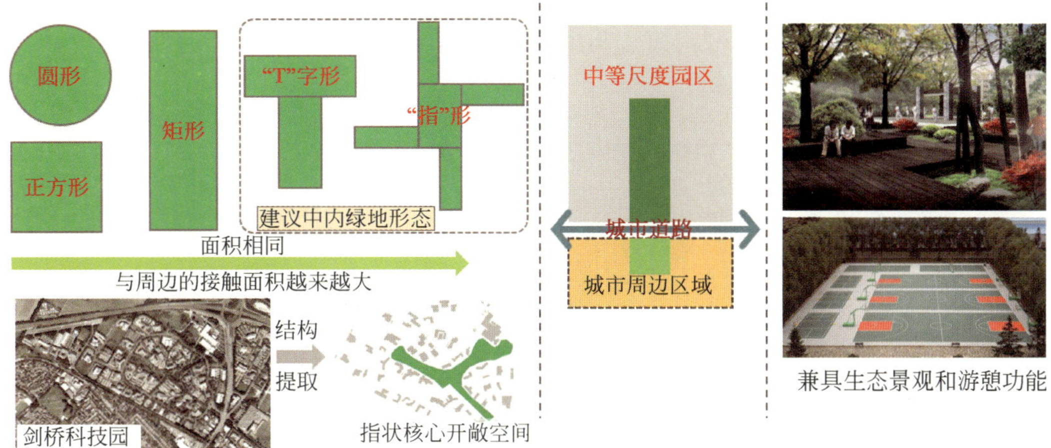

图 5.13　开敞空间有效性(自绘)

3. 交通组织模式

在道路系统方面,中等尺度园区的道路系统建议与城市周边道路系统充分衔接(图 5.14)。园区内部机动车道路可以设置出入口,与周边地区相连接,但线型不宜过于笔直。道路断面中机动车道路所占用地的比例相对较低。

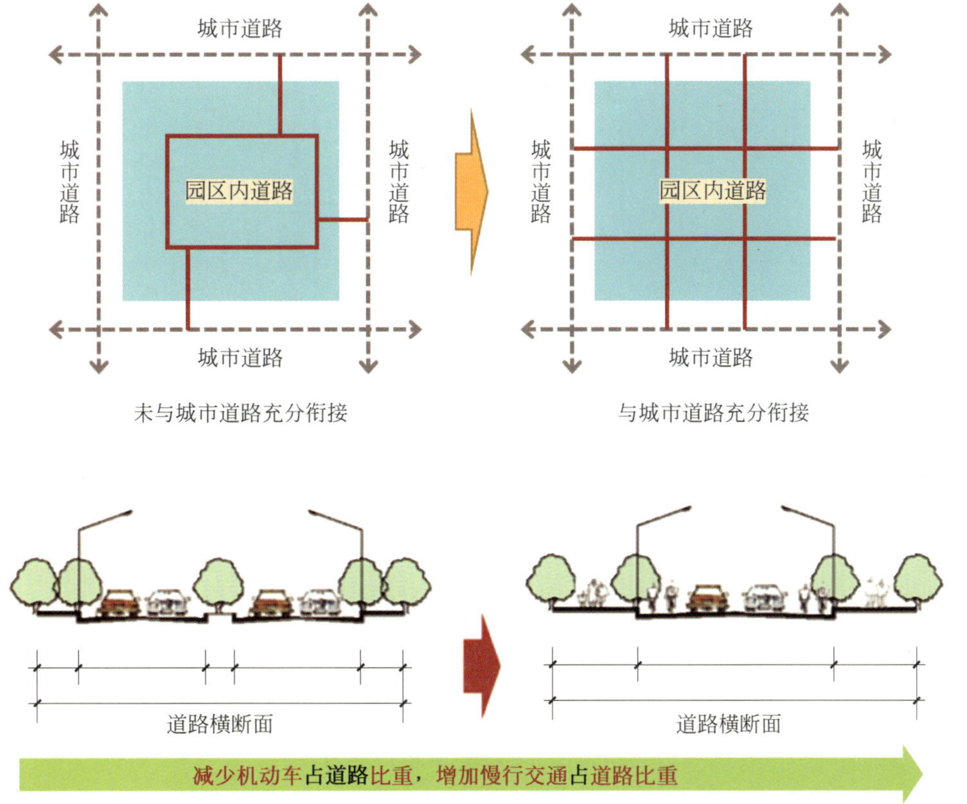

图 5.14　道路系统组织(自绘)

在静态交通系统方面，中等尺度园区应设置园区级地面停车场。地块内部建议以地下停车为主，靠近绿地或地块步行出入口一侧不应布置过多地面停车(图 5.15)。

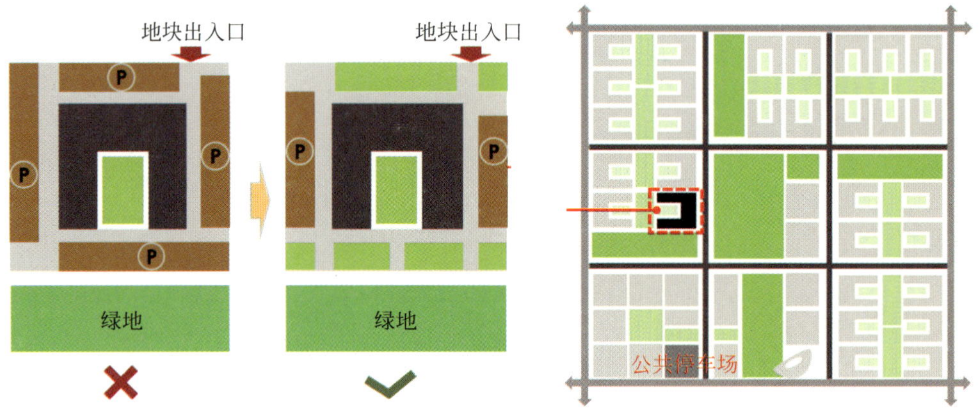

图 5.15　静态交通组织(自绘)

在慢行系统方面，中等尺度园区宜构建园区慢行交通系统，加强建筑与核心绿地、配套服务设施之间的联系(图 5.16)。

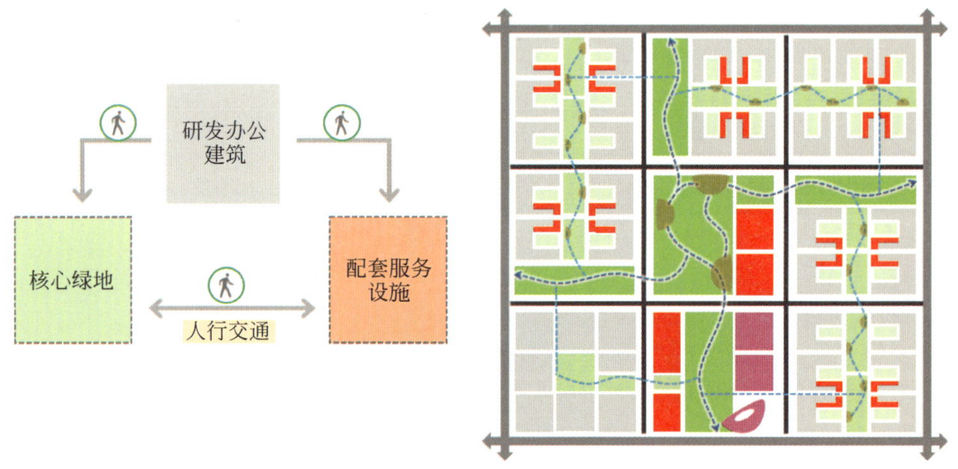

图 5.16　慢行交通组织(自绘)

5.4.3　大尺度园区

大尺度园区应具有共享的创新综合服务核心与平台、满足不同主体及全周期需求的多元化创新空间单元、鼓励交流的开敞空间和多元便捷的服务功能与设施。

1. 共享的创新综合服务核心与平台

大尺度园区以科技资源服务、科技创新孵化服务、科技金融服务、科技交流服务和科技政务服务等功能为核心，构建共享的创新综合服务核心与平台。

以“山西科技城”为例，科技城核心区包括科技资源服务平台、科技金融服务平台和科技创业孵化服务平台三大平台，共同构成科技城的创新综合服务核心(图 5.17)。

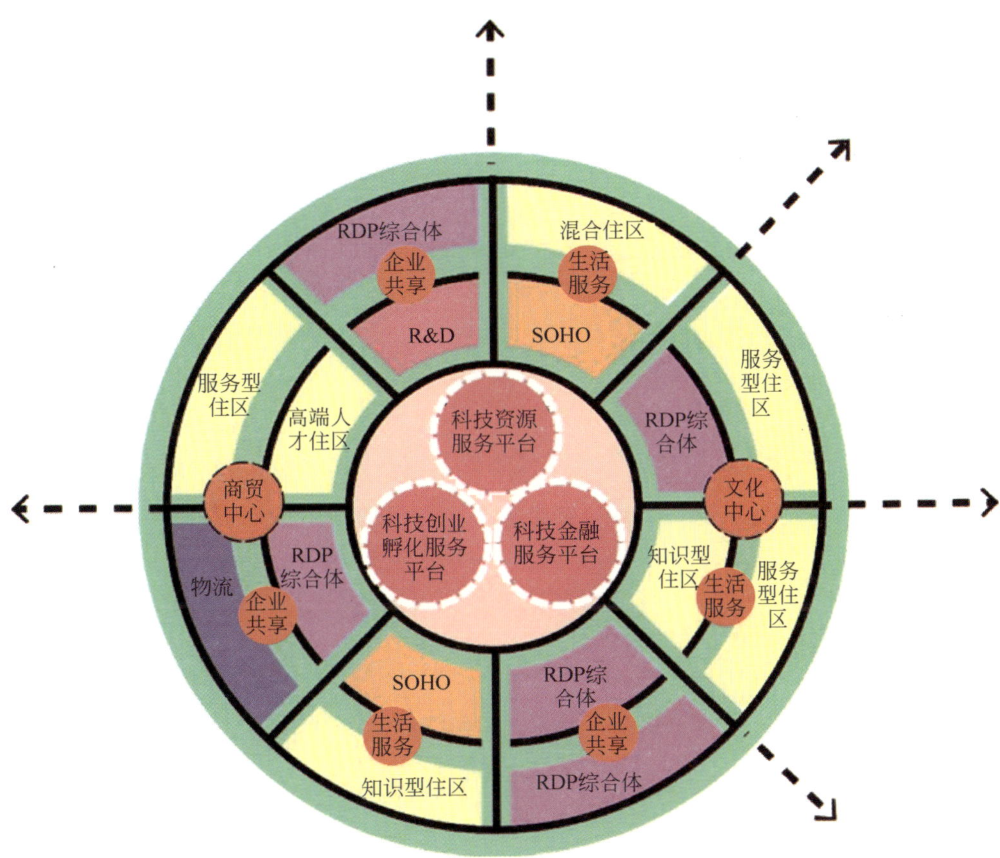

图 5.17　山西科技城核心区(自绘)

以“重庆科学城”为例,科学城的园区级创新服务平台由科技资源服务、科技创业孵化服务、科技金融服务、科技交流服务和科技政务服务等科技创新核心功能共同组成(表 5.7)。

表 5.7　重庆科学城:构建园区级创新服务平台

功能空间	功能细分		空间载体
园区级创新服务平台	科技资源服务	设备服务	大型科学仪器设备共享中心
		研发服务	公共技术研发中心、行业技术中心、国际技术合作实验室、开放实验室、院士工作站、博士后科研工作流动站
		信息服务	科技文献与科学数据共享中心、超级计算与数据中心、信息通信中心、数据体验中心
		检测认证	公共检测中心、评估认证中心
		设计服务	咨询机构、策划机构、包装设计机构、工业设计机构/公司
		政府服务	科技政务服务中心
	科技创业孵化服务	孵化服务	孵化器、加速器
		创业服务	创业者论坛、创新工场、创业俱乐部、创业咖啡屋
		科技中介	技术登记机构、技术交易中心、知识产权代理服务机构
		人才服务	大学生创新创业实训基地、海外留学人才创业中心
		社会服务	产业联盟、行业协会/商会、中心企业创业服务协会

续表

功能空间	功能细分		空间载体
园区级创新服务平台	科技金融服务	金融服务	科技银行、风险投资公司、小额贷款公司、担保公司、金融服务中心、保险公司
		法律服务	法律服务中心、律师事务所、知识产权法庭
		会计审计	会计师事务所
		商务服务	商务中心、酒店、会展中心、商务会馆
	科技交流服务		科技贸易博览中心、科技产品体验馆、会议中心、精品酒店、会展中心、商务会馆
	科技政务服务		科技创新城管委会

2. 满足不同主体及全周期需求的多元化创新空间单元

在大尺度园区中，大、中、小、微型创新企业组合布局应满足不同规模和发展阶段的创新企业空间需求。园区应围绕专业化创新链条构建产业集群创新平台，形成满足不同类型创新企业需求的专业化空间单元。以山西科技城为例，科技城规划按照大中小企业的不同需求配置了不同尺度和成本的创新空间单元(图 5.18)。

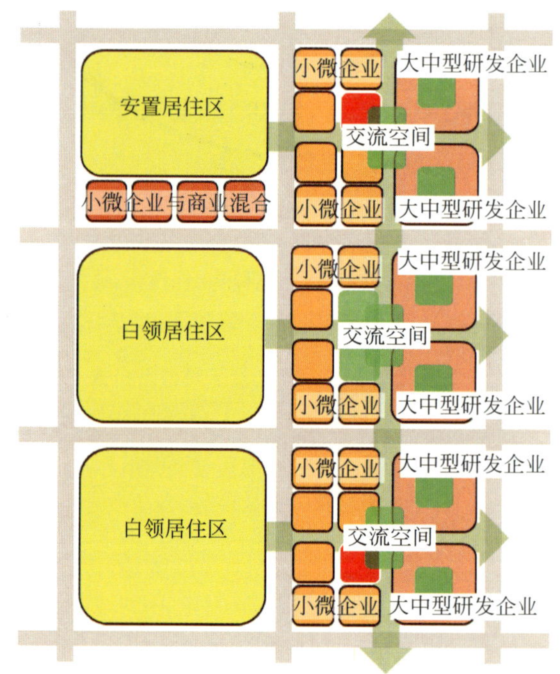

图 5.18　山西科技城创新空间单元模式图(大中小型)

3. 鼓励交流的开敞空间

大尺度园区应倡导功能复合的街区组团布局，促进办公、居住、休闲、商业等用地高度混合。

首先，园区注重营造舒适的公共交流空间、连续的开敞空间体系、优越的生态景观环境，强调共享性和可达性，促进创新创业人群交流。以“浙江杭州梦想小镇”为例，小镇规划按照创业办公空间、精神文化空间、食宿生活空间“三个三分之一”对空间进行整合分配(图 5.19)。

图 5.19　浙江杭州梦想小镇

其次，园区注重合理布局空间和绿色两大城市元素，科学规划“路网、水网、绿网”三张网。以“先生态，后生活，再生产”的逆向构思，推动入驻项目“从创意，经创业，到创造”正向发展，从而引导创业从分割隔离的写字楼走向极速分享的大社区。以美国硅谷地区为例，在美国硅谷地区的空间布局中主要体现了产、学、城紧密融合的空间特色，创新功能融合在各类用地之中，通过交际走廊和开敞空间串接不同功能区。

4. 多元便捷的服务功能与设施

大尺度园区需要结合创新型人群需求来配置个性化、低成本、开放式、促进公共交流、激发创新活力的多元配套设施。各类需求对应的不同级别的设施要求，具体如表 5.8 所示。

表 5.8　多元配套设施一览表

需求类型	街　　区	社　　区	片　　区
创新需求	新型孵化器(车库咖啡、创新工场等) 创业社区/村落(YOU＋公寓等) 办公设施(开敞交流空间、公共会议室、商务接待厅等)	展示体验设施(设计体验工坊等) 商务洽谈设施(商务会议中心、酒店等) 科技资源服务设施(开放实验室、3D 打印及加工车间等)	展示体验设施(展示体验中心等) 科技资源服务设施(数据通信中心、互联网开源硬件平台、检验检测平台等) 科技金融服务机构(天使投资人、创业投资机构、科技银行等) 培训交流服务机构(创业培训机构、创业导师等) 其他专业服务机构(策划机构、广告公司、包装设计机构、工业设计机构、法律服务中心、会计事务所等)

续表

需求类型	街　区	社　区	片　区
社交需求	小型开敞空间（公园绿地、创意空间等） 文化休闲设施（小型众筹图书室、咖啡厅、酒吧等）	中型开敞空间（公园绿地、休闲广场、创意空间等） 文化休闲设施（休闲会所、娱乐中心、俱乐部等）	大型开敞空间（公园绿地、休闲广场、创意空间等） 文化休闲设施（图书馆、综合休闲娱乐中心等）
基础需求	办公场所（写字楼、新型办公空间等） 居住场所（单身公寓、YOU＋社区等） 商业设施（便利店等） 体育设施（健身中心等）	商业设施（超市、购物中心等） 医疗设施（卫生服务站、药店等） 小型文体设施（运动场等）	商业设施（大型购物中心等） 医疗服务设施（医院等） 大型文体设施（大型综合运动场馆等）

5.5 主要参考文献

[1] 魏柯. 高新技术产业区的选址与要求[J]. 四川建筑，2005，25(1)：15-17.

[2] 吴良镛，陈保荣，毛其智. “中关村现象”与中关村“科学城”研究[J]. 城市与区域规划研究，2013(2)：131-161.

[3] 曾鹏. 当代城市创新空间理论与发展模式研究[D]. 天津：天津大学，2007.

[4] 曹琦. 创新型科技园区的功能建构及空间形态研究[D]. 长沙：湖南大学，2013.

[5] 王兵兵. 国际创新城市的横向比较、发展模式与启示借鉴[J]. 市场论坛，2013(9)：23-26.

[6] 张婷婷. 高新区用地布局模式研究[D]. 武汉：华中科技大学，2012.

[7] 刘洋. 基于产业发展视角的高新区用地分类与用地构成比例研究[D]. 武汉：华中科技大学，2012.

[8] 张贵红. 我国科技创新体系中科技资源服务平台建设研究[D]. 上海：复旦大学，2013.

[9] 张苏梅，顾朝林，葛幼松，等. 论国家创新体系的空间结构[J]. 人文地理，2001，16(1)：51-54.

[10] 郭胜伟，刘巍. 日本筑波科学城的立法经验对我国高新区发展的启示[J]. 中国高新区，2007(2)：94-97.

[11] 黄海霞，陈劲. 主要发达国家创新战略最新动态研究[J]. 科技进步与对策，2015(7)：102-105.

[12] 屠启宇，张剑涛，等. 全球视野下的科技创新中心城市建设[M]. 上海：上海社会科学院出版社，2015.

[13] 维克多 · W. 黄(Victor W. Hwang)，等. 硅谷生态圈：创新的雨林法则[M]. 诸葛越，等译. 北京：机械工业出版社，2015.

下篇

科技创新功能空间规划实践案例

第6章
中关村国家自主创新示范区科技创新功能空间规划研究

6.1 研究背景

6.1.1 项目背景

《中关村国家自主创新示范区空间布局规划研究》受中关村科技园区管委会委托，旨在全球创新网络格局形成、京津冀协同发展、北京新一轮总规颁布及“国际一流的和谐宜居之都”目标制定等发展目标背景下，研究中关村国家自主创新示范区(以下简称中关村)的创新功能空间布局。该项目是以中关村国家自主创新示范区的一区十六园共 488 km^2 及未来可能拓展的用地为规划范围，以整个北京市域、京津冀区域为研究范围。本轮规划期限兼顾近期与远景，近期为 2015—2020 年，与《中关村国家自主创新示范区十三五发展规划》《北京城市总体规划(2004—2020 年)》修改保持一致，远景展望至 2030 年。

6.1.2 技术路线图

该项目是在科技创新功能布局的客观规律、北京城市空间规划及中关村空间演进规律的基础之上，提出了中关村的空间解决方案，主要包括中关村定位、功能布局、空间资源的调配、分类分园指导和空间政策创新等内容(图 6.1)。

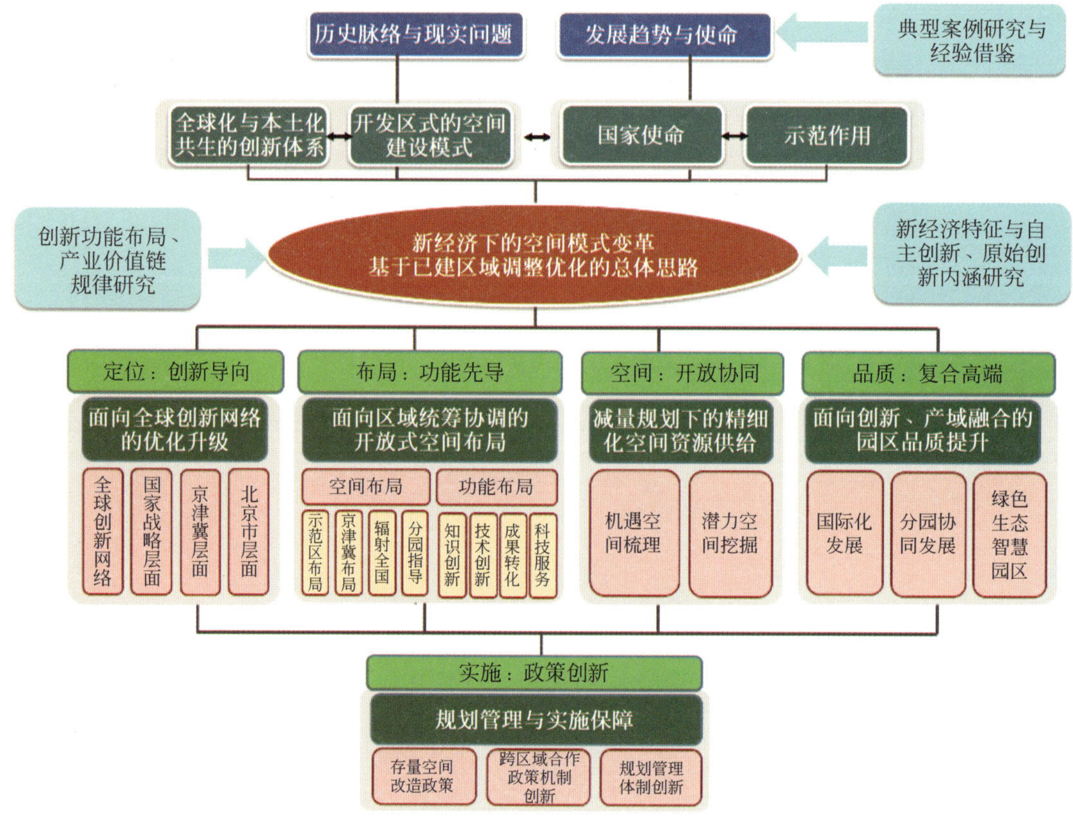

图 6.1　技术路线图

图 6.1 （续）

6.2 规律研究

6.2.1 科技创新功能基本规律

在全球尺度，全球创新网络“中心化”与“去中心化”并存。中关村已经成为全球创新网络的重要枢纽，属于次级枢纽地位。在国家尺度，推进原始创新和自主创新是当前最核心的国家科技战略。北京的原始创新特征明显，自主创新中心的地位不断强化。中关村所处的京津冀区域是我国三大世界级创新区域之一。在区域尺度，区域创新廊道是促进区域创新协同的重要手段。中关村科技创新对京津冀地区拉动作用初现，但三地创新功能联通仍有待探索。在城市尺度，研究发现知识创新与高校科研院所伴生，技术创新系统与产业基地、总部功能伴生，两者均有形成专业化功能区的趋势。技术创新向城市核心区、专业化功能区集聚，并且与城市服务功能有耦合关系。在创新功能区尺度，从园区向功能复合的开放式城区转变已经成为创新功能区的重要趋势。

6.2.2 北京城市空间规划建设思路

在北京新一轮总规修改的背景下，中关村的空间布局规划要响应北京建设具有全球影响力的“科技创新中心”的要求，北京严控总量、“瘦体健身”等政策也倒逼中关村优化空间资源。《北京市城市总体规划（2004—2020 年）》（修编）和《北京市土地利用规划（2006—2020 年）》（修编）明确提出要严格控制规模，实现建设用地负增长，积极盘活存量资源等要求，因此中关村也需充分利用现有存量和增量建设空间。北京非首都功能疏解、生态底线管控、城市增长边界划定等政策，对中关村的部分功能与空间调整提出了要求。北京提出了“一主一副、两轴多点”的空间结构，在北京新的城市空间结构要求下，中关村部分园区需要进一步调整功能和空间布局。

6.2.3 中关村历史演进规律

1. 紧扣不同时期的发展需求，紧跟我国科技产业发展的步伐

中关村先后经历了四个重要的发展阶段，1980—1987 年、1988—1998 年、1999—2008

年和 2009 年至今(图 6.2)。在历史发展脉络中,中关村都准确把握当时国际产业和技术发展趋势,紧密结合国内产业和科技创新发展需求,不断践行"深化改革先行区、开放创新引领区、高端要素聚合区、创新创业集聚地、战略产业策源地"的战略定位。

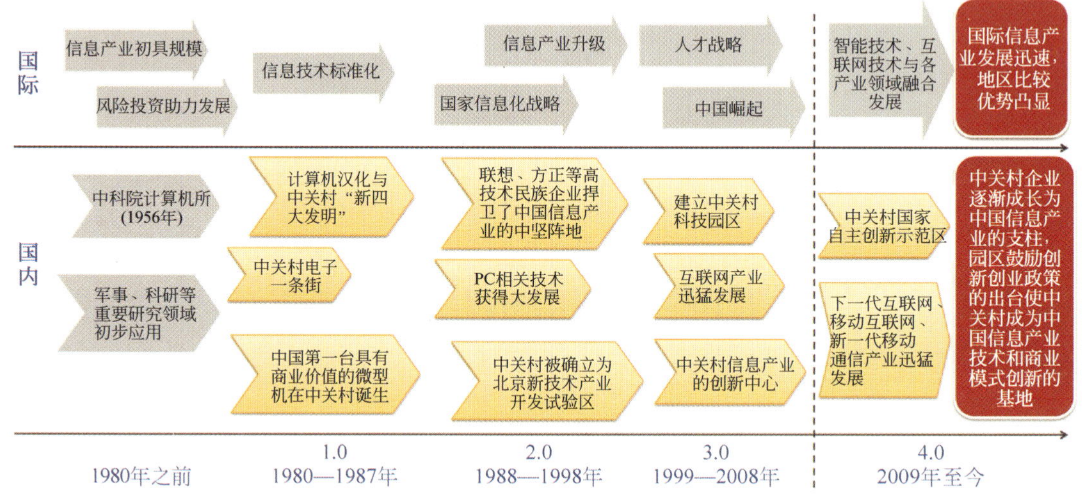

图 6.2 中关村发展阶段划分(自绘)

从 1.0 阶段到 4.0 阶段,中关村从"海淀园"逐步增加到"一区十六园"(图 6.3)。中关村 1.0 版本即中关村电子一条街起源阶段(1980 年 10 月至 1988 年 4 月)。中关村电子一条街的民营科技企业取得了良好的经济效益和社会效益,1988 年 3 月 7 日,中共中央财经领导小组会议讨论同意在中关村试办高科技产业开发区。中关村 2.0 版本即北京市新技术产业开发试验区时期(1988 年 5 月至 1999 年 5 月)。1988 年 6 月,北京市新技术产业开发试验区(以下简称"试验区")正式成立。1994 年和 1999 年,国家科委先后两次批准将丰台

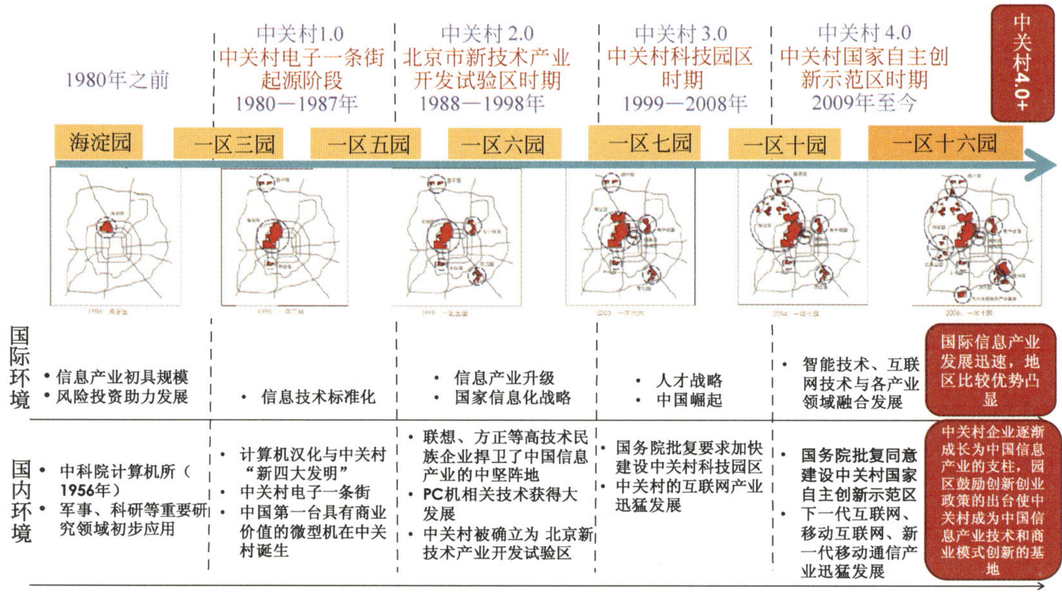

图 6.3 中关村国家自主创新示范区扩区历程示意图

园、昌平园和电子城、亦庄园纳入试验区政策范围，从此试验区形成“一区五园”空间格局。1997 年 11 月，北京市人民政府的派出机构——试验区管委会正式成立，从此试验区开始实行“市区两级管理”的体制。中关村 3.0 版本即中关村科技园区时期（1999 年 6 月至 2009 年 2 月）。1999 年 6 月 5 日，国务院批复中关村科技园区的发展规划。1999 年 8 月，北京市新技术产业开发试验区正式更名为中关村科技园区（以下简称“中关村园区”或“园区”），试验区管委会更名为中关村科技园区管委会（以下简称“中关村管委会”）。2001 年，园区范围再次调整，新增位于西城区的德胜园和位于朝阳区的健翔园，中关村园区形成“一区七园”的格局。中关村 4.0 版本即中关村国家自主创新示范区时期（2009 年 3 月至今）。2009 年 3 月 13 日，国务院明确中关村科技园区的新定位是国家自主创新示范区，目标是成为具有全球影响力的科技创新中心，这也是我国第一个国家自主创新示范区。2012 年 10 月 13 日，国务院批复同意调整中关村国家自主创新示范区空间规模和布局，由原来的“一区十园”增加为“一区十六园”，至此中关村包括东城园、西城园、朝阳园、海淀园、丰台园、石景山园、门头沟园、房山园、通州园、顺义园、大兴—亦庄园、昌平园、平谷园、怀柔园、密云园、延庆园共十六个园区。

中关村科技园区管理委员会是负责对中关村科技园区发展建设进行综合指导的市政府派出机构，主要承担“调研、规划、协调、督办、服务”等职能。在中关村科技园区发展中，科技部、北京市政府、各区县政府、中关村管委会、各分园管委会有不同的利益诉求。中央和科技部更看重的是中关村的科技创新能力而非单纯的 GDP，但产值压力仍客观存在，因此而扩区也就成为顺理成章的共同选择，被纳入中关村的大量用地与科技创新、创意或研发的关系并不大。拓展高新技术产业空间、利用科技资源、加速老工业基地改造、用足优惠政策、北京各区县的利益均沾，都成为中关村扩区的理由。多年来中关村保持高速发展，“既有园区企业存量和增量发展的因素，也有若干次扩园带来的空间和统计范围扩大的原因”。

2. 自下而上的创新精神：科研人员下海到中国第一个高新区到海外创业到现在全民创业

20 世纪 80 年代，在北京海淀“白颐路”，聚集了多个由科研人员辞职下海进行创新创业成立的科技公司，开全国创新创业风气之先。90 年代，白颐路改名“中关村大街”，但更多人记住的是“电子一条街”以及其所代表的一大批科技人员营造的下海潮，让中关村的创业之火照耀了神州大地。21 世纪初，中关村形成了归国留学人员创业的科技公司聚集地。近年来，中关村诞生了我国规模最大、资源高度聚集的“双创大街”，成为引领中国走进“创时代”的精神地标（图 6.4）。

3. 自上而下的功能定位：“自主创新”和“全球影响力”贯穿始终

中关村本土化与全球化动力并存，形成了内生型、外向型和谐共生的创新体系。内生型创新集聚是以高校、科研院所“知识创新”引发的创新集聚，植入政策扶植机制，吸引创业人才及创业机构；外生型创新集聚是以人才及政策吸引跨国公司研发，并由跨国公司引发的创新集聚。

6.2.4 中关村空间布局现状特征

本研究采用大数据分析方法，对中关村的空间布局进行研究，发现中关村空间布局呈现“强核集聚、圈层辐射、轴线拓展”的态势。

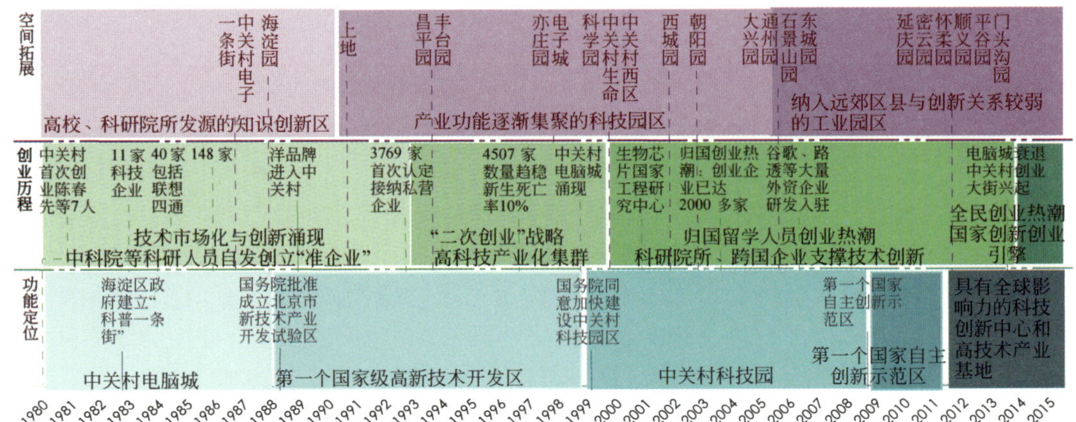

图 6.4　中关村国家自主创新示范区发展历程示意图(自绘)

1. 强核集聚：围绕海淀园核心区，形成日益明确的“一心多点、专业分工”格局

创新、产业资源集聚于中心城区，尤其是海淀园，在保持中关村科学城单核心结构基础上，研发、服务与制造环节专业化集聚在外围分园，形成了科技企业总部基地、研发总部集聚区、专业化研发园区、高技术服务集聚区、商务区、产业园区等多种空间组织形式。

海淀园内部形成“双核联动”模式。中关村科学城作为核心区的核心，空间资源面临瓶颈。海淀山后地区和昌平增量空间较大，是未来主要的拓展方向，山后地区正在培育崛起中的中关村创新中心区(CID)。

2. 圈层辐射：“核心圈层-近郊圈层-远郊圈层”三大圈层

中关村各分园的现状空间布局呈现出“核心圈层—近郊圈层—远郊圈层”三大圈层的发展态势(图 6.5)。处于不同圈层的园区，在发展态势、面临问题和发展诉求等方面存在差异。

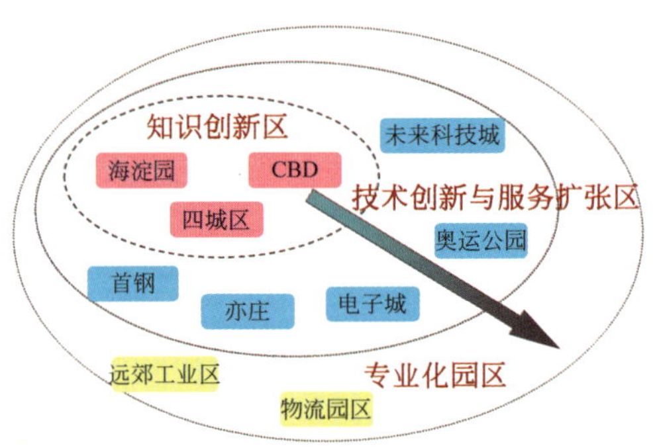

图 6.5　中关村三大圈层示意图(自绘)

核心圈层主要分布在中心城地区。以信息产业、创意产业为主，创新、国际交往、文化、商务、金融等服务资源高度集聚，链接全球、辐射区域。核心圈层产业集聚效应高、辐射力强，但园区严重缺乏增量发展空间，同时面临着低端业态升级和向外疏解的压力以及用地存量提升的发展要求。

近郊圈层分布在城市边缘地区，新园区建设、老工业基地改造和现有园区扩建活动在此并存。该圈层具有部分研发和高端生产制造功能(大兴-亦庄、昌平),整体产业发展基础较好,但创新能力相对较弱,普遍面临空间升级需求大、土地权属复杂、开发成本高等问题。虽然产业发展基础较好,但创新能力相对较弱,产业发展尚未形成基础,土地资源相对核心圈层有较大潜力。

远郊圈层位于新城及其周边范围,以工业园区为主。虽被纳入示范区范围,但大量用地与科技创新或研发关系薄弱。部分园区还有可开发用地,但土地利用效率有待提升,处在新城集中建设范围外的园区普遍缺乏服务配套设施,现状产业基础以制造业为主,产业升级转型的动力不足。

3. 轴线拓展:沿主要交通廊道形成向外放射扩散的园区发展轴线

中关村沿主要交通廊道形成向外放射扩散的园区发展轴线,包括主要轴线和次要轴线。主要轴线一条以海淀园为核心沿京藏轴线延伸,海淀园向西北方向不断辐射,扩散效应明显,昌平园崛起。一条以大兴-亦庄园为中心沿京津轴线延伸,大兴-亦庄园作为国家级经开区不断发展,联动天津(永清等)相关园区。次要轴线为沿京保石、京开、京承、京哈高速延伸,周边县市产业园发展萌芽,如永清科技园,辐射京郊乃至京津冀。

4. 网络扩散:创新创业节点突破园区边界

创新创业节点不再局限在园区内,而是形成了网络扩散趋势,从“校区”到“园区”到创客空间、孵化器、文创街区、楼宇经济等新的创新空间,形成了创新空间网络化布局,推动创新创业节点突破园区边界。中关村创业服务与创业氛围活跃,拥有各类创业孵化机构一百余家,孵化总面积超过 320 万 m^2,其中国家级科技企业孵化器 30 家、国家级大学科技园 14 家,总量全国第一。中关村有新型创新型孵化器约 32 家,主要集聚在中关村创业大街,开展早期投资、产业链资源整合、搭建专业服务平台、创业导师辅导等深度服务。

6.2.5 中关村创新功能现状规律

从知识创新、技术创新、科技服务三大体系分析科技创新功能现状布局特征、联动关系及未来趋势。

1. 知识创新功能网络

海淀知识创新极核持续成长,从海淀向西北方向(昌平南部)近域扩散,空间连片发展。主要形成了三大知识创新极核,一是海淀中知学-上地知识创新中心,与研究型高校、国家级科研机构伴生;二是昌平南部知识创新中心,未来科技城主要依托国企央企研究机构、重点实验室、生命科学园等形成专业领域科研机构集聚区;三是培育中的怀柔科学城知识创新中心,依托中科院的专业化科研分支机构形成创新功能的跳跃式扩散。

2. 技术创新功能网络

技术创新功能网络形成了两大创新极核:海淀技术创新极核和亦庄技术创新极核。海淀形成了以孵化器、生产力促进中心为主导的中关村-上地技术创新中心。亦庄高端制造业基础雄厚,技术创新功能不断增强。

3. 科技服务功能网络

科技服务功能形成两大中心，一是以科技金融、科技中介、专业技术服务为主的海淀中关村西区科技服务中心，二是以金融服务、专业技术服务为主的朝阳CBD-东二环科技服务副中心(示范区外)。但科技服务中心与知识创新、技术创新功能中心布局不相匹配。中关村科技中介、科技金融蓬勃发展。中关村范围内，拥有管理咨询中介74家、行业协会50家、人才服务中介机构340家、知识产权中介机构225家、资信评估中介机构9家、产业联盟72家。另外还集聚了近500家金融机构，包括评估机构、担保公司、银行信贷机构等。

6.3 功能定位

6.3.1 定位思路

中关村的功能定位要重点突出中关村代表国家参与全球竞争与合作的枢纽和窗口职能；突出中关村在国家科技创新中心体系的中心地位的唯一性，在推进中国原始创新领域引领地位的不可替代性；突出中关村在京津冀协同创新上的源头和领导地位；突出中关村是北京建设国家科技创新中心的核心功能区，是以科技创新推动北京转型升级发展的核心动力源。

6.3.2 具体定位

中关村的功能定位为全球科技创新网络的关键枢纽、国家科技创新中心和原始创新策源地、京津冀协同创新共同体的领航区、引领首都功能疏解和经济转型升级的核心引擎。

1. 全球科技创新网络的关键枢纽

(1) 中关村代表国家参与全球竞争与合作。中关村是中国首个真正意义上的创新中心，代表中国科技创新能力。提升中关村创新能力，链接全球创新网络，将有助于提升中国在全球创新网络中的地位。

(2) 强化中关村的国际交往合作职能。将中关村打造成为中国参与全球科技创新交流与合作的窗口。首先，在知识创新领域强化高校国际间的人才交流合作；在技术创新领域强化跨国企业研发平台建设以及关键人才技术的引进。其次，中关村要提升对外输出水平与能力，提高我国在科技创新领域的国际影响力。最后，中关村要进一步完善所承担科技创新领域的国际化职能，包括国际知识创新合作交流、国际化科技金融服务、国际化科技人才集聚等国际化职能等。通过面向新经济的空间功能调整(增加商业功能、强调功能混合、促进交往互动等)，提升国际化程度。

2. 国家科技创新中心和原始创新策源地

中关村建设国家科技创新中心和原始创新策源地，突出了中关村不同于其他国家自主创新示范区的特殊地位；突出了中关村承载的是科技创新的国家战略；突出了中关村在国家科技创新中心体系的中心地位的唯一性；突出了中关村在推进中国原始创新领域引领地位的不可替代性。

围绕中关村建设国家科技创新中心，需要促进五大功能发展：基础性科教、知识创新、科技服务、企业创新和科技成果转化。

3. 京津冀协同创新共同体的领航区

京津冀协同创新共同体的领航区的定位强调了中关村引领国家自主创新的“源头”地位，突出了中关村的“全面创新示范”职能，强化了中关村的引领辐射示范作用。区域协同创新是未来发展趋势，京津冀区域协同示范效应显著，中关村在京津冀协同创新中扮演重要角色。

京津冀协同创新共同体的领航区建设需要落实京津冀创新共同体构建，明确三地分工，完善区域协同创新体系，推进“4＋N”[①]产业合作格局构建，推动区域创新资源整合共享，打造产学研结合的跨京津冀科技创新园区链，建立京津冀地区协同发展机制，发挥中关村带动引领作用。

4. 引领首都功能疏解和经济转型升级的核心引擎

该定位强调中关村是体现北京科技创新中心定位的核心功能区，是北京以科技创新推动经济转型升级发展的核心动力源，是首都非核心功能疏解后需要重点进行拓展的核心功能空间。

(1) 中关村是体现北京科技创新中心定位的核心功能区。中关村是首都四大功能(政治中心、文化中心、国际交往中心和科技创新中心)中科技创新中心的核心载体，要充分发挥中关村已有的创新基础和科教资源优势，提升北京对全国的科技创新中心辐射影响力。另外，中关村要落实首都其他三个中心的职能要求，成为首都科教领域的国家战略资源投放地、文化活动及创新人才集聚地、科技创新相关的国际交往交流门户。

(2) 中关村是北京以科技创新推动经济转型升级发展的核心动力源。构建“高精尖”产业结构，发展战略性新兴产业，以提升中关村的科技创新能力，推动首都经济转型升级发展。

(3) 中关村是首都非核心功能疏解后需要重点进行拓展的核心功能空间。各园区应逐步疏解不符合首都功能定位的产业，严控用地规模，助力首都非核心功能疏解与减量规划的要求实施。对疏解和腾退出的空间，中关村要主动发挥辐射带动能力，重点发展科技创新、科技服务等创新功能。

6.4 创新功能体系

根据创新功能链构成，将科技创新及相关功能细分为知识创新、技术创新、科技创新综合服务三大体系。

6.4.1 知识创新体系

知识创新功能需要激活现有的高校、科研院所、实验室、工程技术中心及企业等知识创

① “4＋N”产业合作格局：“4”指的是4大战略合作功能区，分别为曹妃甸协同发展示范区、北京新机场临空经济区、天津滨海新区、张承生态功能区，“N”指的是多个专业化、特色化承接平台。

新主体的创新能力，进一步加强科技研发、基础研究、标准制定、成果辐射等功能，以提升中关村原始创新与自主创新能力。

建设知识创新体系主要打造三大综合知识创新中心，通过产学研结合建设专业化知识创新中心。整合打造综合知识创新极核，主要包括中关村科学城、未来科技城、怀柔科学城，加快集聚世界一流大学和学科、国际知名研发机构，建设世界实验室。构筑专业化知识创新网络，包括推进产学研结合，各分园依托自身优势的专项知识提升创新功能，如怀柔园依托纳米新材料与数字信息、亦庄依托汽车产业、丰台园依托轨道交通、朝阳园依托电子信息，提升各分园的原始创新能力。

6.4.2 技术创新体系

技术创新功能需要结合现有的高校、科研院所、工程技术中心及创新型企业等技术创新主体，考虑前沿技术创新需求，在技术研发、技术集成、技术升级优化等方面进行重点提升，提高成果转化功能。

技术创新体系主要打造海淀、亦庄两大技术创新中心和若干专业化技术创新中心。海淀中关村—上地—山后技术创新中心，向北拓展技术创新核心空间。培育亦庄高端制造业技术创新中心，集聚全球技术创新总部。次级专业化技术创新中心主要提升各分园依托自身优势的专项技术创新功能，在新一代信息技术、生命科学等领域争取形成若干具有国际影响力和控制力的战略性技术和产品。

6.4.3 科技创新综合服务体系

科技创新综合服务功能建设需要中关村提升科技金融、科技中介、科技人才等方面功能，特别是在知识产权服务、产权交易等与科技创新密切相关领域的综合性服务，增加涉外领域的科技中介，以吸引国际高端创新资源集聚。

基于科技服务功能与知识创新、技术创新功能的耦合关系，与城市商务中心的伴生关系，中关村要优化多级科技服务网络。创新服务体系主要打造“示范区—区域级—城市级”三级多类科技服务中心，优化完善创新服务网络布局。示范区级科技服务中心建设的主要内容为优化拓展海淀、朝阳科技服务中心，培育亦庄科技服务中心。区域级科技服务中心主要是打造专业型科技服务中心(未来科技城、轨道交通科技城、中关村软件城、生命科学园)和科技会展服务中心(延庆、密云、怀柔)。城市级商务服务中心(CBD、金融街等)主要发展科技金融、科技商务服务功能。

6.5 创新空间构建

6.5.1 布局优化思路

中关村布局优化调整要重点突出四方面的内容。

一是有助于中关村辐射全国链接全球。围绕顶级研究型高校、国家级科研院所，强化知识创新和原始创新功能。充分发挥北京市的全国顶级的大学、国属央属科研院所等科研资源，通过科学研究，包括基础研究和应用研究，获得新的基础科学和技术科学知识，包括新的科学发现、新的理论、新的方法和技术发明，首先提出新产品或新工艺，带动全国创新发展，在最基础性、根本性的领域全方位加强国际科技创新合作，积极参与全球创新网络。

二是有利于科技驱动产业升级。围绕技术创新和科技成果转化支持产业转型升级。依托创新型企业、科研机构等创新主体，支撑整个北京市甚至周边区域的产业转型升级和经济增长，带动人口就业，支撑城市建设。

三是推进园区从封闭走向融合。引导传统认知下的高新区、园区向科技创新功能与城市功能高度融合在一起的城市特定功能区转化。从封闭产业园区向校区、园区、社区融合，创新空间与城市空间融合，用地功能混合的城市功能区转变。

四是强调功能复合与网络化。“点亮”“激发”集中或散点的城市创新空间。创新功能集聚的形态趋于多元化，创新既可能在传统的空间里产生(如传统办公空间、居民区、车库等)，也可能在特定园区内产生(如总部基地、专业化园区、经开区、高新区等)。独栋楼宇在周边配套完善的情况下，也能成为创新空间。在大众创业、万众创新的趋势下，创新功能将更趋于功能复合、点状网络化布局。以非首都核心功能疏解为契机推动存量用地更新，提供低成本、便利化、全要素、开放式的创新创业空间。积极发展众创、众包、众扶、众筹等空间，以国际化社区、众创空间营造为重点，推进创新空间体系的构建。

6.5.2 总体布局

优化构建“一区多园、各具特色、一核两极三带多城”的空间格局。明确各分园特色功能，持续提升分园对所在区县发展的带动作用，实现一区多园统筹协同发展，进一步增强中关村对首都全国科技创新中心建设的支撑带动作用。

一核，强调海淀作为全国科技创新中心核心区，联合昌平共同建设国际化创新核心区、国际科技服务中心，成为自主创新、原始创新策源地，全球原创思想和创新成果重要发源地，新兴产业和创新模式策源地，创新改革和政策先行试验区。

两极，强调以两极作为中关村链接全球科技创新网络、建设原始创新策源地的“增长极”、引领区，进一步强化知识创新、技术创新、科技服务、国际化功能向两极集聚。原始创新极主要围绕中关村科学城、北京未来科技城、怀柔科学城建设知识创新/技术创新综合中心。技术创新极主要围绕大兴—亦庄园建设具有国际科研资源整合能力的技术创新中心。

三带，强调北部生态涵养带、中部原始创新和技术服务带、南部科技成果转化和战略性新兴产业带三带。北部生态涵养带主要依托延庆园、怀柔园、密云园、平谷园，面向创新人群的休闲和文化需求，在北部生态涵养保育功能的基础上强化培育国际科技交往、文化旅游、休闲度假等服务功能。中部原始创新和技术服务带主要依托海淀园、昌平园、朝阳园、石景山园、门头沟园，大力推进研发服务、信息服务等高端产业集聚，加速促进高新技术成果孵化转化。南部科技成果转化和战略性新兴产业带主要面向京津冀区域协同发展，进一步提升大兴-亦庄园、丰台园、房山园、通州园、顺义园的创新发展水平，沿京津、京唐秦、京保石等主要通道向北、向东、向南联动津冀区域。

多城，强调以“科技创新城”形式促进分园与区县产城融合发展，整合科技服务体系和周边城市服务体系。科技创新城根据功能差异主要分为三类。一是以知识创新、技术创新为主导的科技创新城，包括中关村科学城、北京未来科技城、海淀北部生态科技新区、丰台轨道交通科技创新城、朝阳电子城国际研发创新城、中关村南部(房山)科技创新城、亦庄产业创新城。二是以国际科技交往为主导的科技创新城,包括怀柔科学城、延庆低碳科技创新城。三是以国际门户、成果转化为主导的科技新城,包括顺义科技创新城、大兴国际空港新城(新机场地区)。

6.5.3 联合津冀打造科技创新共同体和园区链

落实京津冀协同发展的国家战略,共同打造"一核引领、两翼支撑、三廊联动、多园协作"的创新功能网络。"一核"指的是中关村,是京津冀科技创新共同体的核心,承载了具有区域影响力的科技创新中心以及科技创新源头的核心功能。"两翼"指的是河北省和天津市,是京津冀科技创新功能网络的重要承载区域,在支撑京津冀科技创新的成果转化、承接运用和示范推广方面起到重要作用。"三廊"是形成京张、京津、京保石三条区域创新走廊,成为联动京津冀三地科技创新功能的重要平台,以及加快中关村核心创新资源对外扩散的关键路径。"多园"是结合京津冀协同发展规划形成的"$4+N$"合作平台、微中心、地区分园等创新载体,是建设科技创新园区链、落实科技创新的功能平台。

京张创新走廊沿西北方向形成"海淀园—昌平园—延庆园—张家口(崇礼)"的创新转移路径。京张创新走廊是承接国家自主创新功能的重要走廊,承接中关村科技创新中国际化功能及自主创新、原始创新功能的扩展。

京津创新走廊沿东南方向形成"海淀园—亦庄园—廊坊—武清—天津滨海新区"的创新转移路径。京津创新走廊是科技创新产业集聚的重要走廊,是以科技创新推动产业发展,在超级大都市圈内形成的科技创新产业的集聚廊道,也是引导技术创新与成果转化功能的集聚廊道。

京保石创新走廊沿西南方向形成海淀园—石景山—门头沟—丰台园—房山园—保定—石家庄(正定新区)的创新转移路径。京保石创新走廊是落实京津冀协同规划政策的重要载体,依托北京领先的科技创新资源辐射带动周边落后薄弱地区,提升京津冀整体科技创新水平;通过引导科技成果转移扩散,提升科技成果产业化运用;通过建设区域创新合作园区与创新平台,不断深化创新合作。

6.5.4 引领构建全国创新网络格局

具体采取以下措施,引领构建全国创新网络格局。

(1) 联合上海、深圳等城市,引领构建全国创新网络格局。

落实中关村作为国家自主创新示范区的国家使命和职责,发挥核心引领作用,与沪、深等其他科技创新功能节点,共同打造互促互动、互联互通、分工协作的国家科技创新网络体系,完善国家科技创新体系布局,提升中国在全球科技创新网络体系中的影响力和竞争力。

推动京沪深三地分工协作。北京强化国家级高校及科研院所的全球合作和交流;以提升原始创新能力融入全球科技创新网络。上海以国际机构、跨国企业、国家级科研院所为创新主体,增强国际合作交流能力。深圳依托本土民营企业的自主创新和原始创新能力提升,增强国际竞争力。

(2) 多模式推进中关村示范区自身的全国、全球网络化布局,不断扩展中关村示范区的直接辐射带动范围。

推进中关村科研机构、创新企业和创新要素的国际化合作，加强与主要发达国家的创新交流，依托国际重大科技合作计划和创新合作平台等载体，进一步融入全球创新网络，增强整合利用全球创新资源能力。

6.6 空间资源优化

通过对中关村空间资源的梳理，明确各个分园之间发展的情况以及探明未来产业的承载空间。

6.6.1 土地资源分析

从政策性要求的角度梳理中关村现有的空间资源的情况，包括如下空间：一是总规确定需腾退的“两线三区”内用地。结合北京总规修改中划定的“两线三区”，将不符合生态空间用途管制的用地调出示范区范围，以绿隔地区为主。位于一道绿隔、二道绿隔的用地需按北京总规要求进行腾退，若现状已建成、确实需要使用的，则需调整现行总规。二是调规可用空间。在上版总规不符的 70km^2用地中，尚未纳入新一版总规可利用规划经营性用地的占一半以上。此类用地如使用则必须调整目前的北京总规方案，或争取纳入 2030 年规划建设用地范围。三是战略机遇空间。在示范区范围的可利用规划经营性用地中，将集中连片、较易利用的区域确定为战略机遇空间。

从低效利用的角度对中关村的空间资源进行挖掘，包括如下空间：一是碎片化工业用地。部分呈碎片化布局、地块面积过小的低效工业用地，以远郊乡镇工业园区为主。二是高消耗的一般性产业用地。主要分布在城乡接合部地区，包括位于中关村示范区范围的工业用地、仓储用地。三是区域性批发市场。目前正在实施搬迁的大型批发市场有官园批发市场、动物园批发市场、大红门批发市场、西直河市场、万通小商品市场等。四是紧缺与低效并存的办公楼。这类地区办公楼宇租金、居住房价等土地成本高昂。

从融合开放角度识别示范区周边可与园区功能高度融合的潜在空间资源，主要包括：昌平区的马池口地区、沙河科教园、昌平园东区北侧等集中连片的区域。

6.6.2 空间资源利用

以“有助于创新功能近域互动”为原则，选择创新核周边空间的资源利用方式。以各园区创新功能的近域扩散需求为视角，对双核周边潜力空间、科技创新城周边潜力空间提出针对性的发展指引。一是对双核周边潜力空间提出指引，“海淀＋昌平综合创新核”周边的潜力空间重点发展知识创新、技术创新、科技服务等功能；“大兴—亦庄技术创新核”周边潜力空间重点发展技术创新、科技服务等功能。二是对科技创新城周边潜力空间提出指引，要重点发展特色产业、楼宇经济、科技服务和生活服务功能。

中关村在空间资源的调配上要建立“创新功能—存量空间”的匹配模式（图 6.6）。首先，梳理科技创新功能对空间资源在数量、形态、品质和区位上的需求，寻找可能的选址，形成以需求为导向的动态空间资源供给模式。其次，梳理现有的空间资源可能的供给方式，提供更为多样化的要素供给模式与精细化的改造利用方式作为选择，比如根据楼宇空间资源的特点提出了建筑改造型、业态转换型等模式，以实现对创新功能的满足。

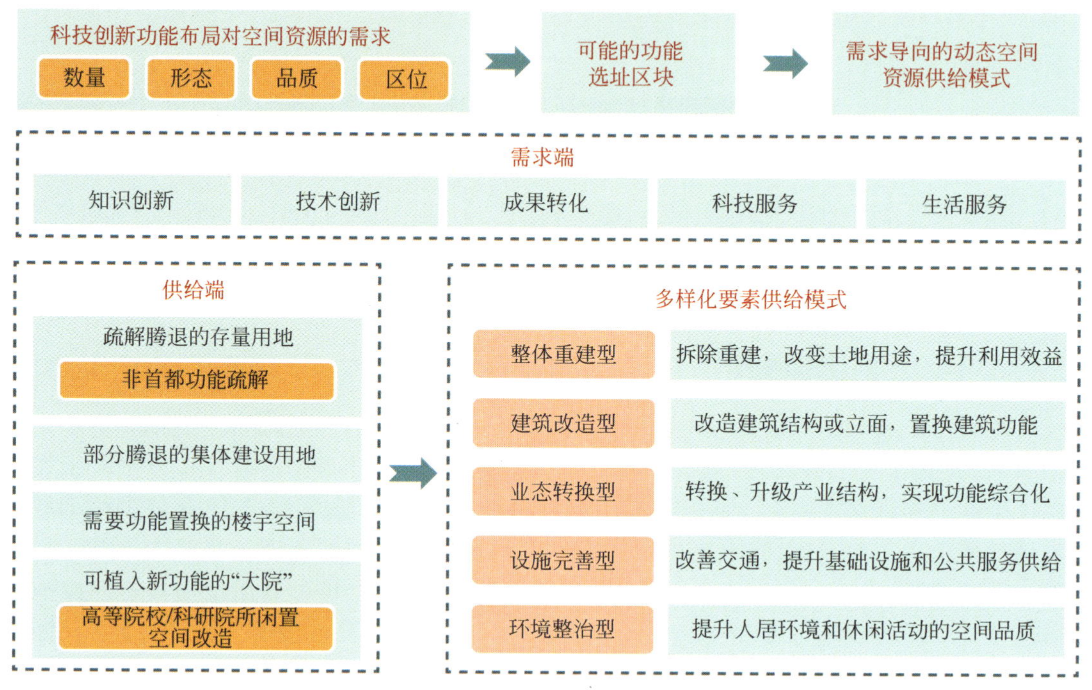

图 6.6　空间资源调配模式示意图

6.7　主要创新型园区引导

6.7.1　分类引导

根据区位差异、机遇差异，提出中关村各类分园的创新发展路径。结合产城融合发展的规划理念，统筹考虑园区与周边城市建设、创新功能的综合发展。例如根据区位差异分为两类：核心区功能完善型强调要强化优势资源，优化功能结构，增强辐射能力；核心区周边融入型强调要加快创新联系，努力融入核心区（表 6.1）。

表 6.1　中关村园区分类引导

类　型		创新发展路径	案　例
区位差异	核心区功能完善型	提升强化创新优势资源；优化创新功能结构；加强创新区域辐射带动能力	海淀园
	核心区周边融入型	加快与创新核心区的分工协作；提高对核心区创新资源扩散的承接能力	昌平园、亦庄园等

续表

类型		创新发展路径	案例
机遇差异	大事件带动型	拓展专业化创新职能,加强与大事件区域的协同	延庆园(园博会、冬奥会)
	重大设施带动型	结合重大设施,发展特色创新区(如临空经济区)	北京二机场建设带动
	区域新机遇激发型	强化区域创新协作,打造创新功能向区域辐射的新枢纽	京津冀协同发展下房山园、亦庄园的创新发展
	政策优势+优质环境诱导型	发挥资源环境优势,提升国际创新交流功能,培育特色健康服务产业	怀柔园等

6.7.2 分园指引

项目对十六个分园在功能、产业、空间、政策、平台、周边协同等方面提出具体发展指引,实现中关村分园差异化、特色化发展。

以海淀园为例,在功能调整上突出原始创新、国际化功能,成为示范区参与全球竞争的核心载体;产业特色上重点发展大数据、大智造、大服务、大健康、大生态和大文化等具有国际竞争力的主导产业。空间布局优化提出:一要加快科技创新城建设,推进北部生态科技新区建设。二要腾退中关村科学城除功能性机构与高端环节外的环节和业务;挖掘海淀南部大院大所的低成本空间;优化中关村、学院路地区、地铁四号线动物园以北段等地区楼宇业态;中关村软件城等城乡接合部科技园二次更新,建设服务完善的"产城融合单元"。三要推进集体用地、乡镇产业园升级转型"一镇一园"。在政策示范上,强调打造政策先行先试地、综合改革试验区、服务业扩大开放综合试点区。在平台建设上,突出建设完善互联网金融创新中心、标准计量检测认证服务平台、国内外协同创新平台、技术转移服务平台、知识产权服务平台。在周边协同上,强调中关村科学城联动昌平南部地区,共同建设国家科技创新中心核心区,带动其他分园形成联动发展关系。

6.7.3 打造"创新城区"

促进产城融合,整合园区服务功能与城市生活服务功能,打造"创新城区"。围绕科技创新城建设,加快促进各分园与区县功能融合,整合科技服务体系和周边城市服务体系,以开放式园区建设统筹各分园功能,促进园区功能与城市功能的融合。打破分园园区边界,整合重点协调区域发展。

例如,"海淀园北部+昌平园南部"地区要整合海淀北部山后地区与昌平园南部的昌平科技创新城,将该地区建设成为国际化创新核心区,共同突出原始创新、自主创新功能及国际化科技服务功能,加快中关村核心区知识成果转化、科技服务中心职能发挥。"朝阳园南部+亦庄园+通州园南部"地区要整合朝阳园南部垡头中心、大兴-亦庄园及通州园西侧园区和部分通州新城,提升该地区的先进制造及关键技术转化能力,加快产城融合,提升园区品质。"丰台园西部＋石景山园南部"地区要突出轨道交通技术创新及文化创意创新功能。

6.8 基于事权的空间政策创新

基于中关村管委会的事权，项目组提出了具体的空间政策。一是存量空间改造政策创新。采用多样化的低效闲置土地及空间资源盘活方式，构建有利于创新创业的土地开发体系，合理编制工业用地二次利用及开发专项规划，制定土地再开发利用管理制度，建立低效闲置土地盘活利用融资平台(表 6.2)。

表 6.2 存量空间改造方式及内涵

方　式	内　涵
转让	经园区管委会审核同意后，允许原土地使用权人将依法取得的剩余年期的土地使用权及地上建筑物转让给其他单位使用
出租	原土地使用权人建成的厂房经园区管委会审核同意全部或部分出租给符合园区入驻条件的企业
作价入股	原土地使用权人将剩余年期的土地使用权作价入股并投入新入驻的企业
收购	因经营不善造成土地闲置的，将剩余年期的土地使用权作价收回，并通过土地市场确定新的土地使用权人
企业自主再开发	原依据新的控制性规划条件或通过调整容积率、改变规划用途等方式，自筹资金在依法取得的土地上进行二次开发建设
法律诉讼	园区管委会对低效土地及闲置空间资源的土地使用权人协商不成的，通过法律诉讼，依法收回土地使用权
拍卖	法院对因债务偿还等问题进行拍卖的在建工程等
反 BOT 模式①	园区管委会经原土地使用权人同意，租赁原土地使用权人依法取得的土地 15～20 年，进行二级开发建设，期满后无偿将地上建筑物让与原土地使用权人

二是跨区域合作政策机制创新。一方面是要构建跨区域合作协调机制。建立健全的管理组织与长效机制，通过实体运作企业推进中关村跨区域创新合作，推进中关村品牌输出的制度建设和收益权探索。另一方面要探索共建园区适宜开发模式。通过实体运作公司推动，选择适宜的合作共建模式，构建跨区域合作的利益分享机制平台(图 6.7)。

三是规划管理机制创新。加强中关村职能与事权的协调，促进中关村与北京市规委合作，推动土地开发利用的供给侧改革和集约化利用，在用地分类上进行创新以适应功能融合发展需求。

① BOT 是"build-operate-transfer"的缩写，意为"建设-经营-转让"，指政府部门就某个基础设施项目与私人企业(项目公司)签订特许权协议，授予签约方的私人企业来承担该基础设施项目的投资、融资、建设、经营与维护，在协议规定的特许期限内，这个私人企业向设施使用者收取适当的费用，由此来回收项目的成本并获取合理回报，特许期过后再将基础设施交回政府。

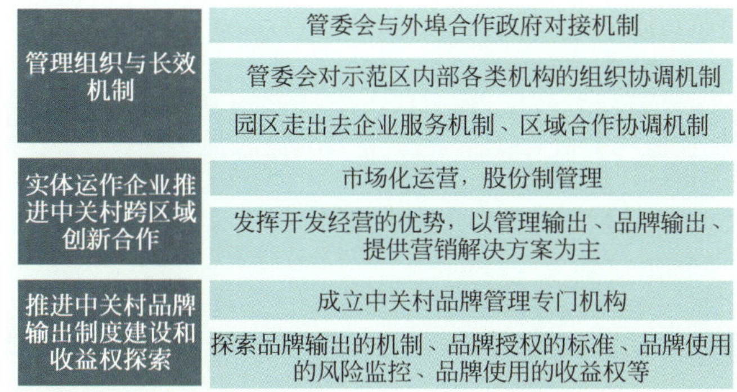

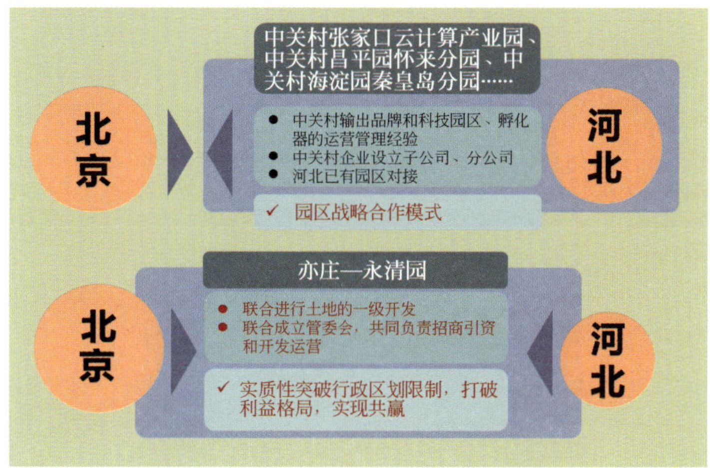

图 6.7　中关村跨区域合作政策示意图

第7章
中关村软件城大上地地区科技创新功能空间规划研究

7.1 研究背景

7.1.1 项目背景

中关村软件城(大上地地区)北起中关村森林公园、南至北五环,西起京密引水渠、东至京藏高速,规划范围总面积约 31.3km²。根据《第六次人口普查》数据,中关村软件城(大上地地区)常住人口共约 34.8 万人。

2013 年北京市提出要重点建设“一城三街”,其中“一城”即中关村软件城,要将软件名城建设作为抓手,发挥好带动作用和渗透作用,推动北京市两化深度融合和四化同步发展,拓展产业发展空间,以中关村软件园为核心对上地地区进行调整。海淀区、海淀区北部地区开发建设委员会办公室委托清华同衡编制《中关村软件城(大上地地区)发展建设规划》。该项目获得 2016 年全国优秀城乡规划设计三等奖、2015 年北京市优秀城乡规划设计二等奖。

7.1.2 研究任务与技术路线

本次规划以产城融合的思路研究中关村软件城(大上地地区)发展建设过程中的矛盾问题与对策思路,将自上而下的要求与自下而上的需求相结合,明确产业目标与区域定位,梳理发展趋势与需求。立足以存量为主的空间资源特征,面向多主体并存的利益格局、镶嵌式的用地布局,从空间的潜力角度,将中关村软件城(大上地地区)划分为三类政策地区,进而明确其核心问题与矛盾,结合实施主体意愿和现行制度环境,明确改造重点,实行系统化提升。在对中关村软件城(大上地地区)创新体系的成长特征进行重点研究的基础上,拟订创新功能体系梳理、创新空间重构、创新环境优化等总体路径与策略和进行精细化的节点城市设计研究(图 7.1)。

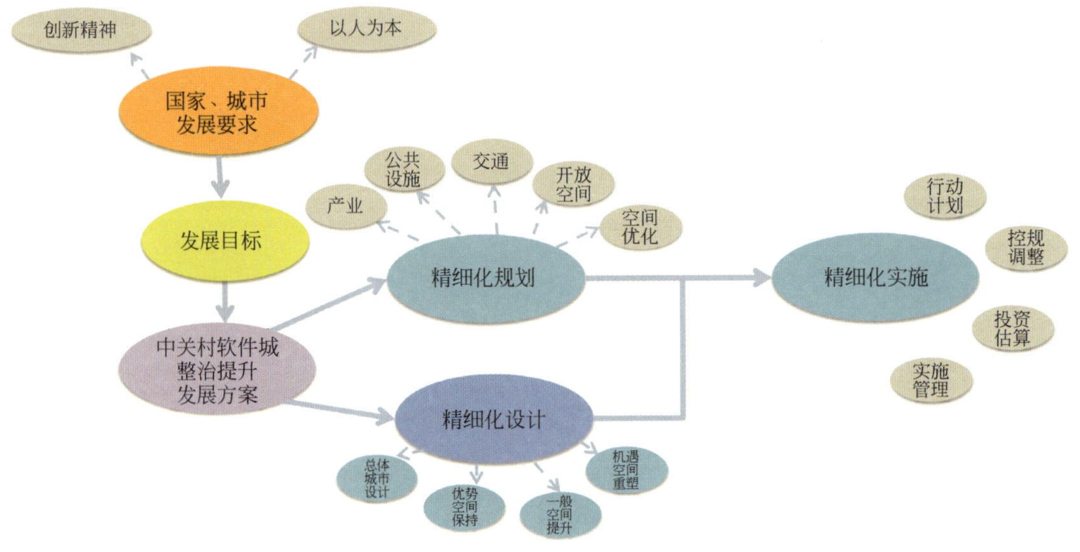

图 7.1 技术路线图(自绘)

7.1.3 项目特点

1. 重要性——建设国家创新中心，北京市战略机遇调整区

大上地地区创新产业特色极为鲜明，以软件与电子信息产业为主体。为推动中关村建设具有全球影响力的科技创新中心，支撑北京构建“高精尖”的经济结构，中关村自主创新示范区与北京市携手推进“一城三街”建设。其中“一城”即中关村软件城，亦即大上地地区，其定位为国家级软件与信息服务业创新基地。

从区域特征来看，大上地地区所在的中心城区边缘集团是承担中心城产业与人口集聚的重要区域，是当前以存量空间资源发展为主的背景下北京中心城区最重要的战略调整机遇区。

推动大上地地区转型发展，进而促进北京产业与空间战略调整的关键是，能否充分利用良好的区位优势和已有的产业基础，将产业的拉动力和资源要素的推动力整合起来，形成促进地区全面发展的有效驱动力。

2. 典型性——城市边缘建成区，面临提质增效双重任务

从1991年上地信息产业基地建立开始，大上地地区的城市建设进入加速发展阶段。目前大上地范围内80%为已建区域，包含多个产业园区、院校、部队、居住社区等。

由于地处城乡接合部，大上地在城市建设方面相对滞后，在城市功能方面与中心城区相比差距明显，尚有一定规模的城中村未完成改造，人口密度高、安全隐患大，城市建设品质亟待提升。同时，作为北京早期发展的北部郊区工业区，部分工业企业进入产业转型升级阶段，空间资源具有一定的开发潜力。

对于大上地地区而言，必须充分挖掘有限的存量空间资源，同时推进“提质”与“增效”的双重任务。

3. 复杂性——城市建成区优化提升，主体多元、任务多线、机制复杂

大上地地区功能多样、城乡混杂，产权关系复杂、牵涉的既有问题多样分散，较一般建成区的优化提升问题更加复杂。从建成质量上看，现状既存在20世纪五六十年代建成的老旧社区、停产转产的工厂仓库、城中村、棚户区，也存在建设品质优良的科技园区、企业总部、大型商业设施。从空间特征来看，既有开放的广场、郊野公园，也有相对封闭独立的产业园区、科研院所、部队大院等。

与此同时，人口密度大、基础设施欠缺、公共服务不足、环境品质低下等问题往往无法依靠单个产权地块的更新改造得到完全解决，市政、交通、园林、景观、公共安全等均需要通过系统性策略进行改造完善，牵涉的产权主体、管理部门广泛而复杂，也给规划编制和规划实施带来了极大的难度。

本次规划着眼于大上地地区建设“国家创新中心”重要组成部分、国际性专业化地区的目标，从该地区作为典型的城市建成区的特点出发，坚持协同式规划、织补式规划、渐进式规划的基本出发点，在全面梳理地区发展历史和建设现状的基础上，提出了“产城互促”的发展思路，以及基于存量空间资源优化提升实现地区综合竞争力提升的实施路径。

7.2 现状概况

7.2.1 发展历程——拼贴式格局的形成

大上地地区的发展可以追溯到秦汉时期曾在清河设立的军事要塞“清河古城”。清河古城作为蓟城至居庸关的胡汉贸易线上的商品集散地之一而繁荣一时。明清时期，大上地地区的发展仍然以集镇和由驻军发展起来的自然村落为主。清末至20世纪80年代，清河地区的近现代工业在几经起落后逐步发展壮大，成为北京重要的工业基地之一。20世纪50年代建立的中国农业大学和北京体育大学则带动了大上地地区和马连洼地区的城市建设，部分国有企业在此布局。20世纪90年代至今，清河地区的传统工业逐渐衰落，大上地地区因电子信息产业的蓬勃兴起逐渐发展起来，高科技园区相继建成；与此同时，北京的住宅郊区化进程加快，2000年以来，大上地地区建成了大量商品房、回迁房和职工宿舍，逐步形成了目前的拼贴式格局(图7.2)。

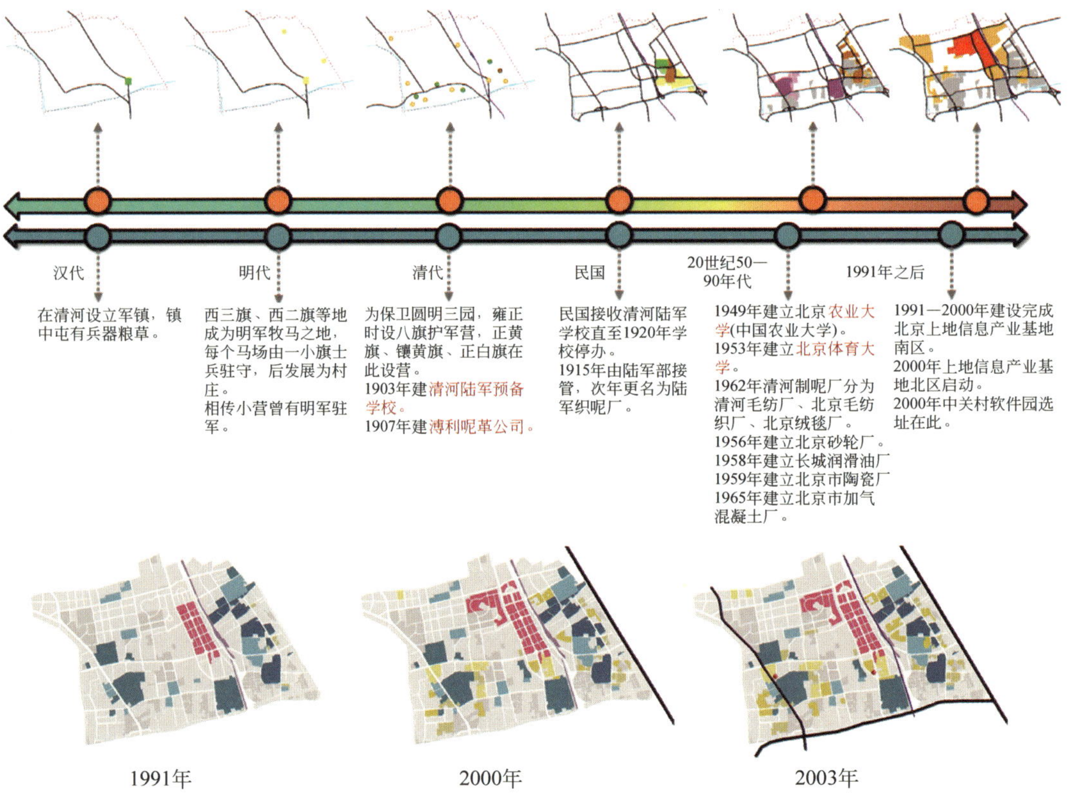

图7.2 20世纪90年代以后大上地地区发展情况(自绘)

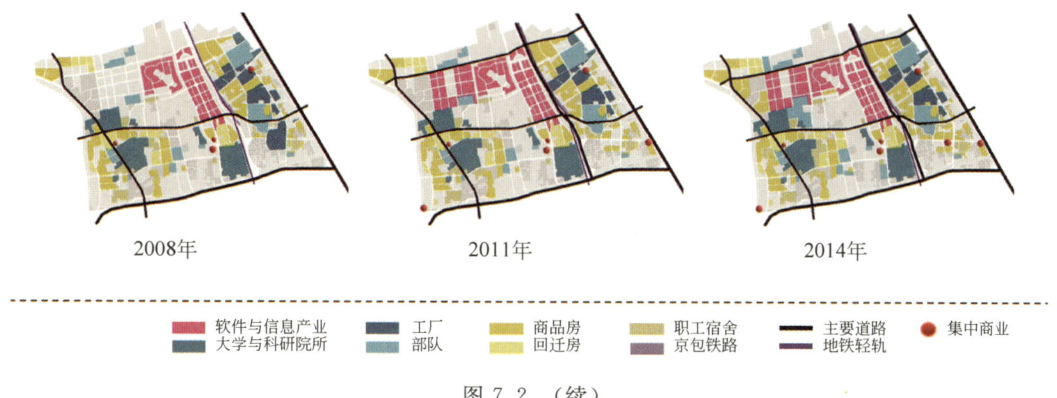

图 7.2 （续）

7.2.2 发展成就——世界领先的高科技园区

目前，大上地地区已经成为北京最具创新能力的地区之一，形成了以四大园区（中关村软件园、上地信息产业基地、北大科技园、北大生物城）为主的科技创新载体，集中布局了软件、电子信息、生物科技、航空航天等创新产业（图 7.3）。创业孵化服务体系初步成型，已有北京骏一在线孵化器、北京新奥特数字传媒孵化器、中关村科技园区海淀园创业服务中心（北京市留学人员海淀创业园）、中关村国际孵化园、中国农业大学国际科技创业园等孵化器。

图 7.3 高科技产业布局图（自绘）

7.2.3 创新基础——国家级的软件与信息产业创新基地

大上地地区的高科技产业以软件与信息服务业为特色，集中布局于中关村软件园、上地信息产业基地。其中，上地信息产业基地是全国第一个电子与信息产业高新技术园区，中关村软件园是全国软件与信息服务产业的最佳专业化园区之一。

中关村软件城(大上地地区)2011年实现产值1000亿~1200亿元(图7.4),其中软件与信息服务业的产值约占65%,已经具有明显的集群优势;光机电一体化约占20%;新材料与新能源约占5%;生物医药约占5%。另外,软件与信息服务外包产业优势突出,2011年,仅中关村软件园的软件产品出口及服务外包总额已经约占北京总量的60%(图7.5);产业发展绿色低碳,万元GDP能耗仅为北京市平均值的1.5%(图7.6);从业人员素质较高,本科及以上学历人员比重超过中关村示范区约45%;总部经济特点突出,有多家企业总部设于大上地地区。

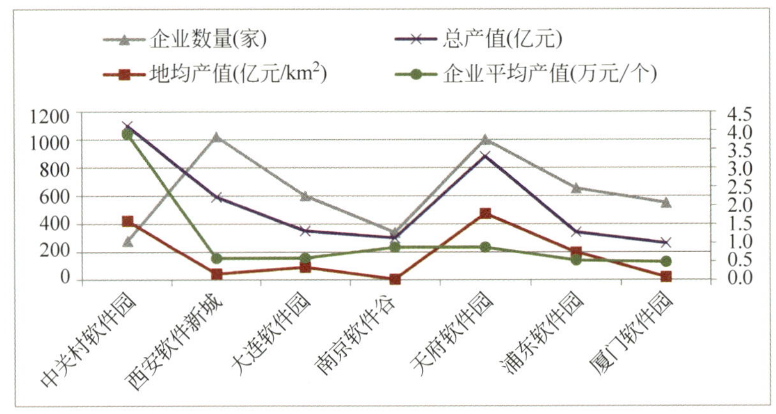

图7.4 中关村软件园与国内其他知名软件园产业情况对比(自绘)

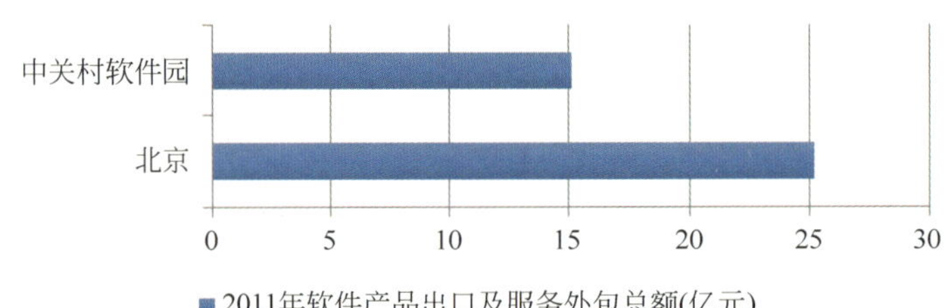

图7.5 中关村软件园软件产品出口及服务外包情况(自绘)

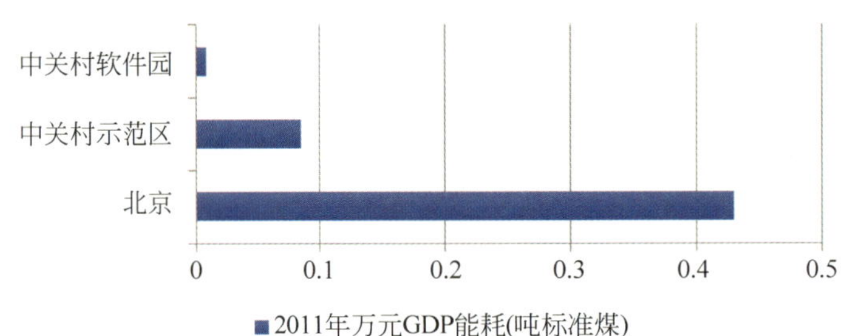

图7.6 中关村软件园万元GDP能耗对比分析(自绘)

其中,中关村软件园目前已有上市企业(含分支机构)23家、收入过亿企业31家、"瞪羚"企业35家、"十百千工程"企业26家,2010年从业的软件工程师达2.4万人,代表性企业包括Oracle、联想、百度、腾讯、曙光、启明星辰、汉王等国内外软件行业领军企业,以及多家独角兽公司。上地信息产业基地拥有3个"十百千工程"企业,包括联想集团有限公司、北大方正集团有限公司、神州数码控股有限公司，占千亿元级重点培育企业的3/4。

7.3 功能定位

7.3.1 背景与条件

1. 宏观背景——北京建设“中国特色世界城市”

“十一五”以来，“人文、科技、绿色”理念上升为北京市的城市发展战略，确立了建设中国特色世界城市的宏伟目标。面向开放竞争格局深刻调整、经济发展方式深度转变的新阶段，北京在更高层次上参与全球分工，更加注重高端引领、创新驱动、绿色发展，走技术含量高、经济效益好、资源消耗低、环境污染少、人力资源优势得到充分发挥的科学发展道路，致力于全面构建具有特色的开放式城市创新体系，这也是大上地地区优化发展环境、提升创新能力的根本动力。

1）服务“世界城市”职能体系提升

从京津冀大都市区的范围审视北京“世界城市”职能体系，还需进一步强化的全球决策控制职能包括高级生产性服务业、金融服务、政府公共管理、非政府组织等职能；科技创新职能包括基础公共金融服务、知识密集型服务、高技术产业、生产服务中心等职能，其中科技创新职能将由大上地地区分担其重要部分。

2）顺应“世界城市”空间布局演变

北京从圈层蔓延到多中心聚集、区域有机疏散，开始形成网络化发展态势。中心城区的高端服务职能、文化职能将进一步聚集，但同时产业职能将不断向外围地区转移，在距离北京中心20～30km范围内构筑承担不同专业化职能的多个国际化专门功能地域，在西北方向形成多个科技创新专业化地区。

2. 发展要求——北京城市功能空间调整，以创新产业驱动城市繁荣

1）打造国家创新中心区

为了在更高层次上参与全球竞争与分工，实现首都服务功能拓展提升和潜力释放，北京需进一步强化正在形成的国家创新中心的功能。吴良镛、吴维佳等在《“北京2049”空间发展战略研究》中提出，北京空间布局应调整为“多中心活力空间、新增长空间、自然与人文交互空间”，打造“创新中心区”，即国家战略层面的科技、文化创新研发中心。主要以中关村为核心，首都国际机场、石景山和海淀后山地区为副中心，集中布局在北部地区一线（图7.7）。主要聚集高新技术产业研发、新技术应用、产品设计、媒体创意、虚拟技术开发等功能。

2）落实“国家创新中心”，大上地成为中关村创新中心区（CID）的重要组成部分

海淀区政府为落实“国家创新中心”的战略，2013年7月提出在北部地区打造中关村创新中心区（CID），使之成为具有全球影响力的科技创新基地，并正式将大上地地区纳入其中。作为中关村创新中心区（CID）和“北部研发服务和高新技术产业发展带”的重要组成部分，大上地地区区位价值进一步提升。

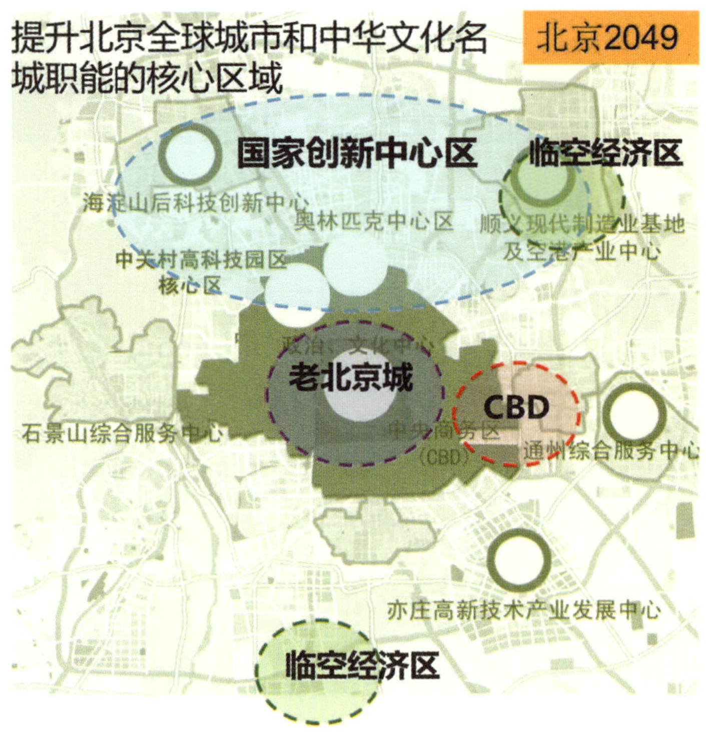

图 7.7 “北京 2049”中的全球城市职能区域布局①

资料来源：作者根据“北京 2049”相关资料自绘。

3. 大上地特征——软件与信息服务业专业化特色最突出的区域

《北京市海淀区国民经济和社会发展第十二个五年规划纲要》《海淀北部地区研发服务和高新技术产业聚集区产业发展规划》等各层面的上位规划、相关规划对大上地地区的定位都明确界定为软件与信息产业功能区。通过与周边产业园区的规划产业对比分析(图 7.8)，也可发现中关村软件城(大上地地区)的软件与信息服务业具有现实优势与规划政策上的独特性。

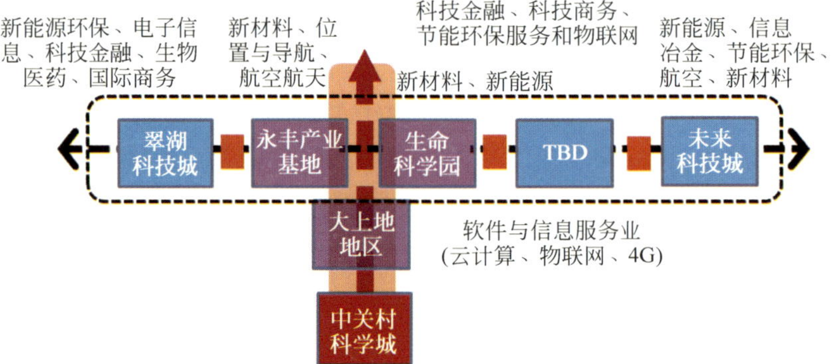

图 7.8 海淀北部地区主要产业功能区主导产业分析(自绘)

① 吴良镛，吴维佳，等.“北京 2049”空间发展战略研究[M]. 北京：清华大学出版社，2012.

4. 发展短板——创新支撑不足限制创新要素集聚

中关村软件城(大上地地区)创新环境、创新服务等支撑不足,造成大上地高科技企业、创新产出、科技人才等创新要素集聚不足,限制了大上地地区的整体创新能力提升,人才集聚和软件企业数量、收入与中关村科学城存在较大差距。

相关研究显示,中关村软件城(大上地地区)的宜居程度在全北京市属于落后地区,与其产业上的重要地位无法匹配。宜居环境的欠缺,一定程度上影响了高端人才在此区域聚集。此外,与中关村科学城(中知学地区)相比,中关村软件城(大上地地区)的商务、金融、创业服务、人才服务等设施均显著不足(表7.1)。

表7.1 中关村软件城与中知学地区现状生产性服务设施比较

生产性服务设施	中知学地区($3.3km^2$)/家	中关村软件城(大上地地区)($3.0km^2$)/家
银行	106	19
投资公司	170	49
咨询公司	342	74
贸易公司	499	93
广告创意公司	102	35
培训机构	245	13
酒店	41	22
保险公司	9	1

5. 发展机会——面向创新,全面提升地区品质,推动区域竞合互补

根据北京市对大上地地区的发展要求,参考众多国际知名科技园区的发展模式(图7.9),可以判断:通过打造优质的生活环境、突出的创新能力、活跃的国际交流、便利的支撑条件,弥补大上地发展短板,从而壮大整体创新区域的全面竞争优势,助推中关村示范区的整体竞合互补型增长是未来大上地地区的发展重点。

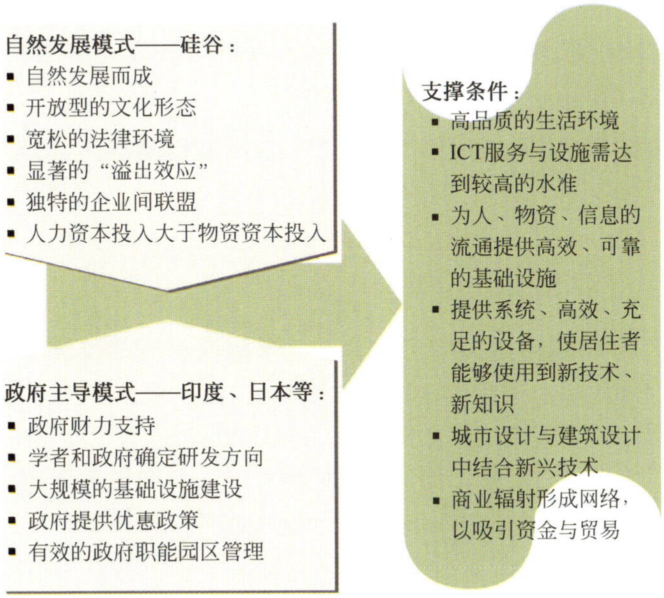

自然发展模式——硅谷:
- 自然发展而成
- 开放型的文化形态
- 宽松的法律环境
- 显著的"溢出效应"
- 独特的企业间联盟
- 人力资本投入大于物资资本投入

政府主导模式——印度、日本等:
- 政府财力支持
- 学者和政府确定研发方向
- 大规模的基础设施建设
- 政府提供优惠政策
- 有效的政府职能园区管理

支撑条件:
- 高品质的生活环境
- ICT服务与设施需达到较高的水准
- 为人、物资、信息的流通提供高效、可靠的基础设施
- 提供系统、高效、充足的设备,使居住者能够使用到新技术、新知识
- 城市设计与建筑设计中结合新兴技术
- 商业辐射形成网络,以吸引资金与贸易

图7.9 科技城发展模式与经验(自绘)

一方面，要着力提升创新服务，从“土地提供者”走向“综合服务供应者”，提升企业创新力。积极发展专业化的生产服务，为软件总部经济、孵化机能、企业成长提供服务支撑。

另一方面，要着力优化创新环境，从“生产优先”走向“宜居宜业”，提升人才吸引力。实施园区与城区“设施同布、交通同网”，融合园外周边区域，提升生活、休闲功能，形成能吸引高端人才的高品质生活环境。从“自身配套”走向“内外交融”，完善优化园区自身的生产生活配套设施。

7.3.2 功能定位

打造以软件与信息服务业为主导的专业性国际化地区，世界城市北京的产城融合示范区，科技创新、人文和谐的宜居宜业之区。

(1) 以软件与信息服务业为主导的专业性国际化地区。专业性国际化地区是指在某个专业领域具有国际影响力，在国家对外交往的体系中，依托自身独特的魅力成为专业领域的国际交往前沿地区。大上地地区应继续强化其专业性优势，充分发挥软件与信息服务业作为北京“双轮驱动”传动轴的重要作用，以全球软件与信息服务业新趋势为导向，积极创新软件领域总部基地辐射带动模式，引领中关村十六园乃至全国软件产业链条的创新驱动。

(2) 世界城市北京的产城融合示范区。大上地地区将从“科技园”向“科技城”转型(图7.10)，从生产优先、单一功能走向产城融合、复合功能，空间布局模式从“集中”转变为“集中＋散点”式的网络化布局、“物理＋虚拟”园区的建设模式。

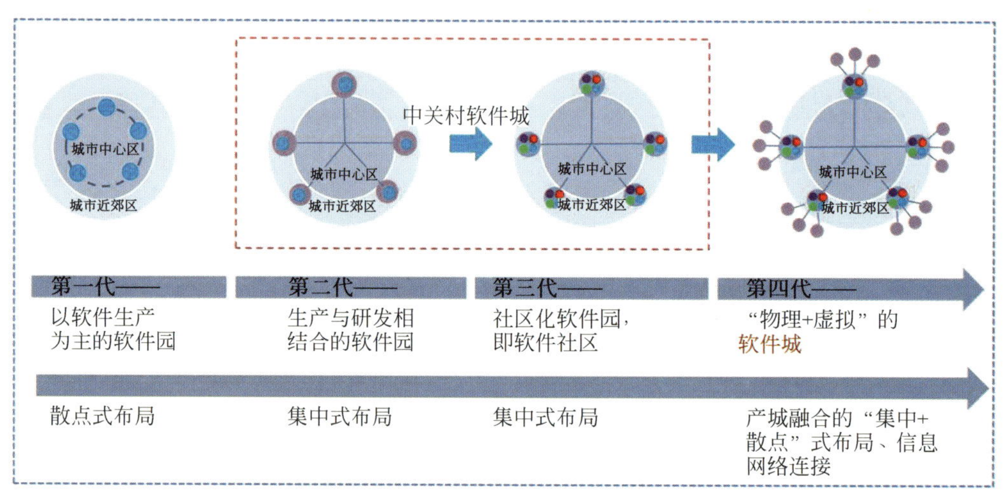

图7.10 软件园建设模式演变(自绘)

(3) 科技创新、人文和谐的宜居宜业之区。①生态低碳，紧凑发展。严格保护绿隔和通风廊道，构建区域生态网络；提高土地利用强度与效益，形成紧凑型空间布局，推动立体空间开发。②多元开放，活力休闲。提供多元化的公共服务，兼顾不同人群的需求差异；创造人性化的空间尺度，构建可达性良好的开放空间体系。③包容创新，柔性平台。构建服务于种子期、初创期、成长期、成熟期企业的全周期创新支撑平台。④复合有机，弹性更新。强调功能混合使用、职住就近平衡、空间与业态融合；划分新型产城融合单元，针对不同项目协调与设施配置，推行逐片渐进式的整体改造更新。

7.4 创新功能体系

7.4.1 创新企业需求特征：企业成长通道、优质创新服务

从企业的需求特征来看，一方面需要适合各类发展时期的企业成长通道，另一方面则需要完善、优质、高效的生产服务设施。

1. 企业成长通道

对不同成长时期的企业来说，由于其发展阶段对空间和配套服务的要求不同，其所需要成长通道也有所差异。

作为国家级的软件与信息服务业创新基地，中关村软件城未来将重点吸引两类企业：一类是具有国际影响力的大型企业总部，目的在于提升地区创新能级；另一类是战略性新兴产业的小微企业，目的在于提升地区创新影响力。

针对大型企业、小微企业需求差异(图 7.11)，从所需的空间特征入手，采用差异化的方式实现创新空间的资源挖掘(图 7.12)。

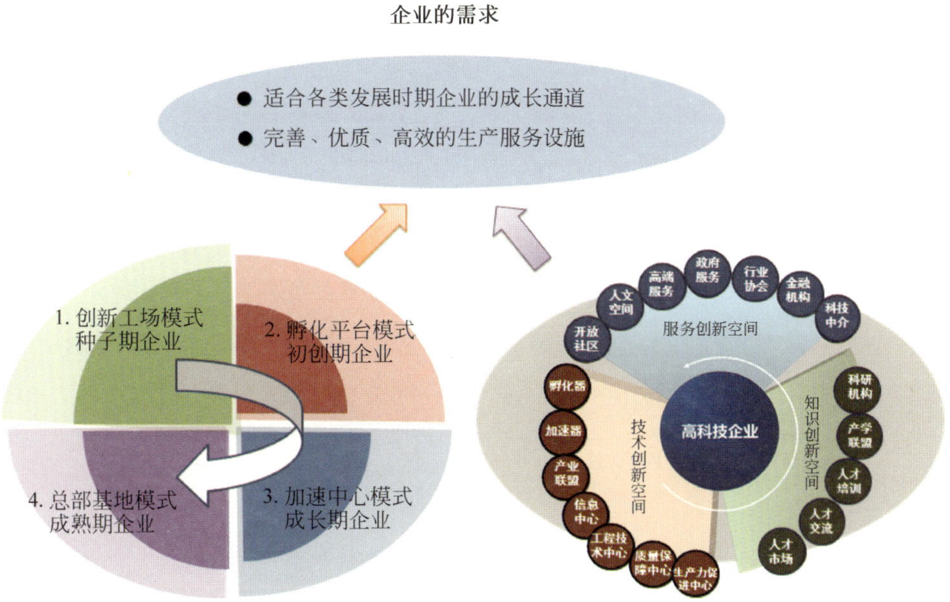

图 7.11 企业需求特征分析(自绘)

大型企业：对企业形象、区域服务水平极为敏感，对优质办公、经营环境需求较强。大型企业空间需求规模较大、服务需求多样，目前大上地此类空间资源极为有限。

小微企业：对租金价格、扶持政策极为敏感，所需空间规模较小、形式灵活多样。可挖掘各类存量空间资源进行改造利用，同时充分利用现有产业空间。

2. 企业成长所需的生产服务设施

企业所需的生产性公共服务设施一般包括科研支撑设施、科技创新设施、管理服务设

	创新苗圃模式	孵化平台模式	加速中心模式	总部基地模式
企业类型	种子期企业	初创期企业	成长期企业	成熟期企业
空间需求	低成本的办公场所	成本较低的企业孵化器	品质较好的企业加速器	品质优良的社区式空间
配套需求	依赖城市的配套服务设施	一定的产业配套，依赖城市生活配套	完善的产业配套，一定的生活配套	完善的产业配套，完善的生活配套
占地规模	较小	小	一般	较大
布局形态	集聚	集聚	大集聚小分散	集聚分散相结合
建设形态	楼宇型	团块型	街区型	社区型

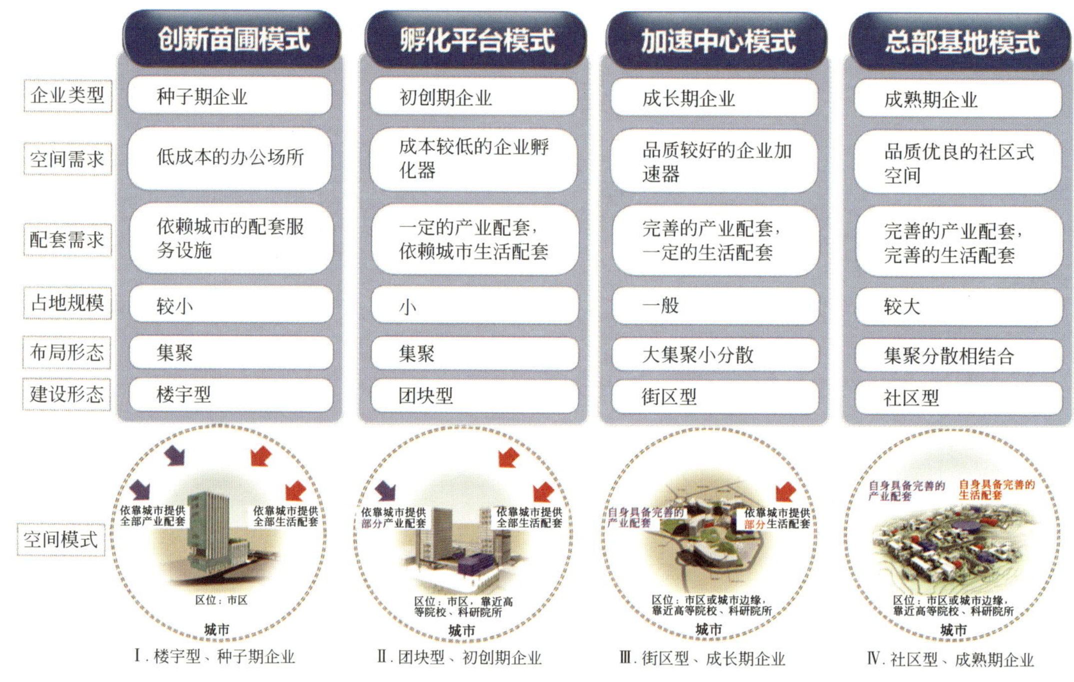

图 7.12　企业成长通道分析(自绘)

施、商务服务设施等(图 7.13)。生产性公共服务设施主要针对中关村软件城产业发展，为各类企业的创新成长提供科技创新、科研支撑、商务和管理等方面的全周期服务。其中，科技创新设施包括以小微企业服务为主的创业孵化中心和为大中企业服务的知识创新机构；科研支撑服务包括以信息服务为主的技术支撑中心和以检测认证为主的质量保障中心；商务金融设施包括以商务会展、法律服务、会计审计、策划包装为主的商务设施，以及科技中介、科技金融设施；管理服务包括政府服务、行业协会、物业管理等服务功能。

类别	设施构成	设施内容
产业配套设施	科研支撑	技术支撑中心（研发中心、信息中心、工程技术中心、重点实验室、数据通信中心、网络维护中心、体验中心） 质量保障中心（质量评测中心、评估认证中心、工程咨询中心、电子出版中心）
	科技创新	创业服务中心（产业联盟、产业研究院） 人才服务中心（培训中心、交流中心、人才市场）
	商务服务	高端商务设施（商务中心、酒店、会议中心、展览中心） 科技中介设施（律师事务所、会计事务所、咨询公司、分包公司、公共信息平台） 科技金融设施（风险投资公司、金融服务中心、银行、保险公司）
	管理服务	政府机构（管委会、知识产权法庭、行政服务中心） 行业协会（软件行业协会、中小企业创业服务协会） 物业公司（物业管理公司）

图 7.13　企业所需的生产服务设施体系

7.4.2　创新体系现状问题

创新体系现状问题如下。

(1) 园区的高新技术产业对地区产业升级带动作用不足。

虽然大上地地区的高新技术产业发展势头良好,但是高新技术产业与原有地方工业、乡镇产业关联性不强,未能起到带动该地区整体产业升级的作用。大量老旧工业转型升级迫切,甚至已关停闲置;村镇自有产业以建材批发、蔬菜批发、小商铺等业态为主,发展层次较低。近年来,海淀区不断转变农村经济发展方式,促进乡镇产业结构调整升级,盘活集体土地资源,将腾退空间用于支持高新技术产业发展。推广东升镇建设中关村东升科技园的成功经验,大上地地区各乡镇正积极探索利用集体土地为高新技术产业、战略性新兴产业提供发展空间的发展路径。

(2) 高科技产业集群发展阶段差异明显。

软件与信息服务业已形成集群优势,其他高科技产业集群尚处于初级阶段。如生物科技、航空航天、新材料等高科技产业集群规模较小。与中关村科学城(中知学地区)相比,高科技企业数量及产出占比相对较少。

(3) 创新成长通道不畅。

现有创新产业空间供需结构失衡。创新产业空间以总部大厦等为主,创业(混合)住区、高端写字楼等其他创新产业空间供应潜力较低,现有孵化器和加速器数量较少,初创期企业和成长期的空间需求得不到满足。初创期和成长期是企业创新力突出、灵活性最强的时期,也是科技城整体创新能力发展的关键环节,创新成长通道不畅影响了创新主体的全链条培育。

(4) 创新服务严重匮乏。

① 生产性服务设施总量较少,品质偏低。科技中介、科技金融、高端商务等生产性服务设施较为缺乏,不能为企业的创新发展提供可靠的支撑与充足的保障。未来随着产业空间的进一步拓展,生产性服务设施供给的数量与质量,与企业不断增长的创新发展需求之间的差距将增大。

② 新型创新服务模式严重不足。缺乏创投风投、共享办公等新型创新服务设施,生产性服务模式较为传统、单一,无法适应创新活动日益社会化、休闲化的发展趋势。

③ 创新服务主要集中在园区内部。由于园区空间资源有限,未能进入园区的企业,很难获得该类服务。大量的中小企业对外部创新服务依赖性更强,反而难以进入园区就近获得创新服务。

7.4.3 策略一:促进产业创新体系立体发展、整合提升

1. 创新驱动,打造具有国际影响力的优势产业链

(1) 全面提升产业发展体系(图7.14)。以创新为驱动,提升高科技产业的自主创新能力;腾笼换鸟,对传统产业进行整理、调整与疏解,为软件与信息服务业的发展置换出新的发展空间;改造提升村镇集体产业,升级为现代服务业;以实现中关村软件城(大上地地区)产业的整体转型升级与专业化集聚,打造具有全球影响力的软件与信息服务产业集群;设立产业准入规则,引导产业链向价值链高端、“微笑曲线”两端发展。

(2) 系统优化创新发展体系(图7.15)。提升完善龙头引领、中层支撑、基层稳固的金字塔型创新发展体系,即以创新、总部、研发为龙头,以孵化服务、科技中介、金融资本、产业平台等完善的产业配套,商业服务、文体休闲、公共服务、社区服务等完备的生活配套为支撑,实现产业发展的创新驱动与链式集聚。

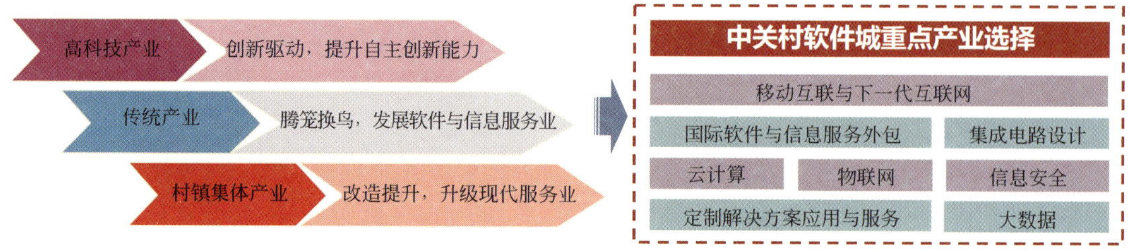

图 7.14　大上地地区重点产业选择与产业发展策略(自绘)

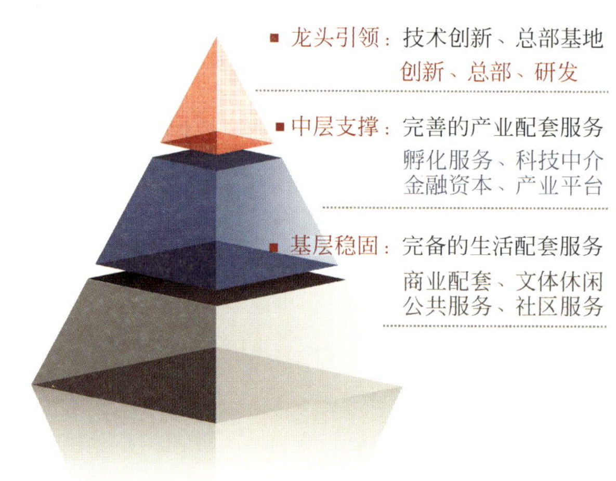

图 7.15　中关村软件城(大上地地区)创新发展体系示意图(自绘)

(3) 突出强化软件与信息服务业的龙头引领地位。以全球软件和信息服务业的新趋势为导向，把握战略性新兴产业的发展机遇，全面提升国际软件与信息服务外包、集成电路设计、定制解决方案应用与服务、大数据等产业的自主创新能力，积极发展移动互联与下一代互联网、云计算、物联网、信息安全等新兴产业，打造全球软件和信息服务业的创新中心。

2. 整合优化，建设汇聚国际创新资源的创新空间

1) 城市创新空间：整体统筹，优化集聚

提升中关村软件园和上地信息产业基地组成的创新集聚核心。挖掘有限土地存量，引导低端产业腾退，拓展软件与信息服务产业空间，完善其他高新技术产业空间，推动创新的空间集聚。加强园区等产业发展空间的管理运营和发展引导，设置一定的产业准入门槛，强化创新要素的集聚。其中，中关村软件园应推进现有产业的进一步高端化发展。外围散点园区应强化特色，形成“一园一品”的专精特新园区(图 7.16)。

2) 企业创新空间：弹性更新，培育散点

构筑企业成长全链条支撑体系。园区外挖掘散点产业空间，重点挖掘创业混合住区、孵化器、总部大厦等散点型空间，补充企业创新空间在链条上的缺失(图 7.17)。园区内实现链条集聚，统筹配比孵化器、加速器、总部大厦及写字楼等，满足不同成长阶段企业的空间需求，打造全链条发展的特色园区。

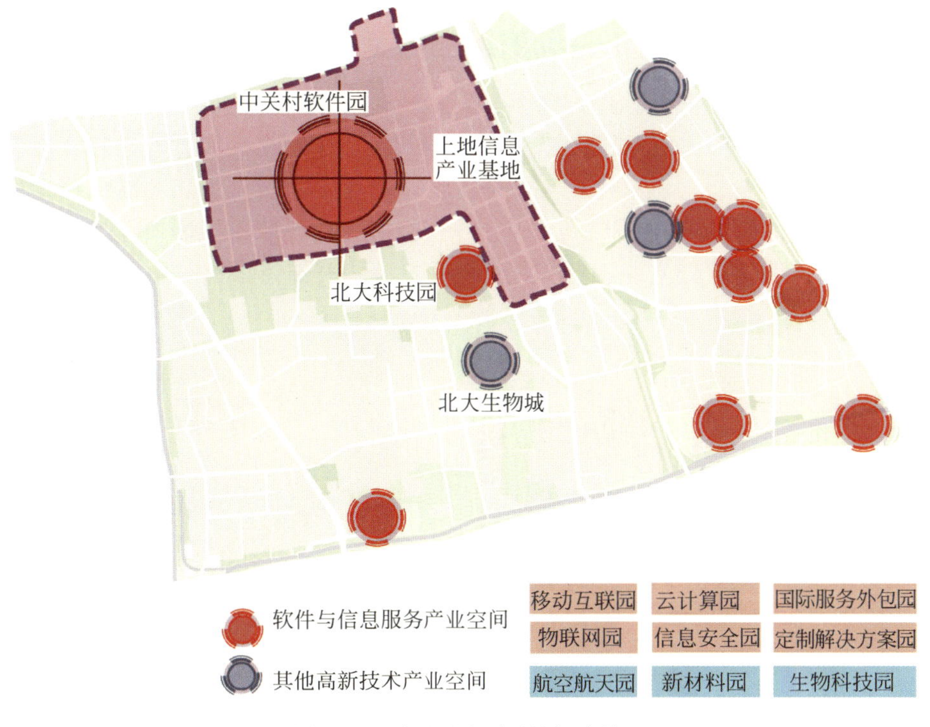

图 7.16　产业空间布局图(自绘)

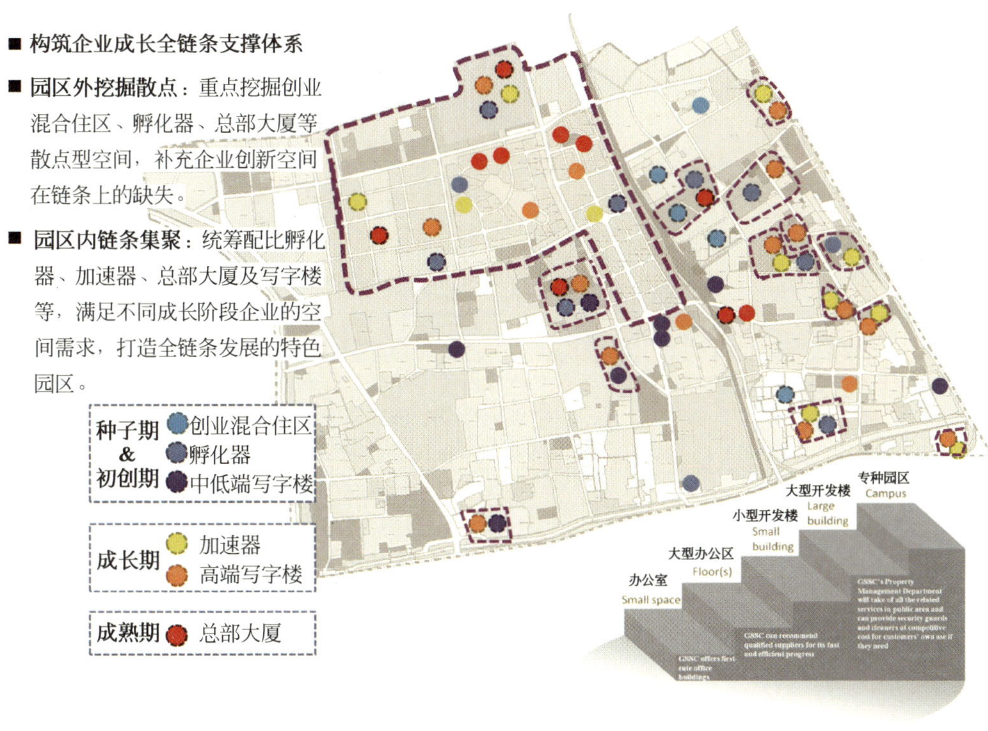

■ **构筑企业成长全链条支撑体系**

■ **园区外挖掘散点**：重点挖掘创业混合住区、孵化器、总部大厦等散点型空间，补充企业创新空间在链条上的缺失。

■ **园区内链条集聚**：统筹配比孵化器、加速器、总部大厦及写字楼等，满足不同成长阶段企业的空间需求，打造全链条发展的特色园区。

图 7.17　产业链条支撑体系(自绘)

7.4.4 策略二：补足优化创新服务体系，集聚国际高端服务要素

中关村软件园生产服务中心作为整个大上地地区范围内等级最高的生产服务中心，在软件园三期建设面向国际、最高等级的生产性服务设施，支撑软件城参与国际软件业竞争与标准制定。北大科技园、北大生物城、清华朱房生产服务中心重点为相关高校提供高校科技转化服务。机遇用地区域内，小米三元节点生产服务中心、长城润滑油节点生产服务中心重点面向其他企业建设对外交流、质量保障、技术支撑等生产服务设施（图 7.18、表 7.2）。

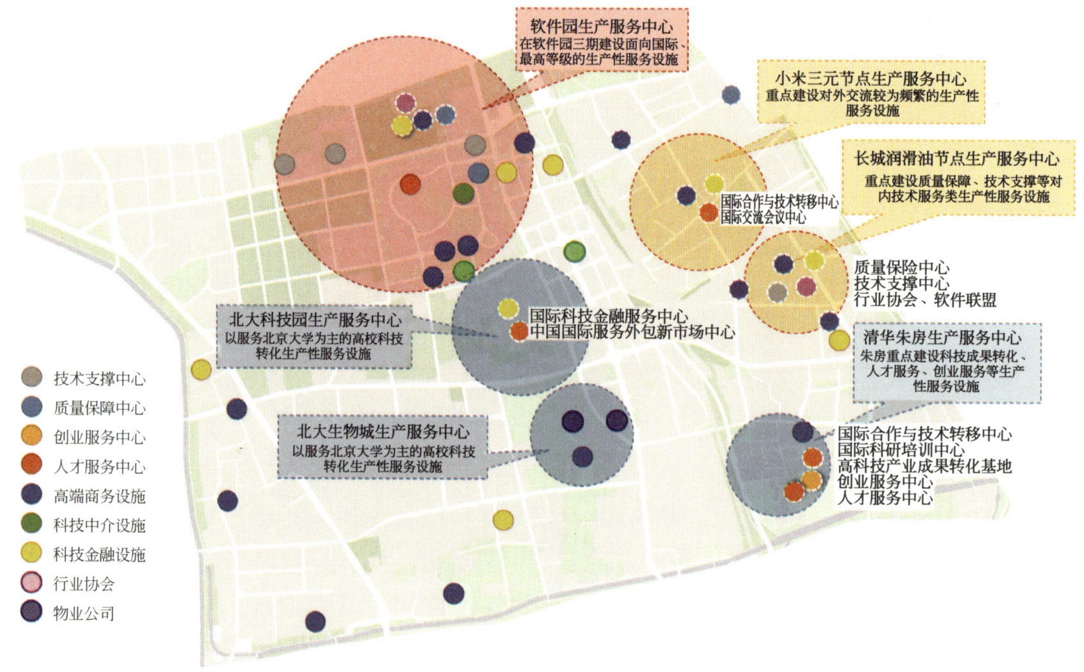

图 7.18　大上地地区生产服务中心布局规划图（自绘）

表 7.2　六大生产服务中心功能业态策划

生产服务中心	功能引导	具体业态
软件园生产服务中心	依托中关村软件园打造面向国际、服务区域的综合型创新服务中心	研发服务：软件行业技术中心、国际合作实验室等 创业孵化：创业俱乐部、孵化器等 科研支撑：质量评测中心等 科技中介：技术交易中心、电子出版中心等 科技金融：风险投资公司等 商务会展：会展中心、展览馆、商务会馆等 管理服务：知识产权法庭、企业服务中心等 其他高端商务设施、信息服务设施等
北大科技园生产服务中心	依托园区及相关高校，建设以产学研科技成果转化平台为特色的专业型服务中心	研发服务：院士工作室等 创业孵化：创业者论坛、孵化器、加速器等 科研支撑：评估认证中心等 管理服务：中心企业创业服务协会等 其他商务服务设施等

续表

生产服务中心	功能引导	具体业态
北大生物城生产服务中心	依托园区及相关高校，建设以生物科技服务及其产学研科技成果转化平台为特色的专业型服务中心	研发服务：生物工程技术中心、院士工作室等 创业孵化：孵化器等 科研支撑：检测中心等 其他商务服务、管理服务设施等
清华朱房生产服务中心	重点建设为软件与信息服务产业提供知识创新和信息服务支撑平台为特色的专业型服务中心	培训服务：技能认证中心、企业管理培训中心等 人才服务：高科技人才服务中心等 信息服务：数据通信中心等 知识联盟：产业研究院等 其他创业孵化、商务服务、管理服务设施等
小米三元节点生产服务中心	重点建设支撑软件和信息服务产业创新发展的科技服务和商务服务平台，打造特色专业化服务中心	科技创新：开放实验室、行业技术中心等 科研支撑：体验中心、质量评测中心等 商务会展：商务中心等 科技中介：分包公司等 其他商务服务、管理服务设施
长城润滑油节点生产服务中心	重点建设以软件与信息服务产业的创业孵化和创新共享平台为特色的专业化服务中心	创业机构：创业咖啡屋、创新工场等 孵化机构：孵化器等 研发服务：研发中心、开放实验室等 知识联盟：产业联盟等 科技中介：公共信息平台等 其他商务服务、管理服务设施

7.5 创新空间重构

7.5.1 布局现状

布局现状为：空间资源存量为主，产城分离较为明显，创新空间缺乏整合。具体表现在以下几个方面。

（1）空间资源稀缺，土地利用不够集约。

现有土地利用方式未充分体现土地价值，集体建设用地、老工业用地、仓储物流用地等土地效益较低的用地合计约 6.3km^2，约占总面积的 20%；其中集体用地合计 4.6km^2，以平房区、低端商贸、集体工厂为主，地均产出较低。产业空间供给严重不足，中关村软件园和上地信息产业基地已经开发较为成熟，园内空间供不应求。

（2）创新资源要素缺乏引导和整合。

经过二十多年的发展，大上地地区在行业软件、软件外包等方面具备相当的产业集聚规模，在移动互联、大数据、云计算等战略性新兴产业形成战略布局，具备了从“产业基地”向

“创新基地”转变的基础条件。作为国家级的软件与信息产业创新基地，中关村软件城的核心任务是提高该区域的创新引领能力。

但是，大上地地区创新要素分布仍以园区集聚为主，随着园区空间资源的日益饱和，创新空间供不应求的状态日益激化。目前，两大创新园区空间已基本饱和，外围新增创新空间以散点为主，缺乏系统谋划与统筹规划。同时，已建成园区以企业总部为主，未来应增加面向国际化、供地区共享的创新服务设施。而从园区的组织管理模式来看，管理、服务局限于物理空间，园区内外联系限于自发状态，资源要素缺乏引导整合，不利于综合提升整个地区的创新效率，降低创新成本。

(3) 产城分离，园区功能与城市功能未能形成有效互补。

产业用地与居住用地比例较合理，但产城分离，功能分区过于明确，导致产业发展缺乏服务支撑，城市发展与产业发展脱节。现有的中关村软件园、上地信息产业基地产业发展高端，但“重生产、轻生活；重产业、轻城市”，忽视产业与城市发展的互动关系，生活性配套设施和生产性服务设施建设严重滞后。清河、上地、马连洼三个街道的用地构成存在一定差异，形成中部高新技术产业主导、两翼居住配套服务的大格局，服务功能严重不足。

7.5.2 布局原则

1. 织补式规划

基于规划区内已建用地比例较高、布局片段化的特征，结合实际因地制宜针对重点地区、重点问题及社会关系进行织补缝合，梳理完善城市各子系统，在片段更新中织补城市，以局部突破实现整体协调发展。

2. 渐进式更新

采取渐进式的规划方式和更新方式，尊重原有利益主体意愿，融入城市新陈代谢发展的自然过程。建立层次清晰的规划研究体系，宏观层面着重思路、中观层面侧重策略、微观层面倚重设计，并以后续的多个专项研究作为辅助支撑，制订翔实可行的行动计划，有计划、有步骤地逐步推进规划工作和建设工作。

3. 协同式规划

建立中关村软件城(大上地地区)协同规划平台，使之成为街道、乡镇、村委会的常设性共同议事机构，并在中关村软件城核心区内设立固定的议事地点；大力推进公众参与，自上而下与自下而上紧密结合；充分尊重各利益主体意愿与诉求，协调各方利益实现共赢。

7.5.3 战略空间识别

基于存量土地为主的现状特征，综合公共资源分布、环境资源、集体用地改造、土地权属、建设年代、开发强度、建筑质量、原控规土地使用等多方面因子进行综合评价，在规划范围内全覆盖划分优势空间、一般空间与机遇空间(图 7.19)，并提出分类指引。

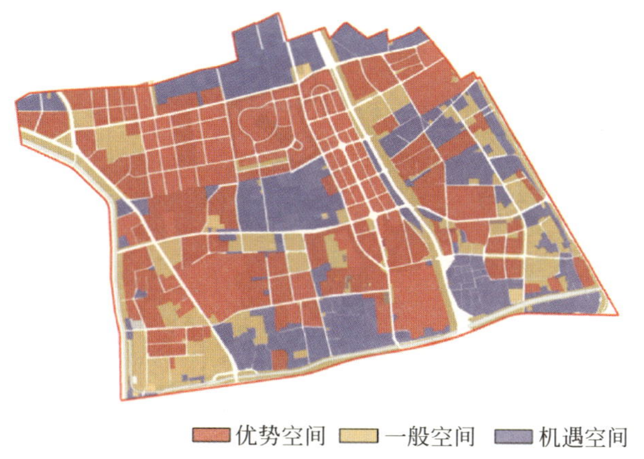

图 7.19　中关村软件城(大上地地区)战略空间划分图(自绘)

1. 优势空间(图 7.20)

已形成产业园区占大上地地区总用地面积的 10.1%,以进一步提升现有产业园区建设水平,补充完善产业配套设施为主。学校、部队占总用地面积的 10.3%,重点应积极推进设施共享。高品质居住区及生活服务设施占总用地面积的 18.0%,重点应提升水平,打造国际化社区。高品质开放空间占总用地面积的 4.9%,重点应完善体系形成系统。

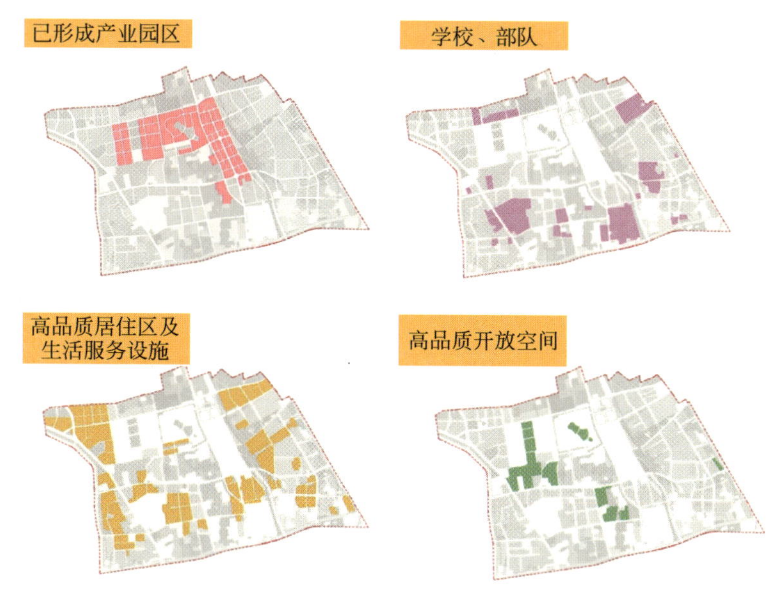

图 7.20　优势空间分布示意图(自绘)

2. 一般空间(图 7.21)

老旧社区占总用地面积的 10.1%,重点应完善市政、生活服务设施、解决停车难问题。一般绿地占总用地面积的 4.6%,改造重点是拆除违章、精细化设计、完善景观及照明设施。

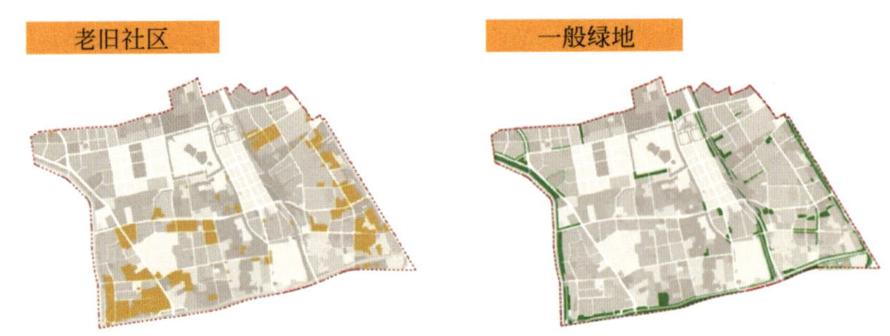

图 7.21　一般空间分布示意图(自绘)

3. 机遇空间(图 7.22)

工厂仓库占总用地面积的 5.9%,村庄占总用地面积的 5.2%,低端三产占总用地面积的 3.3%,农林地、弃置地占总用地面积的 9.5%。机遇用地改造策略为加快更新、挖掘潜力,结合绿地建设、棚户区改造实现用地更新,在满足安置人口、实现控规绿地的前提下,优先转化为创新产业空间,减少本地居民外出通勤比例,并吸引部分中心城居民来此就业,在一定程度上改善城市职住分布关系。促进产城融合,完善生活性和生产性服务。

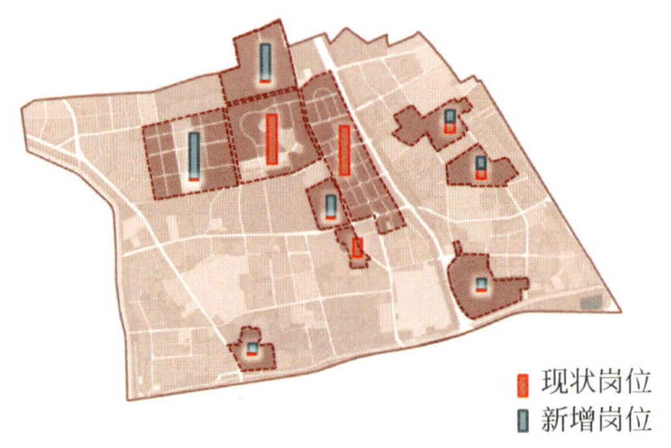

图 7.22　利用机遇空间改善职住关系(自绘)

7.5.4　空间结构

面向软件与信息服务业特征,形成产城融合、单元联动的空间结构。

1. 与软件与信息服务业发展相适应的空间组织重构

软件信息产业具备生产与管理相分离的条件,同时,信息技术也促使城市空间结构出现网络化重构趋势,软件信息业研发功能与居住、休闲等功能在空间上融合成为趋势。

基于大上地地区以存量为主的空间资源特征,未来新的城市功能将以存量空间资源作为主要空间载体。存量空间资源与周边已建成的居住区、商业设施交错分布,空间布局相对分散、零散、规模有限,不适合传统以大型企业为主、集中化布局的园区建设模式,而恰恰与以中小企业为主,研发-居住-休闲多功能一体,网络化、分散化布局的要求相适应。

未来需要顺应园区空间的社区化和管理服务的网络化、虚拟化特征,突破现有园区的物理空间范围，通过软件园三期建设提供面向国际化、供多个园区共享的产业服务设施，通过成熟园区品牌输出管理实现地区整体创新要素的协调配置，形成“核心引领、多点辐射”的产业布局模式。

2. 形成产城融合、单元联动的空间结构

结合软件信息产业特征与从业人群的生活模式特点，在机遇用地内植入生活服务设施及游憩空间，与现有居住社区形成融合“就业-居住-游憩”多功能的“新型产城融合单元”，形成“一核领衔，圈层辐射，八片联动，产城融合”的空间结构，通过空间组织的重构，实现园区向城区的转变。

7.6 创新环境系统优化

7.6.1 提供多元高端公共服务

面向软件与信息产业人才需求，提供多元高端公共服务。

大上地地区完善城市功能的目标是建立面向企业创新成长的配套服务设施，促进软件城的服务品质升级；完善面向创新人员多元需求的服务多元供给，促进软件城的宜居度升级；保障面向全体市民的生活便利和社会福利，促进软件城的公共职能升级。

生产性服务主要面向企业的需求，而生活性服务设施则需要充分考虑企业与居民在大上地范围内的不同需求，进行差异化、分类研究，保证精确引导。

1. 人口构成的特点及需求特征

1）就业人口构成的特点

北京市经信委发布的《2014 年北京市软件与信息业行业发展报告》显示，北京市软件与信息服务业从业人员中硕士及以上学历者占总人数的 13%，本科学历占总人数的 57%，高学历居民占到总人数的 70%。从法定代表人户籍来看，归国留学人员占总人口的 8%，外籍人员占总人口的 9%。大上地地区作为软件与信息服务业极为集中的区域，就业人群呈现年轻化、高学历趋势，高管本土化比例增高、国际化背景趋势增加的特征。这一区域的社会结构正在由传统的产业工人多于信息与知识从业人员，向信息与知识从业人员占优转换。

2）居住人口构成的特点

从年龄层次来看，2013 年大上地地区 29 岁以下居民占总人口的 56%，30～39 岁居民占总人口的 35%，青壮年人口占大多数。

从人口分布来看，高档中低密度住区集中在西北角和东北角，居住区现状人口密度呈现从西北向东南渐高的态势。高素质人口相对集中于西北旺、农大周边、体育大学及上地南路周边、清河小营西路以北四个区域，而初中及以下学历最集中布局于南部沿小清河一线的城中村和老旧社区。目前青壮年人口最集中区域是竹园、东馨园、北路一号院、上地西里、树村、肖家河、圆明园花园别墅、安宁庄、清河四街等社区，青壮年人口比例高于 90%。外来人口最集中区域是上地，竹园、东馨园、北路一号院、上地西里、树村、肖家河、圆明园花园别墅、安宁庄、朱房、清河四街等社区外来人口比例均超过 80%。

预计随着城中村、棚户区改造及新产业园区、新居住区建设，安宁庄路改造区域、朱房区域、西北旺高素质人口集聚程度还将进一步提升；清河街道青壮年人口比例将有所提高。

3）多元的需求特征

随着受教育程度、从事职业、收入水平不同，各类人群对公共设施的需求存在较大的客观差异(图 7.23)。外籍专业人士、企业高管普遍注重商务环境、生活质量、设施品质、交流空间，拥有对高端服务设施的旺盛需求，主要包括高档商业场所、高端宾馆酒店、高端会晤交流场所及非正式交流空间、康体养生会所。创新人员对创新相关设施的特定需求较高，特定设施需求体现在非正式交流空间、文化活动场所、学习培训场所、健身机构。其他居民及村民、农民工则以满足服务设施基本需求为主。

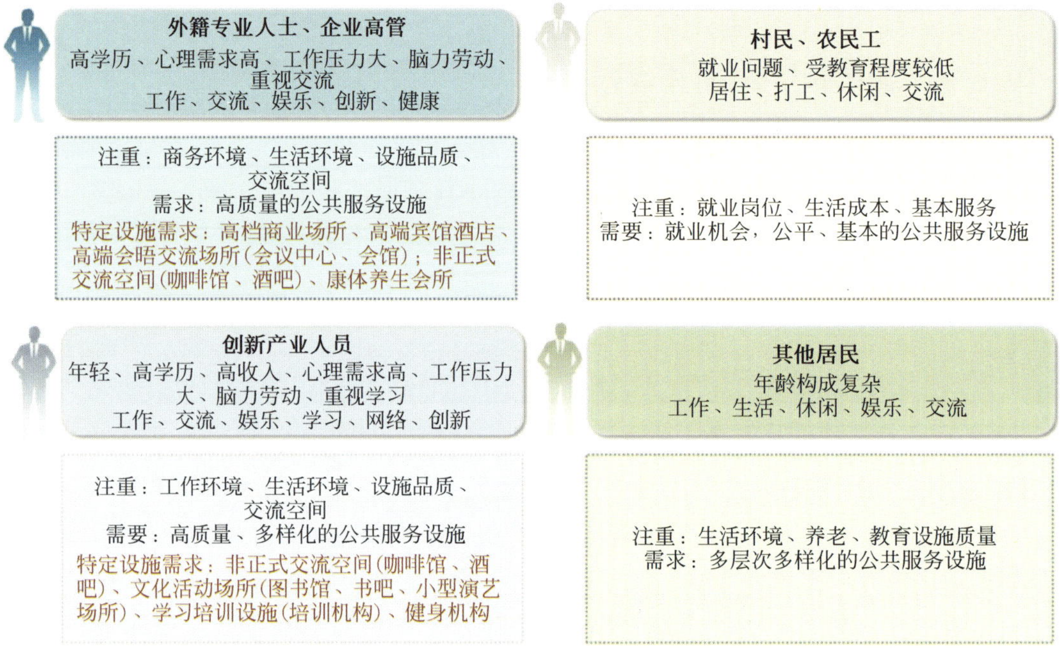

图 7.23 人群需求差异分析图(自绘)

2. 生活性服务设施的提升与完善

本次研究将生活性服务设施分为日常类、特定需求类两类公共设施。

(1) 日常类公共服务设施。日常类公共服务设施是指规范、国标要求的公共服务设施，主要服务于大上地地区区域范围内居民的普遍日常生活需求，包括行政办公、文化、教育科研、体育、医疗卫生、社会福利、文物古迹、社区综合服务、宗教、商业、商务、娱乐康体、综合性商业金融服务业、其他服务设施共 14 类，分为公益类及市场类分别进行研究。

(2) 特定需求类公共服务设施。结合案例研究和设施业态、发展新趋势，将特定需求类设施分为非正式交流空间、中高端服务、宗教服务三个小类。其中，非正式交流空间是促进创新人员之间交流、激发以人为主体的重要创新载体，主要包括咖啡馆、酒吧、行业书吧、商务茶楼等设施。中高端服务是为外籍人士、企业高管、创新产业从业人员提供中高端需求的各类设施，可采用市场经营类与公益类相结合的方式，主要包括国际化医院、心理诊疗、亚健康医疗、职业病医疗；国际化中学、国际化小学、国际化幼儿园；家政服务；健身房、康体养身会所；高档酒店、高档餐饮。宗教服务是顺应外籍人士的精神需求设立的设施，主要包括教堂等设施。

结合未来大上地地区内不同群体的消费特征，未来对生活性公共服务设施的提升与完善应遵循以下几点基本原则。

首先，保障性设施先行。教育、医疗、社会福利等保证社会公平的基础设施需要先行，以满足基本需求。必须平等对待不同阶层对体育、文娱、休闲等活动的需求，兼顾不同层次人群，形成公平的服务体系。

其次，设施配置多样化。满足不同层次居民多元化的公共服务设施需求。预留弹性空间，应对人口的高流动性及人口结构的变化带来的对公共服务设施需求的变化。

最后，高品质服务设施需求增大。高学历人群、外籍人士比例将持续提升，购买能力提升，设施质量、消费品位与购物环境将越来越受到重视，高端教育医疗设施、高端商业、文化娱乐、体育等的需求将不断扩大，国际化服务需求逐渐增加。

基于上述原则，需要从以下几方面对地区的生活性服务业进行完善提升。

(1) 通过重新界定设施层级，完善多级服务网络(图 7.24)。

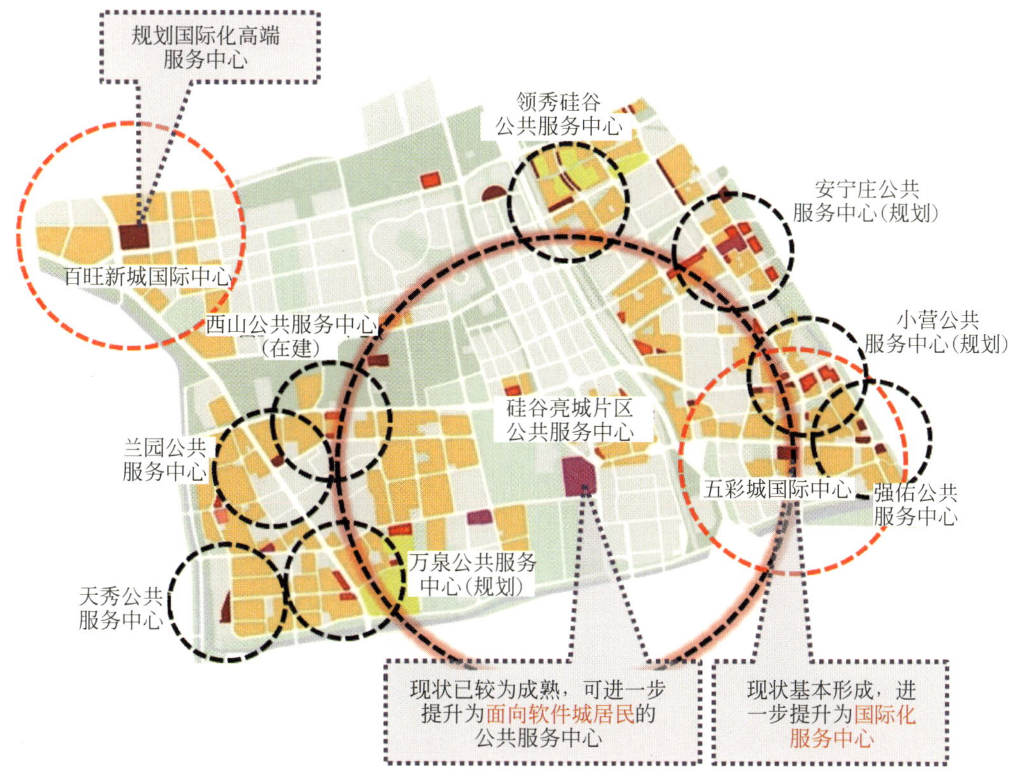

图 7.24　规划公共服务中心分布图(自绘)

(2) 提升服务设施质量,实现多元分异供给。

保障基本设施,确保生命财产安全,同时进行差异性配置,根据各类规划单元所承载的社会群体构成及其需求不同,以人口密度、年龄构成、社会经济地位等社会特征作为配套标准,差异配置各项设施。从而既通过组团实现社会阶层的适度多元,也通过社区整合减少各社会阶层的社会隔离。

按照不同居住区居住密度和人群特点不同,对单元划分及服务半径设置提出修正,创造步行可达的交往、休闲、健身场所。面向学龄儿童、老龄人口,保障相应的配套建设和服务品质。

(3) 明确政府职能,提出实施行动计划。

在保障新增公共服务设施的基础上,必须同时优化提升现有公共服务设施的效率与质量,增强公共服务设施用地功能的多样性与复合性,力争在土地稀缺的情况下满足居民对设施的需求,因地制宜、因时制宜,分期提升、弹性发展。

7.6.2 重塑特色景观风貌与绿地开放空间

促进非正式创新交流,重塑特色景观风貌与绿地开放空间。

1. 区域风貌特色定位

中关村软件城着力于打造世界一流的国际化区域,同时由于周边山水资源丰富,历史文化古迹众多,又依附于众多的高校资源,使得生态山水、文化品位、学院气质和科技创新氛围成为大上地区域区别于其他地区的重要特征,其风貌特色的塑造将着力优化并提升这一系列特征,定位为国际化科技创新高地、学院式山水生态社区。

(1) 作为山水宜居生态城区的典范。

中关村软件城位于北京中心城边缘,怀抱树村郊野公园、中科院药用植物园等特色公园,被京密引水渠与清河环绕,与百望山、圆明园、唐家岭森林公园等大型公园紧密相接,山水生态资源优越。区内植入的生活服务设施及游憩空间,将与现有居住社区形成融合就业、居住、游憩多功能的新型产城融合单元,充分展现生态城区的特色。

(2) 具有科技创新学研特征和国际化特色

大上地地区及周边已有多家大型研发企业、大学、科研机构聚集,上地信息产业基地、软件园一期、软件园二期、硅谷亮城等科技研发企业集中园区已形成具有自身特色的风貌区,在这些园区的带动下,一些国际化人士纷纷云集大上地,将带动地区景观风貌特色的国际化。

(3) 坚持历史文化的保护和利用相结合。

大上地范围内文物古迹众多,远到秦汉时期的清河古城城墙遗址,近到近现代设立的清河毛纺厂、长城润滑油厂等工业遗存,文物存量大,历史文化底蕴丰厚。充分地保护和利用这些历史遗存,将更好地丰富区域风貌特色的吸引力,引导新旧风貌的融合。

2. 景观风貌开放空间提升策略

在上述总体定位的指引下,从三个方面强化特色景观风貌,重塑绿地开放空间。

(1) 对话山水梳理生态廊道,显山露水织补开放空间。

① 梳理城市生态格局。通过百望山森林公园-药用植物园—北京田园庄高尔夫俱乐部—树村郊野公园廊道联系两条绿化廊道,在内部形成一个绿环,将百望山、京密引水渠、清河以及药用植物园、树村郊野公园等联通;同时通过中关村软件园公共绿地向北渗透,联通唐家岭森林公园,并打通向燕山山脉的视线廊道。对接区域生态廊道,把第二道绿化隔离地区与北部的山区森林相连接,使北京市域绿地成为一个有机整体,更好地发挥生态功能。结合人工生态斑块与自然生态斑块,联通生态廊道,构建可达性良好的开放空间体系。遵循生态低碳原则,严格保护生态绿隔和通风廊道。按照协调统一的原则,增强和培育公园、绿地等城市生态系统的服务功能,构建区域生态网络。

② 打通山水微型廊道。郊野型建成区采用生态化、绿色化的绿地景观设计手法,通过微廊道渗透连接城市绿地,成为中心城到自然的过渡区域。城市型建成区采用集约化的绿地景观设计手法,通过斑块绿地疏解密度过高的城市组团,提供多种主题特色开放空间。

(2) 构建多级开放空间网络,应对多元性的环境需求(图 7.25)。

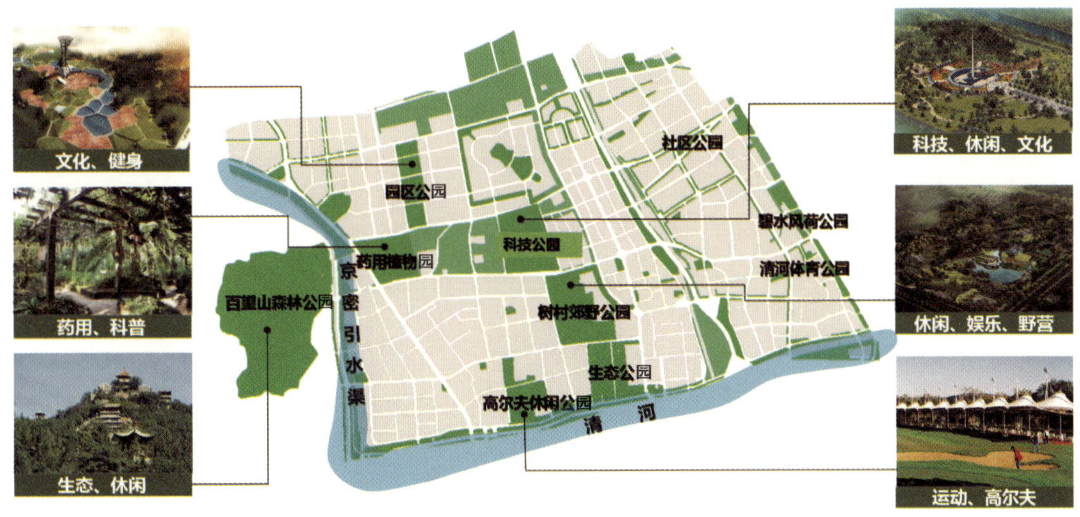

图 7.25 大上地地区绿地系统优化图(自绘)

休闲场所按照功能需求可分为日常休闲场所和假日休闲场所。日常休闲场所是居住或就业人群最常使用的休闲场所,通常提供散步、健身、交流等功能,宜尽量接近生活区与通勤路径;假日休闲场所需满足多样化的休闲需求,通常提供康体运动、亲子活动、风情体验等活动,需具备完善的服务设施。除此之外,创新阶层具有追求效率与便捷性,容易接受新鲜事物的特点,可为其提供网球、棒球、徒步、马术训练馆等类型新颖的活动。

① 从"生态隔离"到"郊野绿廊",缝合绿隔两侧用地。结合郊野公园,对接区域绿地系统,形成"郊野绿廊",缝合两侧用地。提高绿地空间附加值及综合效益,丰富绿隔功能,满足市民假日休闲的需求。

② 形成连贯绿脉,构建"创新绿径"。针对人群日常以散步、锻炼为主的使用需求,沿东

北旺南路—上地七街—安宁庄北路一线、安宁庄东路、清河中街—朱房路—上地南路—农大南路一线、圆明园西路、上地西路等道路，构建“创新绿径”(图 7.26)，串联主要产业园区、机遇用地、孵化器、大学、研究机构、商业用地、文化设施、公园广场及各类非正式交流空间，形成以绿地和开放空间提升周边土地价值、带动综合效益提升的整体模式。

图 7.26　大上地地区“创新绿径”规划图(自绘)

(3) 塑造标志性区域场所精神，增强区域特色形象魅力。

通过整治重点街道、塑造区域景观骨架，划分风貌片区、打造标志性场所，增强区域特色与识别性，从而实现地区风貌和景观环境的提升(图 7.27～图 7.29)。

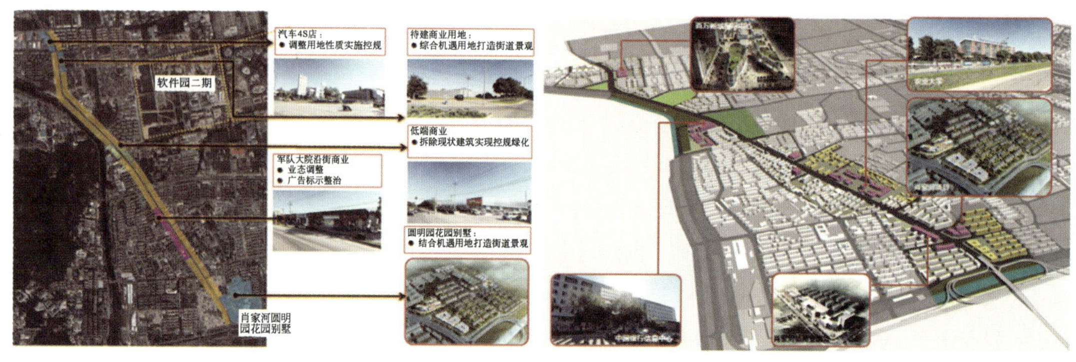

图 7.27　永丰路—圆明园西路改造策略(自绘)

图 7.28　马连洼北路—上地三街—小营西路改造策略(自绘)

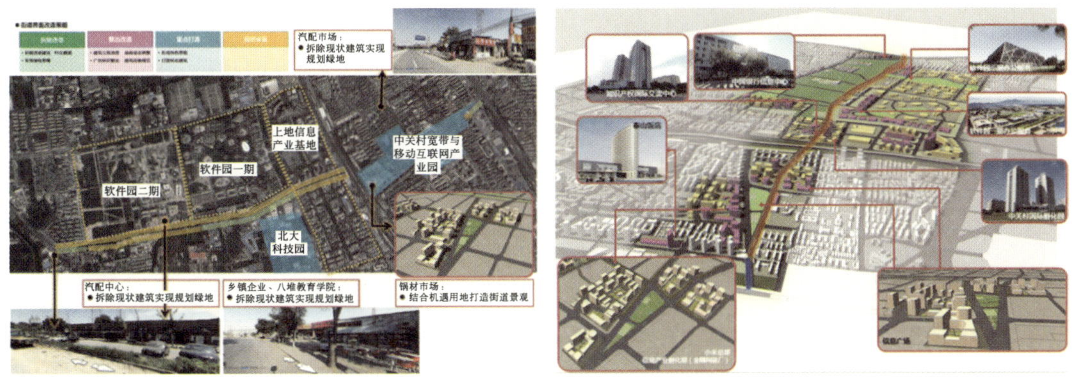

图 7.29　东北旺南路—上地七街—安宁庄北路改造策略(自绘)

7.6.3　完善综合交通体系

1. 交通发展影响因素分析

大上地地区的交通矛盾主要体现在早晚高峰时段的通勤交通压力过大，主要由以下三方面因素造成。

原因一：外部通勤交通占据过多交通资源(图 7.30 左)，造成本地区长距离交通组织不畅(图 7.30 右上)。过境道路高负荷运转，本地出入交通组织困难。大量轨道交通过境需求，占用本地交通资源。

原因二：地区道路网系统不完善，造成高峰时段干道网压力过大(图 7.30 右下)。交通屏障(高速、城铁)两侧交通联系不畅，断头路多，大大降低道路的通行效率。

原因三：机动交通以外的交通供给与引导不足。轨道交通接驳供给思路单一，效率低下。绿色交通体验不佳，绿色交通出行引导不足。

针对这些问题，充分考虑未来大上地地区即将出现的新情况和新的发展要求，从整个地区角度出发，全面梳理区域交通与用地更新的系统问题和解决对策，同时结合大上地地区近中期发展的思路，重点针对近期可落实的基础设施建设、交通组织改善、交通管理模式调整进行全面研究，为提升地区支持系统服务水平、深度挖掘用地更新潜力、提高区域整体竞争

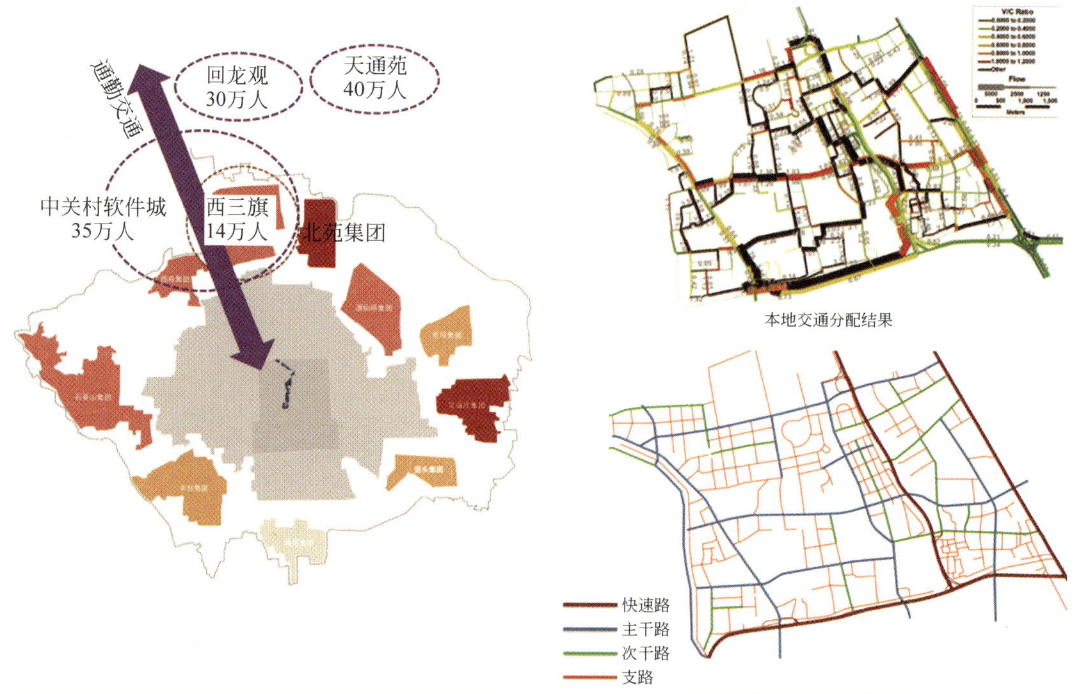

图 7.30　交通分析图：过境交通示意图(左)；现状早晚高峰交通负荷模拟(右上)；现状道路系统(右下)

力做好研究工作。在这一过程中，有两个方面的影响因素需要充分予以重视。

影响因素一：城市空间布局的调整过程中职住关系变化带来的交通需求特征变化(图 7.31)。即过境通勤方向趋于多元，本地居民通勤距离缩短。

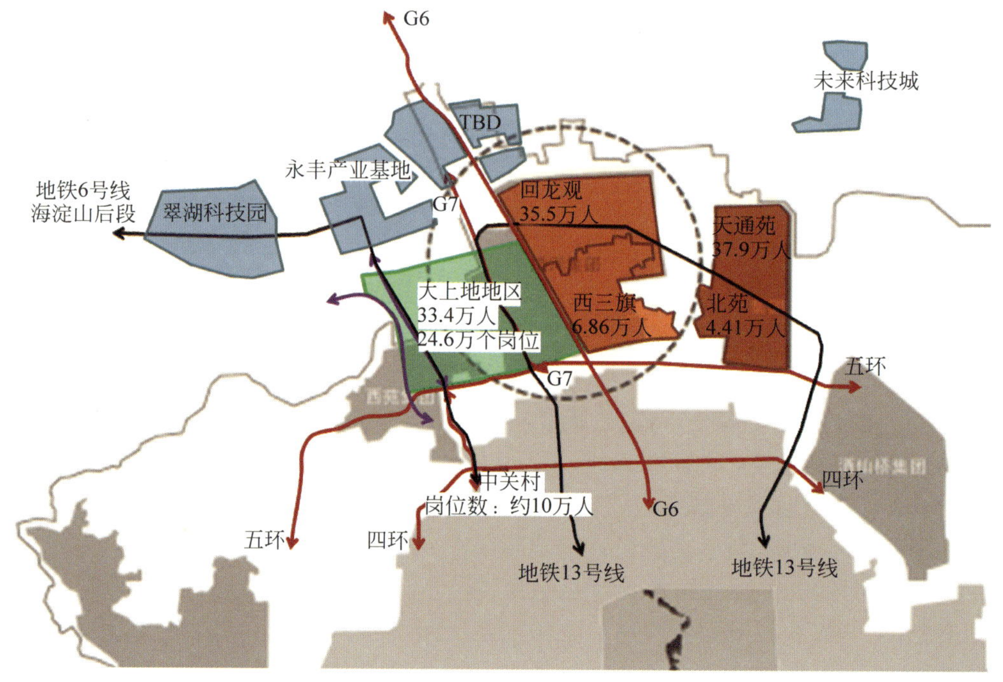

图 7.31　过境通勤预测(自绘)

影响因素二：本地区产业结构、社会结构的变化带来的人的出行模式的变化(图7.32)。具体表现为长距离出行中日常通勤比例减少，假日游憩比例增加；短距离出行中非机动交通比例有望提高。

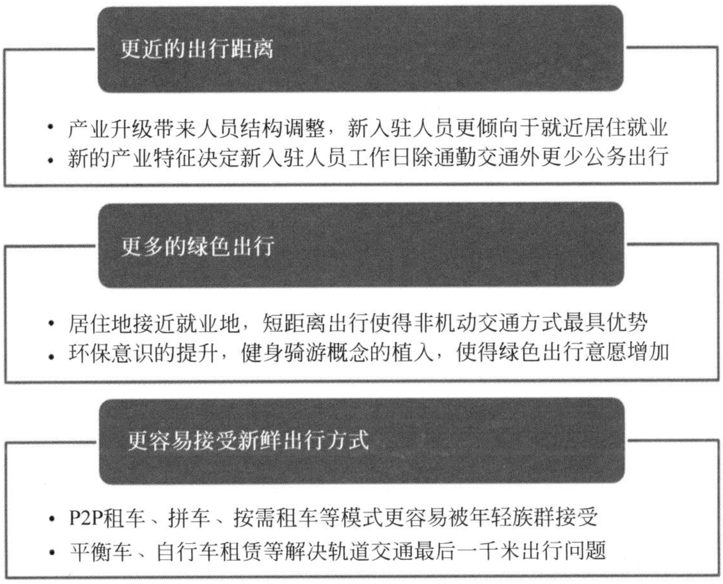

更近的出行距离

- 产业升级带来人员结构调整，新入驻人员更倾向于就近居住就业
- 新的产业特征决定新入驻人员工作日除通勤交通外更少公务出行

更多的绿色出行

- 居住地接近就业地，短距离出行使得非机动交通方式最具优势
- 环保意识的提升，健身骑游概念的植入，使得绿色出行意愿增加

更容易接受新鲜出行方式

- P2P租车、拼车、按需租车等模式更容易被年轻族群接受
- 平衡车、自行车租赁等解决轨道交通最后一千米出行问题

图7.32　大上地地区出行模式特征(自绘)

2. 针对出行模式改变的交通解决策略

针对上述问题及出行模式改变的特点，我们认为大上地地区未来交通基础设施除完善道路网结构、提升交通供给水平外，重点应基于建成区的特征，强化用地更新优化、交通系统完善、出行方式引导、景观环境治理等紧密结合的思路，突出建设与管理并重的特点。从快速交通接驳系统优化、道路断面的精细化改造、交通节点优化改造、绿色出行环境优化等方面实现突破。

策略一：充分发挥轨道交通在中长距离运输中的优势，提高本区域轨道交通的效能。从完善全市轨道交通网络出发，建议进一步强化居住-就业集中区域的轨道交通联系，缓解通勤压力。根据轨道交通联系的城市功能区确定该线在本区域的职能定位，由此确定服务对象、制订接驳方案(图7.33)。

策略二：根据出行特征和规划引导的出行方式划分道路类型，分类进行精细化设计。在加强外围与中心城之间交通联系的基础上，注意预留反向的快速交通通道和接口。尽快完善区域内部路网体系，避免因就业吸引过快造成的交通拥堵加剧。通过道路断面精细化设计改善绿色出行体验，引导绿色出行方式(图7.34)。

策略三：通过环境设施营造、地区文化塑造倡导绿色出行方式。通过政府、企业、公众、社会组织等多方协作配合提高绿色出行比例(图7.35)。

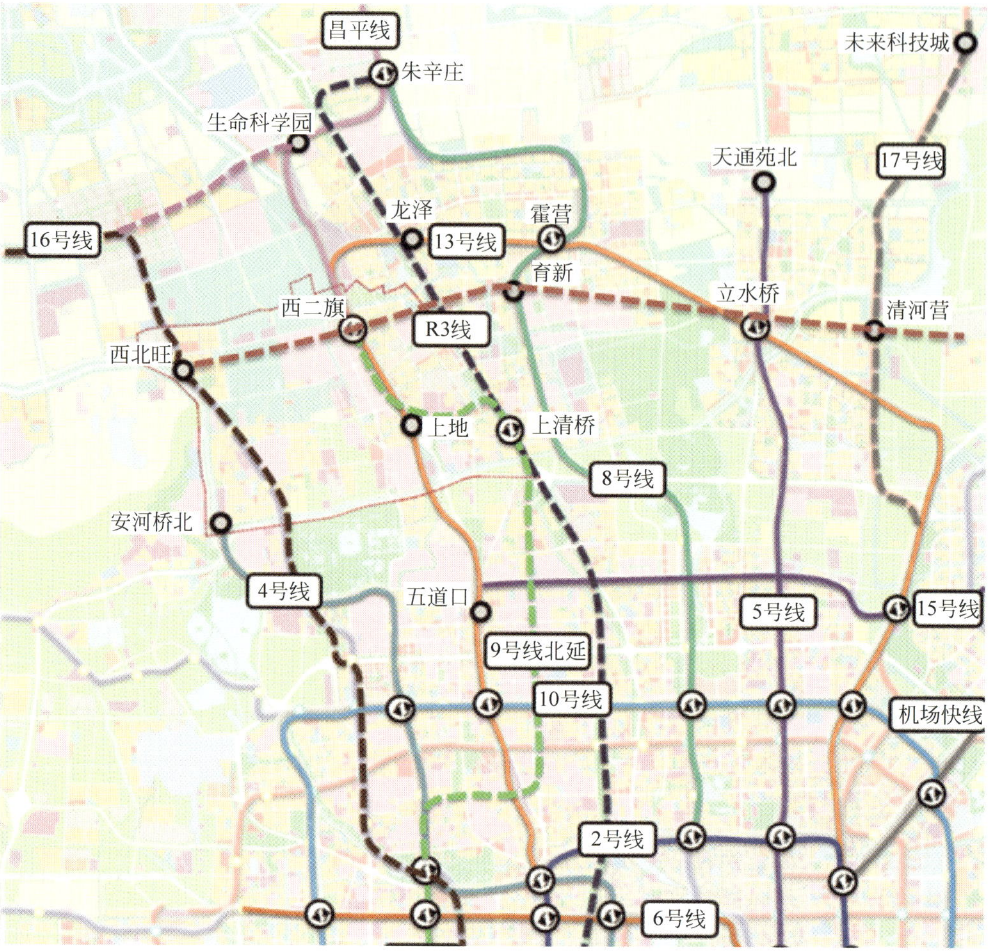

昌平线
朱辛庄
未来科技城
生命科学园
17号线
天通苑北
龙泽
霍营
16号线
13号线
育新
立水桥
西二旗
清河营
R3线
西北旺
上地
上清桥
8号线
安河桥北
4号线
五道口
5号线
15号线
9号线北延
10号线
机场快线
2号线
6号线

图 7.33 区域轨道交通调整建议(自绘)

图 7.34 以交通模式为引导的道路分级指引(自绘)

✓ 绿色交通基础设施投入

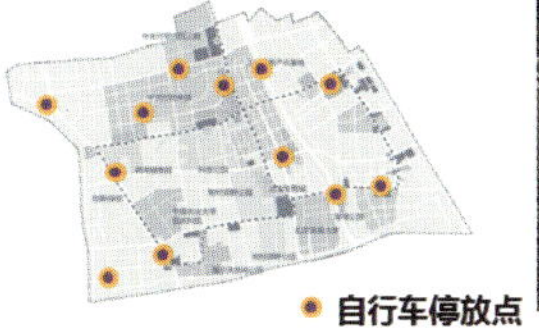

✓ 多元停车策略选择

✓ 公众——绿色生活文化认同

✓ 社会组织——信息传递、反馈

图 7.35 绿色交通引导指引(自绘)

7.7 主要参考文献

[1] 顾朝林,刘晓斌,袁晓辉,等.建设北京世界城市视角下的环首都圈发展规划研究[J].城市与区域规划研究,2012(1):53-80.

[2] 王凯,李浩.环首都圈面向区域整体发展的城镇群次区域规划探索[J].城市与区域规划研究,2012(1):81-88.

[3] 吴良镛,吴维佳,等."北京2049"空间发展战略研究[M].北京:清华大学出版社,2012.

第8章
中关村贵阳科技园科技创新功能空间规划研究

8.1 项目背景

8.1.1 研究背景

中关村贵阳科技园的规划建设是贵阳市与中关村科技园战略合作框架的重要组成部分。2013年8月28日，贵阳市人民政府与中关村科技园区管理委员会“创新驱动、区域合作”新闻发布会在北京举行。2013年9月8日，贵阳市人民政府、中关村科技园区管理委员会战略合作框架协议签约揭牌仪式在贵阳举行，标志着“中关村贵阳科技园”正式揭牌。

中关村贵阳科技园的成立，是源自于北京中关村和贵阳市发展的双重需求。

一方面，北京中关村自身发展空间受限，产业外溢动力强劲，同时作为国家自主创新示范区，北京中关村需要推动区域合作，实现对全国示范带动。

另一方面，国家、贵州省和黔中经济区均要求贵阳市在区域经济产业发展中充分发挥辐射带动作用，率先实现转型升级。同时，贵阳市作为全国首个生态文明示范城市，也有探索产业绿色发展模式、建设全国生态文明示范城市的要求。而贵阳市现状产业发展存在着辐射能力不强，产业类型与生态环境保护矛盾突出等问题，亟须实现产业体系上的创新转型发展。

北京中关村“走出去”和贵阳市“引进来”的现实需求，促成了中关村贵阳科技园的建设。作为跨区域产业园区合作新模式的探索，它标志着地区产业转移的新阶段，标志着发达地区向后发地区的产业转移模式发生了从转移资源密集型、劳动密集型产业到转移科技型产业和现代服务业，从转移实体产业到转移软环境（体制机制、创新要素）的重大变化。

这种新模式，需要重点探索如何借助中关村要素对后发地区既有体系进行整合，如何通过跨区合作，培育创新、集聚、孵化、示范和增长功能，转型现状低效发展模式，使后发地区从被动接受产业转移到自主创新产业发展，进而实现后发赶超的路径和方式。

8.1.2 研究任务

本项目重点研究中关村贵阳科技园科技创新功能空间布局。主要包括以下四方面重点研究任务。

(1) 培育动力：培育以生态创新和科技创新双轮驱动为核心的发展动力，保障产业发展、城市建设与生态环境保护的统筹协调。

(2) 创新路径：推进中关村自主创新示范效应与贵阳市产业转型升级相结合的产业发展路径探索，推进具有核心竞争力的产业体系和产业集群发展。

(3) 协调产城：强化园区空间布局与城市功能布局协调发展，促进产城融合和“四化”协调发展。

(4) 理顺体制：倡导中关村自主创新平台管理体制与中关村贵阳科技园区统筹发展体制的融合，打造促进科技创新和科技成果转化的服务体系和发展环境。

8.1.3 技术路线

本次规划研究立足中关村贵阳科技园的新动力、新机遇和新要求，结合贵阳市的优势特征、产业基础和发展潜力，大力实施创新驱动战略，强调推动实体经济发展，优化调整贵阳市产业园区规划布局和规模，确定中关村贵阳科技园空间布局结构，着重突出“中关村要素”，力争在“创新驱动”和“生态文明”双示范上体现规划的内涵和特色，以此引导贵阳市产业空间总体布局和各园区建设(见图 8.1)。

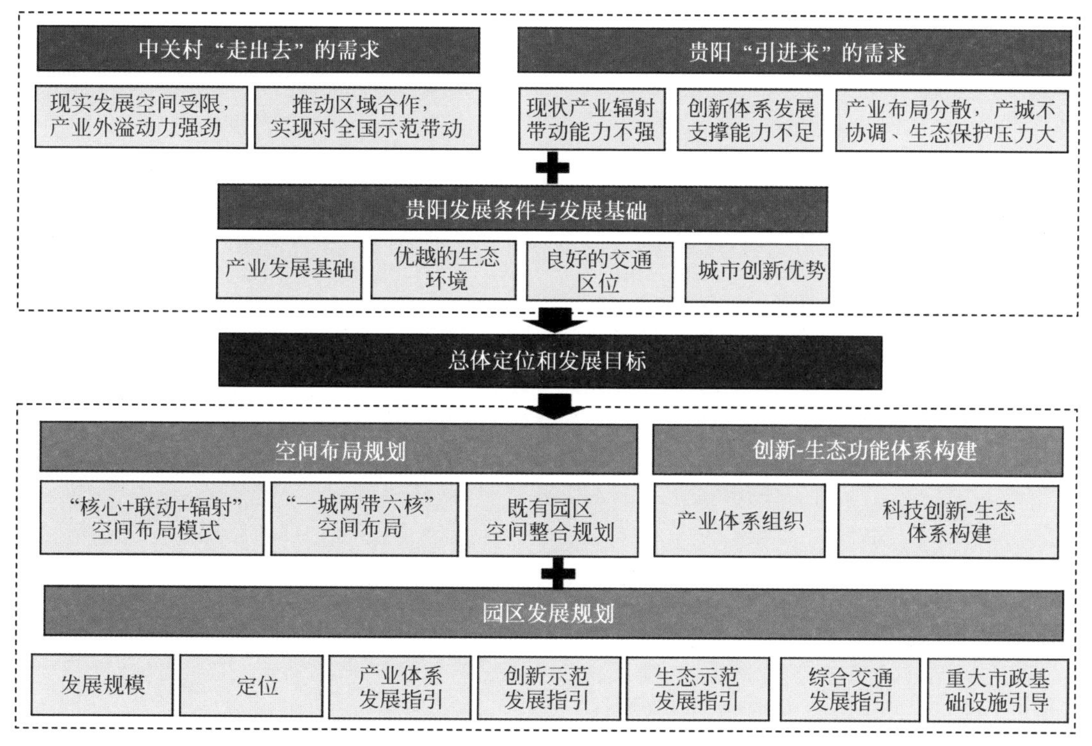

图 8.1　研究技术路线

8.2 现状概括

8.2.1 现状发展基础

1. 高新技术产业初具规模

贵阳市高新技术产业发展快速。2012 年，贵阳市工业总产值达 601.39 亿元，比上年增长21.2%；规模以上工业增加值达 143.66 亿元，比上年增长 21.6%。高新技术产业规模占贵阳市工业总产值、GDP 的比重稳步上升，高新技术产业工业总产值占贵阳市规模以上工业总产值的比重达13.9%，工业增加值占贵阳市规模以上工业增加值的比重达22.8%，高新技术产业增加值占贵阳市GDP的比重达8.4%。贵阳市拥有高新技术企业132家，当年新增31家，高新技术企业占全省的比重达67%，高新技术产业规模占全省的比重达59.2%，在全省的主导地位十分突出。

贵阳市高新技术产业主要围绕新材料、生物医药、高端装备制造、新一代电子信息技术进行产业结构调整，四大产业继续保持平稳增长，产业主导地位继续巩固，产业规模逐渐扩大。

在空间布局上，贵阳市高新技术产业重点向国家级开发区、国家级产业基地集聚。高端装备制造已形成以小孟工业园区为龙头的发展态势，医药食品领域已形成修文、乌当、清镇、花溪等特色医药食品工业园，新材料领域形成了以白云区为核心的产业化基地，电子信息领域形成了以乌当为核心的产业化基地。

2. 主要产业园区发展现状特征及核心优势

贵阳市的工业现状以高新技术、装备制造业、电子信息、医药制造等新兴产业，新能源、能矿精深加工和化工等循环经济生态产业，建材加工产业为主。依托资源腹地，贵阳市资源加工类产业集中向北布局，先进制造型产业和城市服务节点向南跳跃式布局，市区产业呈现高效环保产业内聚、大型资源型产业郊区分散布局趋势。

目前，贵阳已形成十二大工业园区（具体情况见表8.1），建成面积超过50km^2，其中已建成国家级新型工业化产业示范基地2个、省级示范基地3个，正在建设的基础设施项目202个，产业项目355个。十二大工业园区中有一类工业园区2个，分别是贵阳国家高新技术产业开发区（麦架—沙文高新技术产业园，以下简称高新区）和贵阳国家经济技术开发区（小河—孟关装备制造业生态工业园，以下简称经开区）；二类工业园区有9个，包括开阳磷煤化工（国家）生态工业示范基地、息烽磷煤化工生态工业基地、白云铝工业基地、清镇铝工业及煤化工循环经济生态工业基地、南明龙洞堡食品工业园、修文扎佐医药工业园、乌当医药食品工业园、云岩益佰工业园、贵阳高新信息产业园；1个贵阳市循环经济推广园区，即贵阳金石石材产业园。

表8.1 贵阳市主要产业园区现状情况一览表

园区名称	区　位	主导产业	核心优势
贵阳国家高新技术产业开发区	中心城区北部，白云区沙文镇	新材料、高端装备制造、电子信息、生物医药、光电、电子商务	① 国家级高新区； ② 拥有多家国家级、省级科研孵化、技术转化基地； ③ 高端装备制造、生物医药、新材料等主导产业发展基础较好，高新技术产业集聚明显
贵阳国家经济技术开发区	贵阳市南部，小河、花溪孟关区域	航空航天、电子信息、工程机械、汽车及零部件、烟草医药	① 国家级经开区； ② 拥有多家国家级、省级技术转化基地； ③ 主导产业发展基础较好； ④ 临近无水港

续表

园区名称	区　　位	主导产业	核心优势
开阳磷煤化工(国家)生态工业示范基地	开阳县双流、永温、大水一带	磷化工、煤化工、碳化工、新型建材	① 我国首个循环经济生态工业基地； ② 基地磷、煤资源丰富
息烽磷煤化工生态工业基地	息烽县小寨坝镇西北侧	磷化工、煤化工、氯碱化工、氟化工、硅化工、环保建材	基地磷、煤资源丰富
白云铝工业基地	白云区东北部	电解铝、铝精深加工、高端铝及铝合金、再生铝	以中铝贵州为龙头，铝材生产加工产业发展基础较好
清镇铝工业及煤化工循环经济生态工业基地	清镇市站街—卫城—王庄一带	氧化铝、铝精深加工、铝镁合金、甲醇深加工、精细化工、建材	基地铝资源丰富
南明龙洞堡食品工业园	南明区龙洞堡一带	特色食品、绿色食品、物流信息服务	① 以“老干妈”公司为龙头的辣椒制品产业群发展迅速、经济效益好、品牌价值突出； ② 临近龙洞堡国际机场
修文扎佐医药工业园	修文县扎佐镇	现代制药、特种钢	① 目前已形成以中成药为主的医药产业群； ② 首钢贵阳特种钢落户园区
乌当医药食品工业园	乌当区洛湾—云锦及火石坡一带	特色食品、现代制药、电子信息	① 拥有多家研发孵化、技术转化基地； ② 高新技术企业较多，主导产业发展基础较好
云岩益佰工业园	金阳新区与云岩区交界处	生物医药	以“益佰制药”为龙头，生物医药研发、生产基础较好
贵阳高新信息产业园	老城区西北部	移动互联网、软件集成、智能设备等新一代电子信息产业	具备较好的电子信息产业发展基础
金石石材产业园	花溪区石板镇、小河区金竹街道办事处辖区内	石材加工交易、农产品集散、汽车贸易、仓储物流	石材加工交易、农产品物流交易发展基础较好

8.2.2　创新体系构建方面存在的问题

第一，园区支撑不足。主要体现在园区硬件建设对创新型产业体系构建缺乏有力支撑，缺少科技创新平台等支撑产业创新发展的设施。

第二，企业创新动力不足。一方面，企业规模较小，缺乏龙头企业带动；另一方面，贵阳工业发展所需要的很多资金、物资和部分消费品均由东部工业基地和相对发达地区提供，企业缺乏本地根植性。

第三，创新网络不足。产业集群尚未形成，规模效应不明显，企业间关联性不强，产业链不完善。

第四，创新环境不足。创新体系不完善，科技成果转化有限。主要体现在相关政策法规体系建设不完善，相关财税支持政策缺乏针对性，现有创新体系与本地生态环境基底缺少耦合性等方面。

8.2.3　产业布局方面存在的问题

第一，产业现状建设用地规模偏小，辐射带动能力不强。目前贵阳市工业用地现状建设规模约 50km²，中心城区工业用地为 35km²，而重庆市工业用地已达 121km²。

第二，产业空间布局分散，集聚效应难以发挥。现状装备制造、医药食品和信息产业在高新区、经开区、乌当新天等园区均有分布，集聚效应不明显。

第三，园区产业特色不明显，布局混乱，未形成差异化发展格局。如高新区、经开区、乌当等园区产业定位高度重合，缺乏有效差异化引导。

第四，园区与城市二元分离格局显著，产业发展与城市功能不协调，生产与生活隔离。如高新区、经开区均缺乏相应的公共配套服务设施，一市三县的工业园区与生活区空间距离远，通勤距离较长。

第五，部分园区布局与生态环境保护矛盾突出。如金石产业园靠近阿哈水库水源保护区，一市三县发展重型化工产业对环境保护造成影响。

8.3　功能定位与指标体系

8.3.1　功能定位

中关村贵阳科技园的建设以贵阳市全国生态文明示范城市和中关村国家自主创新示范区融合发展建设为引领，以推进贵阳市自然生态系统和中关村创新创业生态系统建设为基础，以高新技术产业、现代制造业、现代服务业为主导，以绿色低碳、循环经济发展理念为指引(见图 8.2)。它是园区化的发展平台、空间性的概念平台、开放性的政策平台，其功能定位包括以下三个方面。

1. 中关村全国发展战略布局的先导区

充分对接中关村国家自主创新示范区区域合作和“全球全国科技创新大循环”发展机制，推动区域间发展要素和创新资源优化配置，探索建立具有鲜明特色的区域合作和产业协同发展模式。

2. 全国生态文明体系和自主创新体系融合发展示范区

以生态文明和科技创新建设为引领，促进贵阳市生态文明体系和中关村自主创新体系融合发展，共同推进自然生态系统与创新创业生态系统建设，成为全国生态文明与自主创新建设相互促进、相得益彰的典范。

3. 西部地区高新技术产业和现代制造业重要基地

结合贵阳产业发展基础和优势，以生态创新和科技创新为驱动，推进产业对接，承接中关村企业发展外溢需求，加强培育高新技术产业和现代制造业，推动传统产业转型升级。

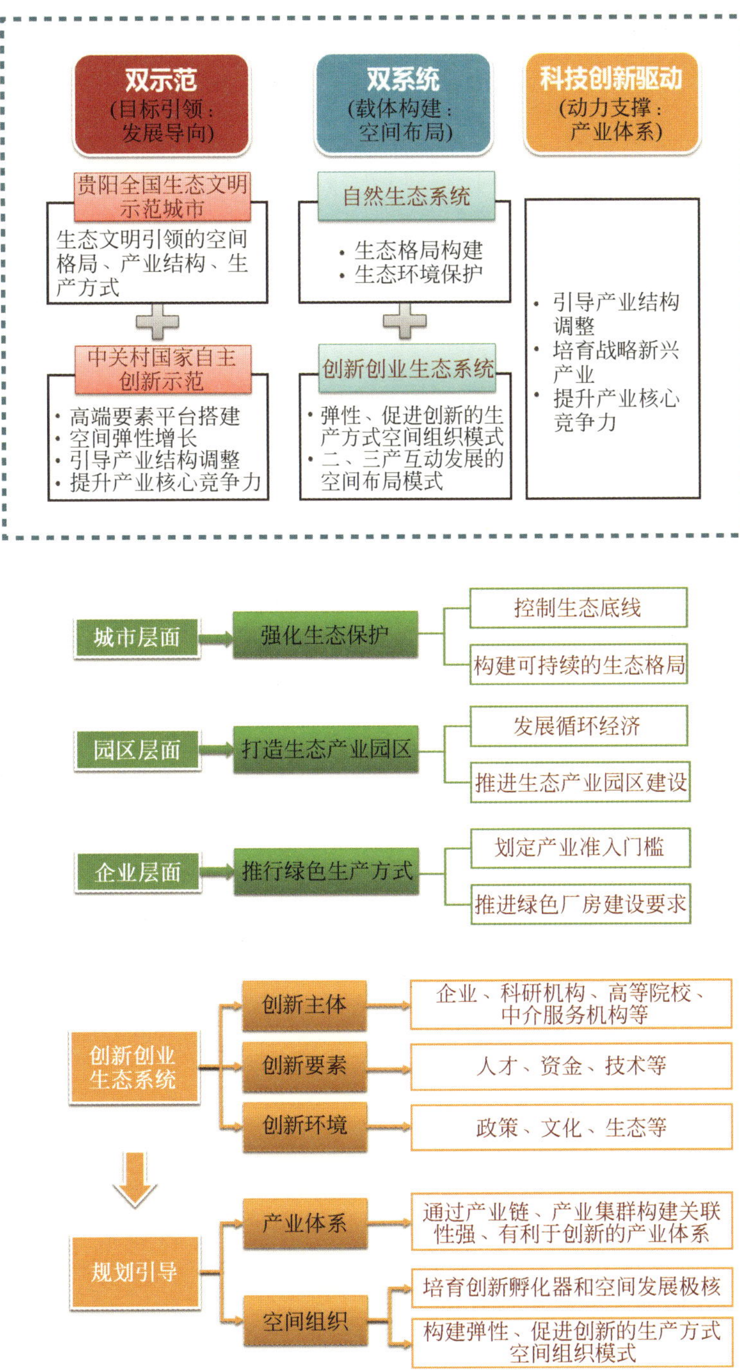

图 8.2　中关村贵阳科技园发展定位

8.3.2　创新和生态双示范指标体系

从科技人才、研发投入、成果转化等角度制定创新指标体系，合理指导创新创业体系构建。

从资源利用、环境保护和用地高效角度制定生态指标体系，指导园区可持续发展（见表 8.2）。

表 8.2　创新和生态双示范指标体系

指标体系	指标分类	指　　标	单位	指标值
创新指标体系	科技人才	从事研发人员比例	%	≥10
		大专以上专业技术人员比例	%	≥30
		本科以上从业人员比例	%	≥20
		每万劳动力中 R&D(研发项目)科学家和工程师全时当量	%	≥50
	研发投入	企业研发费用占销售收入比例	%	≥6
		园区财政科技拨款占园区全部财政支出比例	%	≥6
	成果转化	高技术企业营业总收入占园区营业总收入比例	%	≥60
		高技术服务业销售收入占园区营业总收入（适用于生产性服务业园区）	%	≥30
		园区净利润占营业总收入的比例	%	≥8
	招商引资	年销售收入超过 40 亿元的企业和上市企业、新增科技型中小企业数占当年新注册企业数的比例	%	≥60
	就业吸纳	就业强度	人/hm^2	≥500
	投资吸纳	投资强度	万元/亩	250
生态指标体系	资源综合利用	万元增加值能耗	吨标准煤/万元	≤0.25
		单位工业增加值新鲜水耗	m^3/万元	≤20
		工业用水重复利用率	%	≥75
		可再生能源使用率	%	≥10
	环境保护	万元 GDP 碳排放量	kg/万元	≤5.0
		单位工业增加值废水生产量	t/万元	≤8
		工业废水达标排放率	%	100
		工业固废处置利用率	%	≥85
		功能区噪声达标率	%	100
		区内空气质量优良天数	天	≥310
		地表水环境质量	—	Ⅳ
		水喉水达标率	%	100
		绿色出行所占比例	%	≥70
	用地高效	容积率	—	≥0.7
		建筑系数	%	≥30
		行政办公及生活服务设施用地比例	%	≤7
	人工环境	绿色建筑比例	%	≥80
		本地植物指数	—	0.7
		人均公共绿地	m^2/人	12

8.4 创新功能体系

8.4.1 科技创新体系构建总体要求

科技创新体系构建总体要求如下。

(1) 通过创新实现产业生态化发展。

以生态创新为引领,积极发展循环经济和绿色产业体系,建立产业发展门槛,提高清洁生产水平,促进产业生态化提升。

以科技创新为驱动,全面提升主导产业的技术和知识密集程度,大力发展知识经济,培育创业氛围和环境,构建完善的科技创新体系。

(2) 与中关村科技园区形成紧密的产业合作关系。

加强本地产业发展与中关村八大核心产业集群的联动。通过跨区合作,重点培育创新、集聚、孵化、示范和增长功能,引入培育高新技术产业,引进科技成果、领军人才和园区管理模式,促进优势资源的转移和聚集。

(3) 进一步发挥对贵州省产业发展的辐射带动作用。

加快贵阳市的产业结构调整与产业转型,开展体制机制的先行先试,实现创新示范、引领未来。通过自主创新创业示范,促进贵州省的重点产业振兴与产业体系升级。

8.4.2 科技创新体系构建策略

中关村贵阳科技园科技创新体系构建包括以下三方面策略。

(1) 强化贵阳市科研要素的聚集。

全面整合贵阳资源,注入中关村的科技创新发展要素,搭建产业创新发展平台,集聚整合核心创新要素,全面提升经济发展的内在质量和活力,推动全市产业经济加快发展、创新发展、转型发展、跨域发展。

(2) 通过教育和人才工作强化推进中关村科技园建设的基础。

促进科技、人才、资金等要素集聚,把中关村贵阳科技园建设成为全国高端创新创业人才集聚的人才特区、西部科技金融创新中心和西南核心技术交易中心。

(3) 把金融要素放在推动中关村科技园发展的特殊位置。

各园区内应大力规划发展具有融资服务、银行保险、评估咨询、技术研发、质量检测、信息网络、企业孵化等功能的公共服务平台和生产性服务业,增强产业聚集能力,完善园区功能。各园区详细规划必须划定创新孵化功能区的用地范围。

8.4.3 创新功能体系构建

以高新技术产业、现代制造业、现代服务业和资源型精细加工产业为重点,通过遴选,选择出相应的主导产业、重点领域、着力环节和主攻方向,并制订符合各园区发展要求的具体产业门类(图 8.3)。其中,遴选尺度重点关注产业吸引力和产业黏合度。产业吸引力包括三方面,一是符合全球技术前进趋势,二是产业发展市场空间大,三是产业发展质量效益好;

产业黏合度包括三方面，一是贵阳有资源禀赋，二是贵阳具有比较优势，三是贵阳具有产业基础。

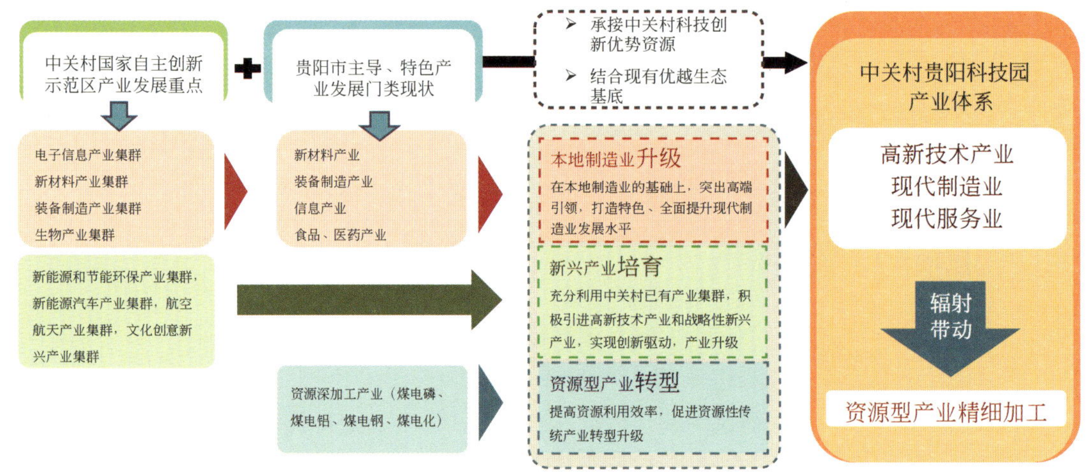

图 8.3　中关村贵阳科技园产业选择

通过本地制造业升级、新兴产业培育和资源产业转型，中关村贵阳科技园将形成以高新技术产业及现代制造业辐射带动现代服务业、资源型精细加工产业的创新功能体系。

1. 高新技术产业及现代制造业

着重发展新一代信息技术产业、航空航天产业、高端装备制造产业、新材料产业、生物产业、节能环保产业和新能源及新能源汽车产业（发展重点见图 8.4）。依托高校和科研院所，在自然环境优越、生活条件便捷和文化氛围浓郁的区域布局高新技术产业及制造业，通过产、学、研合作，形成跨产业合作的创新型知识经济网络，并依托现有优势特色产业基础，围绕大项目和龙头企业，形成企业集聚、产业集群、土地集约的布局模式。

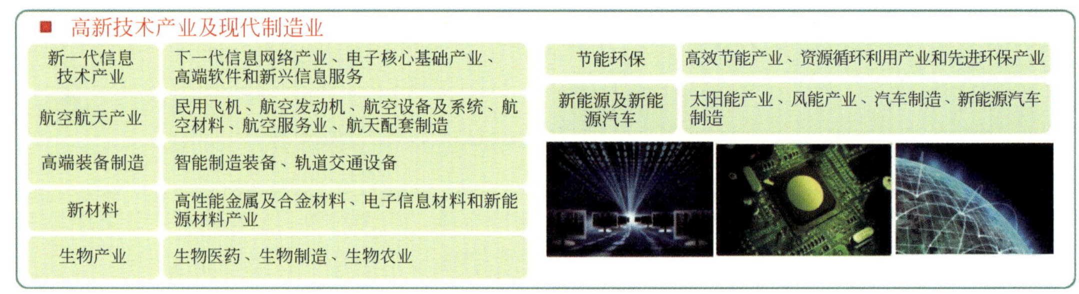

图 8.4　高新技术及现代制造业产业集群

以大学城、高新区和临空经济区为核心，建立科技企业孵化器，重点发展电子信息、互联网、新材料、新能源等战略新兴产业，抢占产业制高点。通过科技研发和技术进步，将传统制造业升级为先进制造业，推进价值链延伸；发挥自主创新和辐射带动能力，将新兴战略产业融入传统支柱产业，增强支柱产业对经济发展的贡献作用。

2. 现代服务业

着重发展高技术服务业和生活性服务业(发展重点见图 8.5)。推进专业服务和总部经济的集聚,促进 CBD 空间功能的形成和完善,为产业发展提供服务支撑。

图 8.5　现代服务业产业集群

以观山湖区、老城区为核心,重点发展促进技术进步、提供保障服务和提高生产效率的生产性服务业。以老城区为核心,重点发展生活性服务业,积聚人气、提升品位,满足本地居民的生活需求,提升现代服务业对经济发展的推动作用。

3. 资源型精细加工产业

着重发展煤电磷精细加工和煤电铝精细加工(发展重点见图 8.6)。产业布局在临近资源产地和交通便利的区域,积极接受高新技术产业和现代制造业辐射带动,促进资源综合开发利用,实现产业升级。

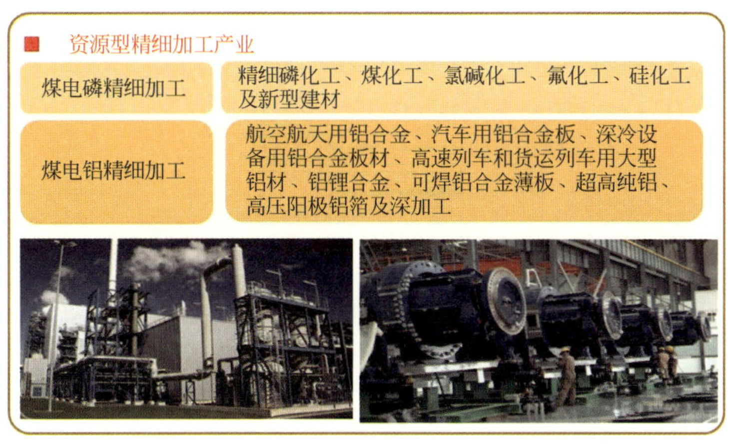

图 8.6　资源精细加工产业集群

以息烽、开阳、清镇、修文园为核心,发挥自主创新产业体系的辐射带动能力,将生态创新和科技创新融入传统资源型产业,对其进行改造提升,从传统能化产品生产向科技含量高的精细化工方向延伸和拓展，实现上下游产品的链式有机结合，不断扩大精细化工制品比重，实现产业生态化发展。

8.5 创新空间构建

8.5.1 创新空间布局原则

创新空间布局应遵循以下原则。

（1）坚持区域统筹布局原则。立足全省、黔中经济区、贵安一体化发展等不同区域层面，统筹考虑、整体谋划中关村贵阳科技园空间布局。

（2）坚持开放弹性布局原则。体现全域开放特征，适应贵阳市发展阶段性需求，构建弹性可增长的开放性空间布局结构。

（3）坚持突出重点布局原则。以搭建创新驱动平台，打造实体经济发展空间为目标，突出重点示范带动作用。

8.5.2 创新空间布局模式

按照“核心＋联动＋辐射”的产业圈层布局模型，根据各种要素聚集程度、园区空间分布、产业发展类型、物流交通条件等因素，结合中关村贵阳科技园发展定位要求，构建由核心功能区向外扩散的圈层结构的布局模式。通过核心引领、近邻联动和外围扩散，实现科技创新体系的引领发展和效应扩散。

1. 核心圈层

核心圈层是中关村贵阳科技园的核心发展区域，位于中心城区，主要由高新技术产业引领区（国家高新技术开发区）、贵阳综合保税区、科技金融区、现代制造业聚集区（国家经济技术开发区）、协同创新区（国家大学科技园）和双龙临空经济区组成。

核心圈层以科技服务、高新技术、现代制造业为主导。

2. 联动圈层

联动圈层是围绕核心圈层的联动发展区域，位于中心城区周边及外围区域，主要包括三马园、金华园（贵阳电子商务产业园）、清镇职教城（含绿谷）、白云园（白云经开区）、新天园（乌当经开区）、修文产业区的扎佐园等重点培育型的专门化、特色化产业园区。

联动圈层以高新技术及现代制造业为主导。

3. 辐射圈层

辐射圈层是指利用中关村贵阳科技园平台和要素，带动发展、提升转型、适时纳入的辐射区域。

8.5.3 科技创新平台布局

全面整合贵阳资源，注入中关村的科技创新发展要素，搭建科技创新产业发展平台，集聚整合核心创新要素，全面提升经济发展的内在质量和活力，推动贵阳市产业经济加快发展、创新发展、转型发展、跨域发展(内涵见图8.7)。

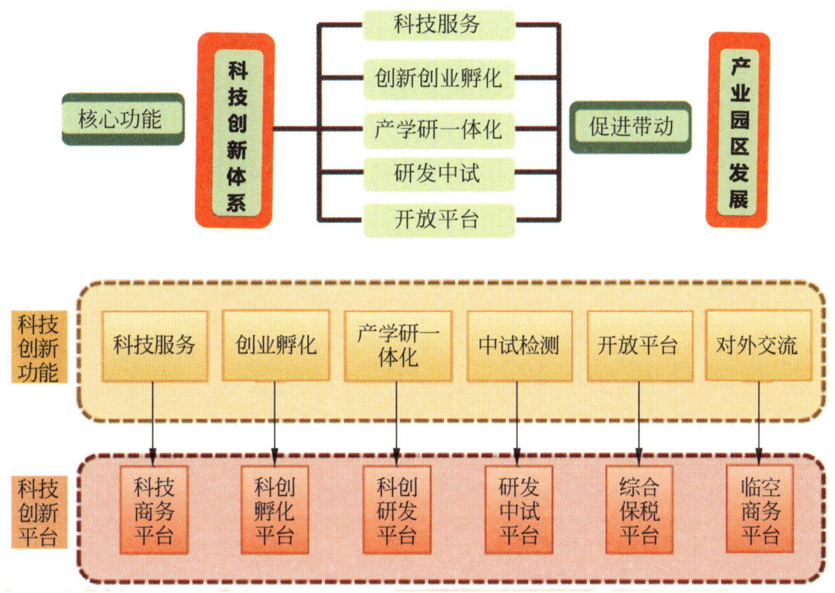

图8.7　科技创新平台体系内涵

促进科技、人才、资金等要素集聚，通过科技创新空间载体的构建，发挥技术外溢和辐射带动作用，把中关村贵阳科技园建设成为全国高端创新创业人才集聚的人才特区、西部科技金融创新中心和核心技术交易中心。

形成以“科技创新城—科创基地—科创中心”(1个科技创新城(包括观山湖科技金融区、老城中央商务区)、3个科创基地(包括高新区—贵阳科技城、经开区—桐木岭研发基地、协同创新区—大学城科技研发基地)、多个科创中心)体系为载体的创新创业生态系统(见图8.8)。

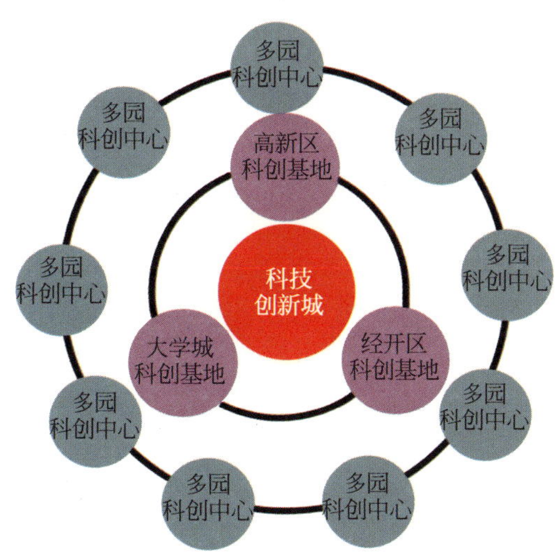

图8.8　创新空间布局思路

在科技创新城建设完整的科技创新服务体系，形成企业科技创新服务全生长过程服务平台。在科创基地布局综合研发和生产转化功能，与科技创新城一起形成完整的科技创新核心功能网络。

在各园区科创中心布局创新服务功能和示范性企业发展辅助型生产性服务业，形成各园区科技创新孵化功能区，各园区详细规划必须划定创新孵化功能区的用地范围，指导示范项目落地。

1. 科技创新城

科技创新城由老城区和观山湖区组成，以观山湖区的科技金融区、老城区的中央商务区为核心，积极引入科技、资本、人才等资源，吸引产业联盟、企业协会、孵化器等科技创新要素聚集，重点发展总部经济和生产性服务业；充分发挥首都科技条件平台贵阳合作站、北京技术市场贵阳服务平台的作用，推进科技成果转化和产业化，打造产业技术服务基地和现代服务业聚集区，加快建设国家创新型城市。

2. 科创基地

科创基地包括高新区（贵州科技城）、经开区（桐木岭研发基地）、协同创新区（大学城科技研发基地），每个基地占地面积 2～5km^2。

贵州科技城：形成中关村贵阳科技园科技创新的核心区和示范区。大力创建工程研究中心、重点实验室和产业化基地等创新平台，以重大科技成果转化和产业化项目为载体，推进新型产业技术研究机构和研发基地建设，加强与北京中关村企业合作，形成贵阳市创新创业集聚高地，成为贵阳市创新创业示范。

桐木岭研发基地：发挥集聚大型国有企业和军转制企业优质研发创新资源的优势，大力推进研发服务、信息服务等高端产业集聚，加强创业服务体系建设，突破一批关键核心技术，建设若干支撑重点装备制造产业发展的研发机构，打造全国重要的装备制造产业研发基地。

大学城科技研发基地：以贵州大学科技园为基础，重点培育和创建国家级大学科技产业园，与贵安新区共同营造良好的政策环境，建设一批以现代大学（院所）为基础的研究型大学和科研机构，增强大学科技园和孵化器的创新服务能力。

3. 科创中心

科创中心包括云岩（三马）、南明（临空经济区）、观山湖（金华）、白云园、乌当（水田、新场—羊昌）、清镇（职教城）、修文、息烽、开阳等园区。每个科创中心占地面积 0.5～1km^2。

8.5.4 创新空间布局引导

按照“一城、两带、六核”的空间布局规划建设中关村贵阳科技园，推进高新技术产业、现代制造业、现代服务业和现代农业加快发展，建成西部地区高新技术产业重要基地和区域性商贸物流会展中心，打造内陆开放型经济示范区。

1. 一城：发展生产性服务业，助推产业转型升级

“一城”由老城区和观山湖区组成，总面积 180km^2，建设用地 120km^2。

立足贵阳与中关村科技园区开展金融合作和现代服务业合作的主要发展方向，通过引入整合科技、资本等高端要素，逐步形成以科技创新和总部经济为特征的聚集发展区，形成带动全省自主创新发展的核心服务功能载体。

立足贵阳市科技创新和服务业发展的实际需求，以研发成果向产业化转化过程中的中介服务以及从产品到客户销售过程中的中介服务为重点，大力发展产业链中的高附加值环节。

针对老城区、观山湖区不同的发展基础、发展条件和服务对象，进一步明确各自的功能分工和发展重点。老城区立足现有基础，继续整合强化金融商贸和文化创意等功能；观山湖区发挥区位交通优势，以科技服务和企业总部为重点。

突出科技研发、创新孵化、科技商务、科技金融的功能，集聚整合核心创新要素，促进人才、资金、技术的集聚，促进贵阳市现代服务业转型升级。

2. 两带：两条实体经济带

两带为由中关村贵阳科技园向黔中经济区和贵州省域辐射的南北两条实体经济带（见图 8.9）。北部沿贵遵产业走廊，形成以国家级高新区为支点和核心的高新技术产业实体经济带；南部沿贵安、贵都凯产业走廊，形成以国家级经开区为支点和核心的现代制造业实体经济带。

北部高新技术产业实体经济带以国家级高新技术开发区（高新技术产业引领区）为核心，以贵阳综合保税区、白云园（白云经开区）、金华园（贵阳电子商务产业园）、三马园、乌当产业区（新天—水田—新场—羊昌）、清镇产业区（职教城、站街—卫城—新店）、修文产业区（扎佐—龙场—久长）、息烽产业区（息烽磷煤化工基地）、开阳产业区（开阳磷煤化工基地）为支点，沿贵遵产业走廊，充分利用现有产业基础和资源优势，重点发展高新技术产业和资源深加工产业，尤其是附加值高的新材料、节能环保、电子信息制造和生物医药等产业，形成北部高新技术产业实体经济带。

南部现代制造业实体经济带以国家级经济技术开发区（现代制造业聚集区）为核心，以协同创新区（国家大学科技园区）、双龙临空经济区为支点，沿贵安、贵都凯产业走廊，重点发展现代制造业，尤其是航空航天、汽车整车及零部件、重大智能制造成套装备等高端装备制造和电子信息制造产业，打造现代制造业高地，辐射带动全省现代制造业发展，形成南部现代制造业实体经济带。

3. 六核：六个科技创新核心功能区

突出科技创新核心驱动要素聚集，构建科技创新空间体系的核心承载区，重点建设完善六个科技创新核心功能区，包括高新技术产业引领区、贵阳综合保税区、科技金融区、现代制造业聚集区、协同创新区、双龙临空经济区。

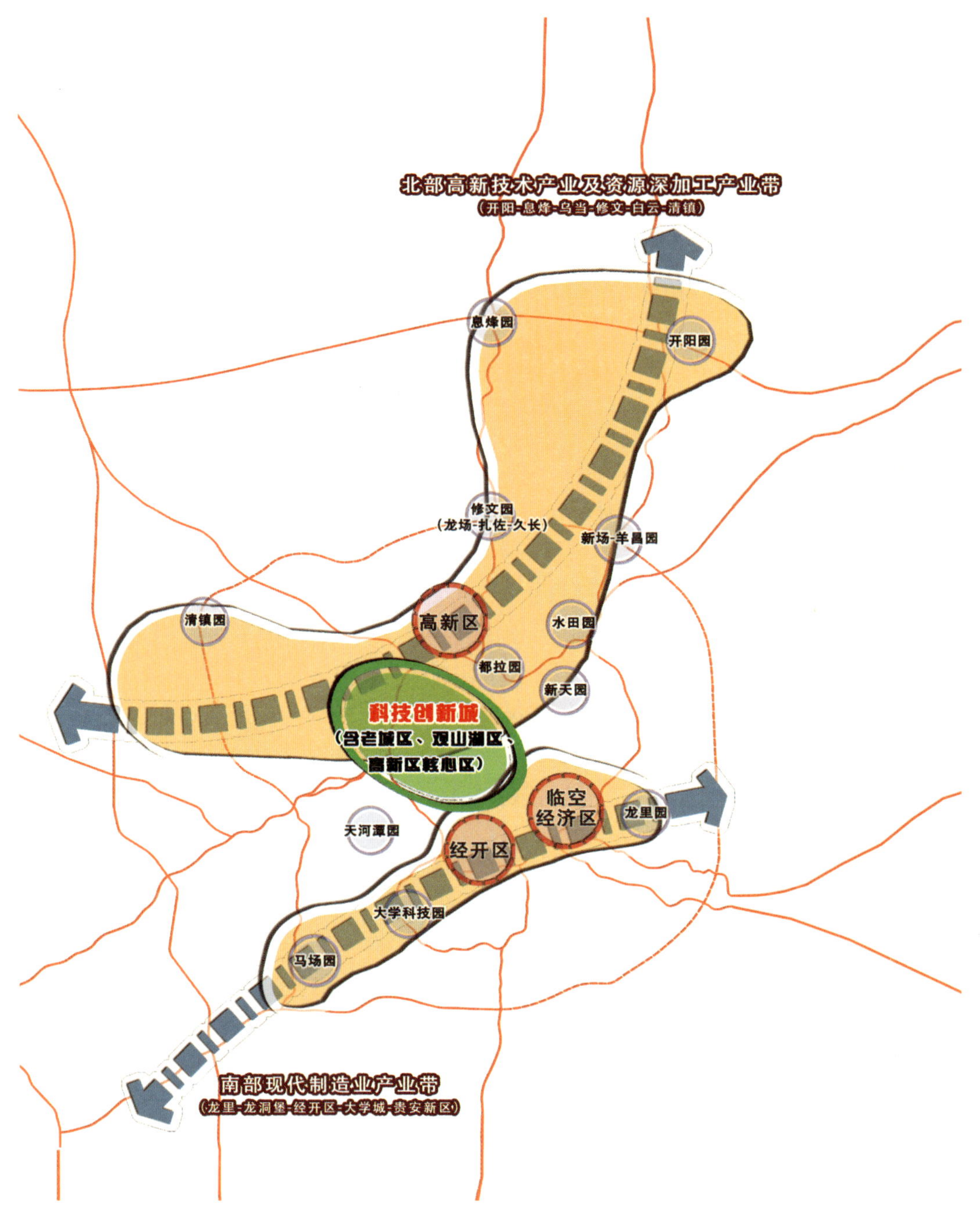

图 8.9 “两带”空间布局示意图

高新技术产业引领区：布局于沙文，重点向扎佐方向拓展延伸。大力推进新一代信息技术、航空航天、高端装备制造、新材料、新能源等高新技术产业集聚，重点建设贵州科技城，形成以科技研发、人才服务和创业孵化为主体功能的科技创新核心区。整合现有园区，壮大高新技术产业。集聚优势产业，加强企业技术改造。加强实验基地、基础设施和科创平台建设，鼓励企业建立技术研发机构，大力推进产学研的结合，提高科技成果转化能力。通过政策和制度的创新，增强对创新创业型企业的吸引力，提升软环境竞争力。建设以贵州科技城为核心的科技创新基地。集聚产业技术发展研究院、留学归国人才创业园等产业培育载体，建成产业联盟和产学研体系。

贵阳综合保税区：主要位于都拉营。重点发展保税物流仓储、保税贸易加工、保税服务三大产业类别，分别对应形成国际采购、中转分拨、保税仓储等产业功能，发展航空装备制造、现代医药、新材料和电子信息四大领域的保税进出口加工服务功能，发展进出口高档酒类及其他消费品、机械设备、航空配件、新材料产品等的展览展示和商务交流功能，逐步拓展国际交易结算、离岸金融、综合信息服务等服务，增强贵阳市乃至全省对外开放的吸引力和竞争优势。鼓励保税物流的技术创新、运营创新、政策创新和服务创新。重点通过海关物联网建设中的技术创新，综合提升保税物流的效率。推广以绿色仓储、绿色运输、绿色包装、绿色流通加工等为特征的绿色物流，实现物流全程低碳化。设立现代物流研发中心和物流配送中心，开展物流信息化及物流标准研究，推动物流科技水平的综合提升，打造智慧物流体系。追踪最新供应链组织模式，帮助物流企业实现敏捷供应和库存平稳波动。

科技金融区：主要位于观山湖区东侧。依托贵阳高铁火车北站综合交通枢纽，发挥贵阳国际会展中心、贵阳国际金融中心优势，大力发展科技商务、科技金融、技术交易、企业总部、会展商贸等高端生产性服务业；积极与中关村示范区内的银行、信用担保、风险投资等金融机构开展合作，促进各类创投资金、产业基金、天使基金等投融资机构在贵阳设立代表处或分支机构；与贵阳高新信息产业园整合布局，搭建中关村贵阳科技园金融服务平台，整合各类金融资源，形成科技金融商务功能区。依托优美的自然环境和良好的科研基础，结合贵阳火车北站建设，重点发展信息服务、贸易、会计、咨询等现代服务业，汇聚科技服务和其他专业服务资源，构建区域性科技创新服务中心和生产性服务业基地。

现代制造业聚集区：主要位于小河-孟关，区域发展向桐木岭、燕楼方向拓展延伸，规划建设装备制造中试研发创新基地。重点发展航空航天、汽车整车及零部件、轨道交通、工程机械、电子信息、机电设备制造等产业，推进小孟工业园建设。大力推进传统装备制造业向高端装备制造业升级，构建产业集群，推行模块化的生产模式。建设面向战略性新兴产业的创新基地，围绕新兴产业，突出企业的技术创新主体地位，开展产业关键技术研发。建设以陈亮科技创新中心为核心的科技创新基地，依托骨干企业、科研院所，联合高等院校，纵向联合，贯通基础研究、技术开发与工程化、产业化等创新链各环节，部署建设科技创新基地。

协同创新区：布局主要位于花溪，区域发展向石板、麦坪方向拓展延伸。依托贵州大学省级大学科技园，积极引进中关村重点科研机构和大学科研院所，与花溪高校聚集区融合发展。重点在贵州大学西侧、花溪水库以北规划建设大学科技园核心区，加快创建贵阳国家级大学科技园，为中关村贵阳科技园注入更多科技创新要素，带动贵阳市与贵安新区产业联动发展、协同创新。建设产学研平台，推进科技成果产业转化。依托高校建立科技培训基地，打造中小企业创业基地，支持中小企业技术创新项目和技术改造项目，提供科技孵化服务和管理与技能培训等产业配套服务。在科创中心内建设大学生创业园，加强创业孵化基地建设，支持大学生创业、促进产学研一体化发展。科创中心将集中为其园区企业提供科技和研发支持，为企业提供职教培训等人力资本提升的服务。

双龙临空经济区：主要位于龙洞堡。依托贵阳龙洞堡国际机场，全面发挥空港的集聚功能、辐射功能和流通功能，发展具有临空特点的战略性新兴产业和现代服务业，重点发展航空服务、航空总部、航空物流、临空商务、电子商务、休闲旅游等产业，推进临空产业集群发展，努力把双龙临空经济区建设成为全省对外开放典范区、经济转型引领地、连通世界桥头堡和绿色智慧空港城。打造以航空、数字化、全球化和时间价值为基础的新产业竞争体系，建设航空运输业物联网。推动航空物流业工作流程的信息化、技术标准的统一化及智能商业模式的建设，占据航空物流运输技术的制高点。搬迁贵阳学院等高校以及春梅酿酒厂（老干妈）等企业，将其用地调整为科技研发、商务服务等用地，打造临空商务服务板块。以临空商务服务板块为基地，以航空物流中心为载体，为园区提供包含科技研发、仓储物流、商贸展示、企业孵化、现代中介服务等在内的综合产业平台。

8.6 创新型园区引导

8.6.1 园区布局思路

园区布局思路如下。

（1）突出创新创业生态系统和自然生态系统构建要求。

创建利于科技创新的发展环境，形成以综合服务载体和孵化器为核心、拥有多个复合型企业群落的创新创业空间；推进生态示范园区建设，以市政设施共享和生态空间共享实现示范园区的生态化发展。

（2）促进园区布局与城市功能布局协调，实现产城融合。

统筹考虑，全面整合，重新布局，集约发展，达到整体综合利益最优；促进形成创新型产业集群；促进园区布局与城市功能布局协调，实现产城共融（见图8.10）。

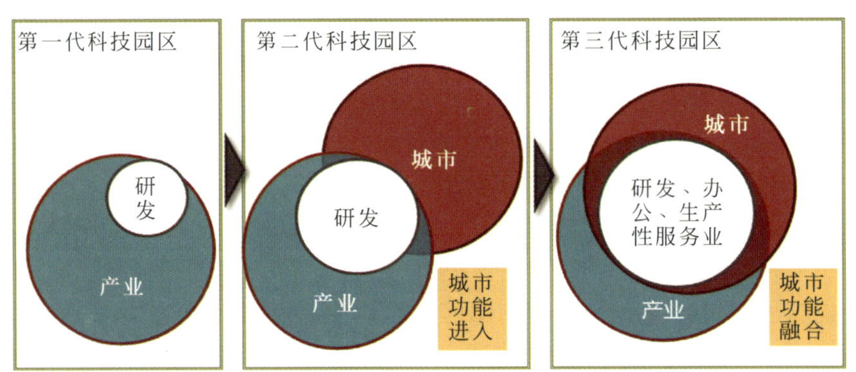

图8.10　创新驱动产业与城市协同发展示意图

（3）紧扣产业布局需求，落实产业集群和产业链发展要求。

资源导向的产业应临近资源产地和交通便利区域布局，市场导向的产业应向市场消费地和交通干线集中。

形成以产业链龙头企业为主导、以区域创新环境为支撑、具有产业集群特征、自主创新活跃的产业聚集区域。

(4) 突出分阶段规划建设重点,分期开展园区建设。

以科技创新和领军企业培育为重点,构建适合自身特点和发挥自身优势的产业集群和产业链。发挥增长极核的辐射带动作用,根据产业发展和功能演进需求实现弹性可持续增长。

8.6.2 入园园区选择

基于中关村贵阳科技园的发展要求,对贵阳市的现状园区和规划园区在产业发展要求、空间发展要求上进行评估(详见表8.3),最终明确入园园区。

8.6.3 既有园区空间整合策略

按照"布局集中、产业集聚、功能集合、用地集约"的原则,根据中关村入园选择要求,以中关村贵阳科技园统领整个贵阳市产业园区发展,推动产业转型升级、调整产业结构,进一步优化调整贵阳市产业园区规划布局和规模。

对贵阳市现有12个产业园区进行优化整合,分为园区拓展类、园区整合类、园区提升类3个类别进行引导。

(1) 核心圈层园区拓展发展。高新区向都拉、修文扎佐区域拓展;经开区向燕楼区域拓展;大学科技园区向天河潭区域拓展。

(2) 对联动圈层园区进行整合。将乌当云锦洛湾医药食品工业园与新天高新园整合为新天园(作为乌当产业区的组成部分);将龙洞堡食品工业园整合合并至临空经济区;将白云铝及铝加工产业园与青山环保科技园、云麦轨道交通装备科技园整合打造白云园;将扎佐钢铁医药园与龙场工业园、久长工业园整合为修文产业区。

(3) 辐射圈层园区转型或提升。将贵阳高新技术产业园整合至科技金融区,大力发展科技服务业;益佰工业园并入科技金融区,建设医药研发基地;金石石材园并入大学科技园(协同创新区),建设大学科创基地。清镇、开阳、息烽循环经济产业园区向深加工、精细化加工方向发展,适当拓展园区发展空间。

8.6.4 各园区产业发展引导

按照产业发展规划与空间布局规划紧密结合的原则,统筹确定各园区"首位产业"(表8.4)。

发展形成若干定位明确、分工合理的专业化产业基地,构建一批特色突出、企业集聚的产业集群,形成优势互补、分工明确、相互联动、协同发展的产业空间格局,力争各园区发展均实现主导产业突出、创新能力较强、对地方经济辐射带动显著的特色化产业园区。各园区规划的"首位产业"应突出差异化布局,引导各产业、价值链细分环节在不同专业园区的集聚。

同时,结合核心发展园区、联动拓展园区、辐射带动园区特点,分别对各类型园区发展提出引导要求(表8.5)。

表 8.3　中关村贵阳科技园入园园区选择

类型	产业园区名称	产业发展要求		空间发展要求					结论
		紧扣中关村科技园的主导产业	创新引领	产业类型	产业发展基础	交通物流条件	用地空间发展潜力	不侵占关键生态空间	
现状园区	贵阳国家高新技术产业区	符合要求	符合要求	新材料新能源、高端装备制造、生物制药、电子信息	良好	良好	大	符合要求	纳入
	贵阳国家经济技术开发区	符合要求	符合要求	装备制造、烟草医药及绿色食品、电子信息	良好	良好	较小	部分符合	部分纳入
	乌当医药食品工业园	符合要求	符合要求	医药、食品	良好	良好	大	符合要求	纳入
	清镇煤化工、铝工业循环经济工业基地	部分符合	部分符合	煤化工、铝工业	良好	良好	大	符合要求	先期纳入精细加工等部分
	开阳国家级磷煤化工生态工业示范基地	部分符合	部分符合	磷煤化工	良好	良好	大	符合要求	先期纳入精细加工等部分
	息烽循环经济磷煤化工示范基地	部分符合	部分符合	磷煤化工	良好	良好	大	符合要求	先期纳入精细加工等部分
	扎佐钢铁医药工业园	部分符合	部分符合	钢铁、医药	良好	良好	大	符合要求	先期纳入精细加工等部分
	贵阳高新信息产业园	符合要求	符合要求	移动互联网、信息产品制造、软件和集成、智能终端和智能装备	一般	良好	大	符合要求	与乌当医药食品工业园整合后纳入
	白云铝及铝加工产业园	不符合	不符合	铝加工	一般	良好	大	符合要求	产业转型和产业提升后与高新区整合纳入
	益佰工业园	不符合	不符合	医药	规模较小	一般	无	符合要求	不纳入
	龙洞堡特色食品工业园	不符合	不符合	食品	良好	良好	大	符合要求	产业转型和产业提升后与临空经济区整合纳入
	金石石材产业园	不符合	不符合	石材	基础较差	一般	较小	不符合	不纳入

续表

类型	产业园区名称	产业发展要求		空间发展要求					结论
		紧扣中关村科技园的主导产业	创新引领	产业类型	产业发展基础	交通物流条件	用地空间发展潜力	不侵占关键生态空间	
规划园区	天河潭园	符合要求	符合要求	科技研发、旅游服务、文化服务等现代服务业	无	良好	大	符合要求	纳入
	临空经济区	符合要求	符合要求	航空运输、临空服务、临空保税、电子商务物流等高端服务业和电子信息等高技术产业	无	良好	大	符合要求	纳入
	大学科技园	符合要求	符合要求	教育科研、研发服务、科技服务、创意产业、孵化基地、信息服务	无	良好	大	符合要求	纳入
	（综合保税园）综合保税区	符合要求	符合要求	综合保税物流、商贸物流、电子信息、现代制造业	无	良好	大	符合要求	纳入
	水田园	符合要求	符合要求	文化创意、康体养生、休闲旅游	无	良好	大	符合要求	纳入
	新场-羊昌园	符合要求	符合要求	现代制造业、农业科技	无	良好	大	符合要求	纳入
	龙里园	符合要求	符合要求	现代制造业	无	良好	大	符合要求	纳入
	马场园	符合要求	符合要求	电子信息	无	良好	大	符合要求	纳入
	云麦产业园	部分符合	符合要求	轨道交通装备制造	无	良好	大	符合要求	与高新区整合纳入
	罗格生态科技园	符合要求	符合要求	生态环保产业	无	良好	大	符合要求	与高新区整合纳入
	贵州省环保生态产业园	符合要求	符合要求	生态环保产业	无	良好	大	符合要求	与高新区整合纳入

注：（绿色）为符合要求的园区，（黄色）为部分符合要求的园区，（红色）为不符合要求的园区。

表 8.4 各园区首位产业发展引导

产业类型		所在园区	主攻方向	备注
高新技术产业及现代制造业	新一代信息技术	高新区	网络设备、信息网络设施、通信系统设备制造、软件与应用系统等	
		经开区	新型显示器件、数字视听与数字家庭产品、电子专用设备仪器等	
		观山湖园(金华产业区)	新一代信息终端设备、电子商务服务、信息技术服务、数字内容服务等	
		乌当园(新天产业区)	集成电路、新型元器件、关键电子材料等	
	航空航天	高新区	航空零部件制造(发动机)、航空设备及系统、航空材料	
		经开区、乌当(新天产业区)	航空航天材料及零部件制造	
		南明(临空经济区)	航空维修及服务业、航空零部件制造	
	高端装备制造	经开区	工程机械装备、3D 打印技术及装备、矿山智能设备、电力设备制造	经开区产业发展空间近期向花溪燕楼、远期向乌当新场-羊昌一带拓展
		高新区	智能测控装置、重大智能制造成套装备、数控机床	
		白云园	城市轨道交通装备、配件制造	
		息烽园	矿山专用装备制造	
	新材料	高新区	新型金属功能材料、高性能有色金属及合金材料、电子功能材料、新型能源材、新型光学材料	
		修文园	高品质特种钢材料	
		白云园	新型高端铝及铝合金、高强度铸造铝合金新材料、新型高端铝及铝合金、高强度铸造铝合金新材料、复合改性聚合材料	
	生物产业	乌当园(新天产业区)	生物技术药品、化学药品与原料药制造、新型疫苗、生物基材料	远期生物制药、生物制造产业向乌当(新天)转移集聚发展
		经开区、修文园	现代中药与民族药	
		白云园(蓬莱农科城)	生物农业(生物育种、生物农药、生物肥料、生物饲料、农业培训等)	
	节能环保	白云园	高效储能节能监测和能源计算、节能交通工具、固体废弃物处理技术与设备、环境监测设备、窑炉烟气余热利用设备	
		清镇园、息烽园、开阳园	矿产资源综合利用、绿色建筑材料、固体废弃物综合利用	
	新能源及新能源汽车	高新区	风能及太阳能产品制造	
		经开区	汽车制造、新能源汽车制造	

续表

产业类型		所在园区	主攻方向	备注
现代服务业（高技术服务业）	综合服务	科技创新城（火车北站TBD、老城CBD）	金融服务业、总部经济、电子商务	
	科技服务	高新区（贵州科技城）、花溪园（大学城科技产业区）、云岩园（三马产业区）、清镇园（职教城）	科技研发、孵化基地、科技成果转化基地、人才培训基地	
	旅游服务	乌当（水田产业区）、南明（临空经济区）	文化创意产业、休闲旅游	
	物流服务	南明园（临空经济区）、高新区（综合保税区）、观山湖园（金华产业区）	物流服务、电子商务	
资源精细加工业	磷化工	息烽园、开阳园	精细磷化工、煤化工、氯碱化工、氟化工、硅化工及新型建材	
	铝化工	清镇园	航空航天用铝合金、汽车用铝合金板、深冷设备用铝合金板材、高速列车和货运列车用大型铝材、铝锂合金、可焊铝合金薄板，超高纯铝、高压阳极铝箔及深加工	

表 8.5 园区发展引导

类别	园区名称	规划用地规模/km^2	建设用地规模/km^2	产业发展定位	具体产业门类
核心发展园区	高新技术引领区(国家高新技术开发区)	85	42	高新技术产业	新一代信息技术、航空航天、高端装备制造、新材料、新能源等
				生产性服务业	科技金融、科技研发等
	综合保税区	15	9	现代服务业	保税加工、保税物流、保税展示、保税贸易
	现代制造业集聚区(国家经济技术开发区)	101	57	现代制造业	航空航天、汽车整车及零部件、轨道交通、智能制造、工程机械、电子信息、机电设备制造等
	协同创新区(国家大学科技园区)	140	38	现代服务业	教育科研、研发服务、创意产业、孵化基地、信息服务等
	科技金融区	21	16	科技金融	科技商务、科技金融、技术交易、企业总部、会展商贸、信息服务等
	双龙临空经济区	38	18	商务办公	航空服务、航空总部、航空物流、临空商务、电子商务与展示
联动拓展园区	三马园	4	2	科技服务	科技研发、人才培训基地
	金华园	31	16	电子商务	新一代信息终端设备、电子商务、信息技术、数字内容
	职教城	30	10	科技服务	科技研发、孵化基地、科技成果转化基地、建设"绿谷"
	白云园	39	18	新材料	新材料、节能环保、装备制造
	新天园	31	22	信息技术	生物技术、航空航天、信息技术
	修文产业区(扎佐园)	15	12	新材料	生物医药、新材料
辐射带动园区	水田园	24	15	现代服务业	休闲度假、山地户外运动、文化创意、康体养生
	新场-羊昌园	45	30	高新技术产业	高新技术产业、现代制造业
	修文产业区(龙场-久长园)	40	26	现代制造业	新材料、节能环保、装备制造
	清镇产业区(站街-卫城-新店园)	90	26	资源深加工	铝资源精深加工、磨料磨具、先进制造业、新材料、新能源
	息烽产业区	42	28	资源深加工	精细磷煤化工、节能环保与资源综合利用、新材料、化工装备制造
	开阳产业区	39	25	资源深加工	精细化工、废弃物综合利用、磷矿伴生资源开发、新材料

第9章
重庆前沿科技城科技创新功能空间规划研究

9.1 研究背景

9.1.1 项目背景

在重庆力争建设创新型城市，在国家创新体系中争取更高地位，以及中国与新加坡两国合作落地重庆，借助服务贸易政策优势打造“互联互通型”内陆开放高地等发展背景下，重庆市渝北区政府委托清华同衡编制《重庆前沿科技城综合规划》，系统谋划重庆前沿科技城未来发展建设。

9.1.2 研究任务与技术路线

在对科技创新网络、创新功能区发展规律有充分认知的基础上谋划自身定位：深入研究全球创新网络、国家创新战略与格局、城市创新功能区集聚规律，作为本次研究的基本前提。

跳出科技城看科技城，在重庆市创新体系中寻找自身定位：找准重庆在国家创新体系中的位置，立足重庆科技创新体系发展基础与发展趋势，在重庆语境下探讨科技城潜在可能的目标定位。

精准利用场地特征，建立以精细化为核心的山地城市中高强度建设模式；深度挖掘用户需求，构建满足创新阶层生活方式的空间组织模式，形成以人的需求为出发点的空间方案。

9.2 现状概括

重庆前沿科技城地块位于重庆两江新区北部核心区，规划面积 21.0km^2，在重庆市已有各类规划中对该地块的发展思路尚不明确(表 9.1)。2015 年，渝北区政府提出要发挥区位优势，借助重庆市申报国家自主创新示范区和自由贸易试验区契机，在此地建设“重庆前沿科技城”，引领重庆市产业创新转型。

表 9.1　现有上位规划中对重庆前沿科技城的规划要求

现有上位规划	规 划 要 求
重庆市城市总体规划	悦来组团：由悦来、翠云、鹿山等地区组成。重点发展国际文化交流、商务会展、科技研发、休闲游憩、居住等功能，大力发展悦来两江现代国际商务中心
渝北区空间发展战略规划研究	两路 S 城市中心：疗养、休闲度假
两江新区总体规划	规划中未明确科技城的功能定位

科技城属于典型的重庆丘陵山地地区，地形条件较为复杂，地势东南高西北低，5 条山脊线自东南向西北呈指状延伸。山间冲沟分布较多，水塘低洼密布，两条主要水系后河、花

石沟横贯东西。基地内坡度超过25%的用地占规划区总面积的23%，高程最大高差超过300m。原有控规采用方格网的规划模式，规划建设用地12.95km^2，总建设量1084万m^2，建设用地的毛容积率约为0.84，容积率接近平原地区建设强度，属于中高强度的山地建设区。

可以从以下几方面概括重庆前沿科技城的现状。

(1) 具有“三区叠加”和“双自联动”的政策优势。

重庆前沿科技城具有“三区叠加”和“双自联动”的政策优势。同时享受两江国家级新区、北部新区和国家临空经济示范区优惠政策，同时由于重庆市正在申报国家自主创新示范区和自由贸易区，未来可能享受双重优惠政策，在创新发展和开放发展方面做出表率。

(2) 集聚全球科技前沿的创新功能和城市副中心。

重庆前沿科技城位于两江新区北部，周边地区集聚了近几年重庆最新建设的、紧跟全球科技创新最新趋势的水土数据中心、仙桃数据谷等创新功能区，同时紧邻两江新区城市副中心悦来城市组团，可以就近提供商务会展、中央公园、高端商业等吸引高端人才的综合服务配套，未来具有伴生高等级研发中心的可能性。

(3) 周边地区产业研发需求旺盛。

重庆前沿科技城周边20km范围内有汽车制造、电子信息、航空产业、高端装备制造等大规模产业集聚区，具备科研成果产业化的有利条件。此外两江新区还有大量工业用地可用于拓展空间，未来制造业创新需求旺盛。

(4) 临近空港，保障人流、物流、信息流的快速通畅。

重庆前沿科技城距离江北机场仅7km，可以为科技城提供人才流动、信息流动与产业流动的基础条件。重庆江北机场是4E级机场，有3条跑道，2014年旅客吞吐量2926万人次，规划2040年运量达到7000万人次、年货邮吞吐能力300万t。

9.3 功能定位

9.3.1 国家创新功能网络中的重庆地位

1. 国家实施创新驱动战略，制造业创新是其重要组成部分

当前，国民经济发展回归常态，实施创新驱动是转变经济发展方式的根本途径、是应对新一轮产业变革的战略选择、是跨越中等收入国家陷阱的必由之路。国家实施创新驱动的关键环节主要体现在创新体制机制改革、高水平保护知识产权、实施服务业全球化战略等方面，并发布了一系列政策文件。

《中国制造2025》行动计划中提出未来应从“中国制造”走向“中国智造”，推动产业转型升级，全面嵌入全球价值链，提升中国制造业的全球竞争力，最终形成一批具有较强国际竞争力的跨国公司和产业集群，在全球产业分工和价值链中的地位明显提升(见图9.1)。以新一代信息技术和高档数控机器人为核心，在节能与新能源汽车、航空航天装备、海洋工程装备及高技术船舶、先进轨道交通装备、生物医药及高性能医疗器械、农机装备和新材料等产业领域进行技术创新，同时开展制造业创新中心建设工程，重点开展行业基础和共性关键技术研发、成果产业化、人才培训等工作。

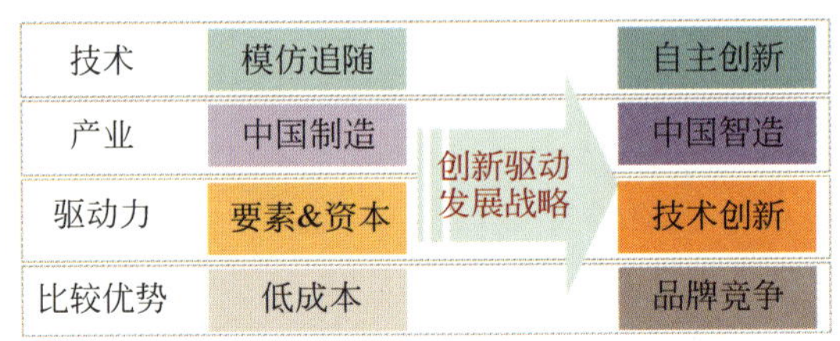

图 9.1 《中国制造 2025》行动计划

《2015 年政府工作报告》提出制定“互联网＋”行动计划，推动互联网、云计算、大数据、物联网与现代制造业结合，促进电子商务、工业互联网和互联网金融健康发展，引导互联网企业拓展国际市场。

2. 西部共同的创新需求与薄弱的创新基础

西部地区面临共同的发展历程与产业升级压力。一是发展历程与现状相似(发展历程见图 9.2)。西部地区城市的工业基础多发端于三线建设时期，以钢铁、机械制造、航天航空等资源型重工业为主，工业化信息化融合程度低于东部地区。

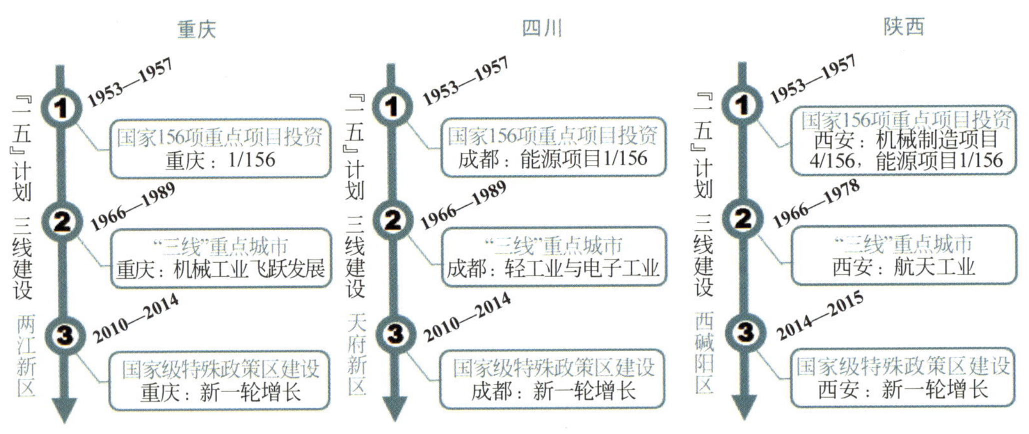

图 9.2 西部地区典型城市工业发展历程

二是相对东部地区创新基础薄弱，有协同建设创新中心的必要性。西部地区目前在原始创新、技术成果转化和科技服务等方面与东部地区存在巨大差距，创新能力偏弱(图 9.3)。从全国城市科技创新指数排名来看，西部高等级城市的排名落后于东部地区，在全球创新网络中的地位较低，区域运营总部和区域研发中心的集聚能力不足(表 9.2、表 9.3)，缺乏会计、

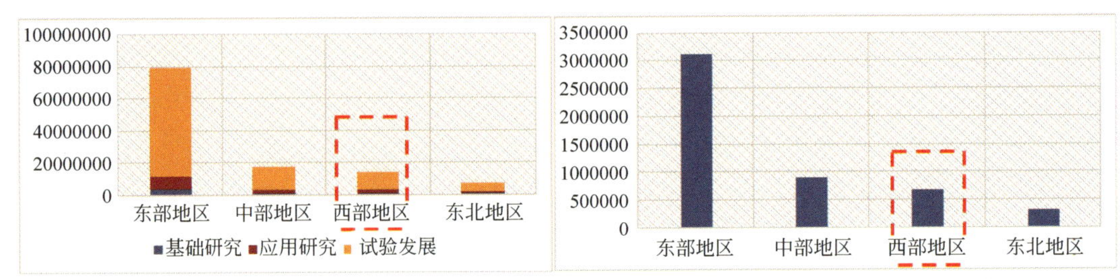

图 9.3 2013 年我国区域研究与试验发展(R&D)经费内部支出与研发人员数量对比

法律、金融等领域的高端生产服务业(图 9.6)。其他城市创新能力相对更弱,未来有必要协同共建国家创新中心,以科技发展促进产业转型升级。

表 9.2 中国企业 500 强个数分布

省、自治区、直辖市	民营企业 500 强/个	制造业企业 500 强/个
北京市	3	36
天津市	1	19
河北省	5	35
上海市	3	24
浙江省	22	88
江苏省	19	42
广东省	8	22
四川省	6	18
重庆市	1	14
陕西省	2	5
云南省	1	9
贵州省	0	4
广西壮族自治区	0	10

表 9.3 我国主要城市总部、研发与高端服务业发展情况

指标		北京	天津	成都	重庆	上海	杭州	广州	深圳
总部与研发	龙头企业数量/个	24	49	11	5	44		31	22
	战略性产业门类/种	3	6	3	2	8		3	3
	跨国企业研发中心/个	185	50	10	3	140	8	70	26
生产性服务	会展举办数/次	31 408		4445	2338	38 871		24 681	
	国外使领馆数/个	150		8	7	55		45	
	国际通航城市/个	85	17	28	12	115	13	55	34
	国际快递转运中心/个					1		1	1

三是发展阶段和产业结构相近,有协同创新的基础和诉求。近年来新兴产业发展集中在汽车、电子信息、航天航空等领域,面临产业向绿色、智能、高端的转型升级需求,其创新领域集中在军转民运用、智能制造等方面,有条件通过合作研发、科技成果共享推动产业转型。

3. 重庆建设科技创新中心的优势条件

首先,重庆是西部唯一的直辖市,国家中心城市、内陆开放高地,具备建设全球创新城市的基础优势。重庆对外开放合作程度在西部城市中较高,拥有链接全球创新网络的最有利条件。重庆 2013 年引进国外技术合同 324 项,占整个西部地区的 31%,引入金额为 44.27 亿美元,占西部的 74%,占全国的 11%(图 9.4)。2013 年货物出口额为 382 亿美元,列全国第十一位;高新技术产品出口额为 248 亿美元。

重庆与西部其他城市相比,在金融、证券领域具有比较优势(图 9.5)。重庆 2014 年各类外资金融机构总数已经达到 122 家,其中外资银行及代表处 17 家,外资小贷公司 39 家,外资股权类企业 49 家,均为中西部第一位。2007 年重庆联交所被确定为授权从事中央企

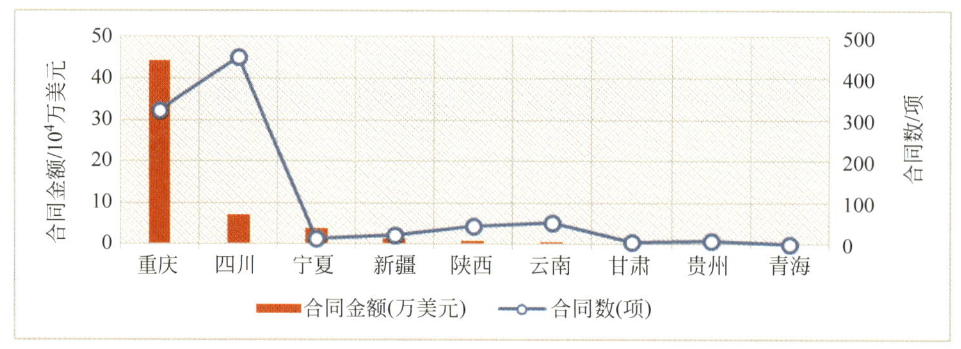

图 9.4　2013 年西部地区国外技术合同交易情况对比

业国有产权交易试点机构，成为继京、津、沪之后的全国第四家国务院国资委授权从事中央企业国有产权交易的全国市场。

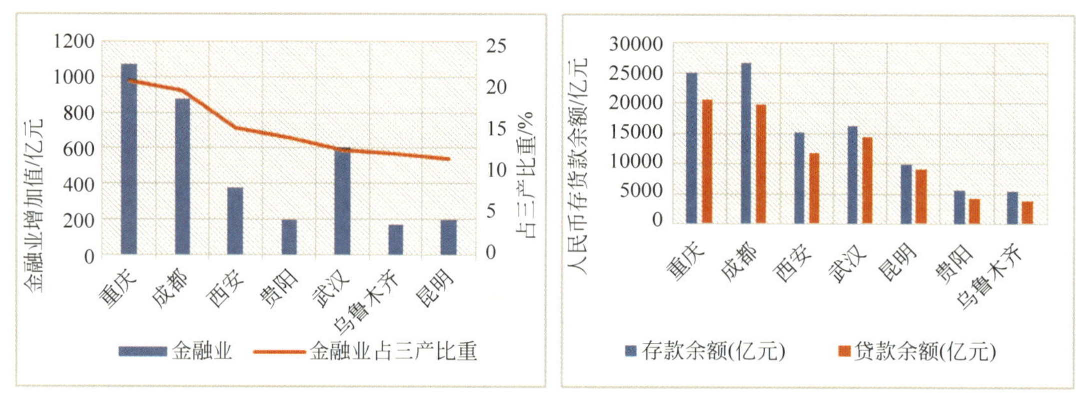

图 9.5　2013 年西部地区金融业发展情况对比

其次，重庆拥有雄厚的经济基础与完备的产业体系，具备科技创新的产业基础。重庆市经济增速长期保持全国领先。2014 年重庆市地区生产总值为 14265 亿元，比上年增长 10.9%，增速高于全国 3.5 个百分点，高于西安(9.9%)和成都(8.9%)，位居全国省级行政区第一。重庆目前已经形成了以电子信息、汽车、化工为主的产业体系(图 9.6)，并且未来将在战略新兴产业领域加快投资力度，产业的发展将对相应的研发提出新的需求。

9.3.2　重庆城市创新体系的特征与需求

1. 优势行业领域产业优化升级需求

重庆是中国近代工业的先驱，在汽车制造、摩托车制造、生物医药等领域拥有根植本地的突出自主创新能力。例如，依托长安汽车集团建立的长安汽车研究院拥有全国首批国家认定的企业技术中心、混合动力乘用车国家地方联合工程实验室、国家汽车噪声与振动和安全控制重点实验室。嘉陵集团是中国摩托车产业奠基者，累计产销摩托车 1800 余万辆，占全国摩托车保有量的 1/5。太极集团是我国医药行业的龙头企业，拥有中西药品种 1000 多个，全国独家生产的品种 50 多个、获得国家专利 59 项、获得国家中药保护的品种 30 多个、

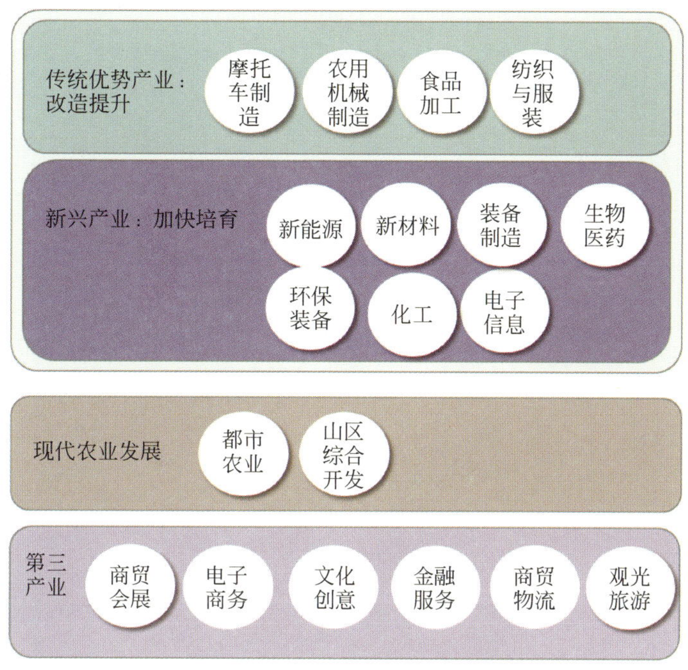

图 9.6 重庆现有产业体系结构

年销售额逾亿元的品种 6 个。

从总产值来看，计算机、汽车、通信设备、仪器制造和医药制造是重庆具有区域竞争力的行业领域（表 9.4、图 9.7）。全国区位商大于 1 的行业门类包括交通运输设备制造业（5.26），汽车制造业（3.34），通信设备、计算机及其他电子设备制造业（1.49），仪器仪表及文化、办公用机械制造业（1.39），医药制造业（1.04）等。从行业产值占比来看，重庆在全国具有产量优势的行业有微型计算机（16%）、大中型拖拉机（16%）、汽车（8%）、空调（7%），在西部具有产量优势的行业有大中型拖拉机（98%）、空调（88%）、手机（81%）、汽车（67%）、冰箱（56%）等。

表 9.4 重庆部分优势行业在全国的区位商

行　　业	区位商
铁路、船舶、航空航天和其他运输设备制造业	5.26
汽车制造业	3.34
其他制造业	3.31
燃气生产和供应业	2.11
通信设备、计算机及其他电子设备制造业	1.49
仪器仪表及文化、办公用机械制造业	1.39
烟草制品业	1.26
非金属矿采选业	1.24
水的生产和供应业	1.11
印刷业、记录媒介的复制	1.11
非金属矿物制品业	1.06
医药制造业	1.04
电气机械及器材制造业	0.98

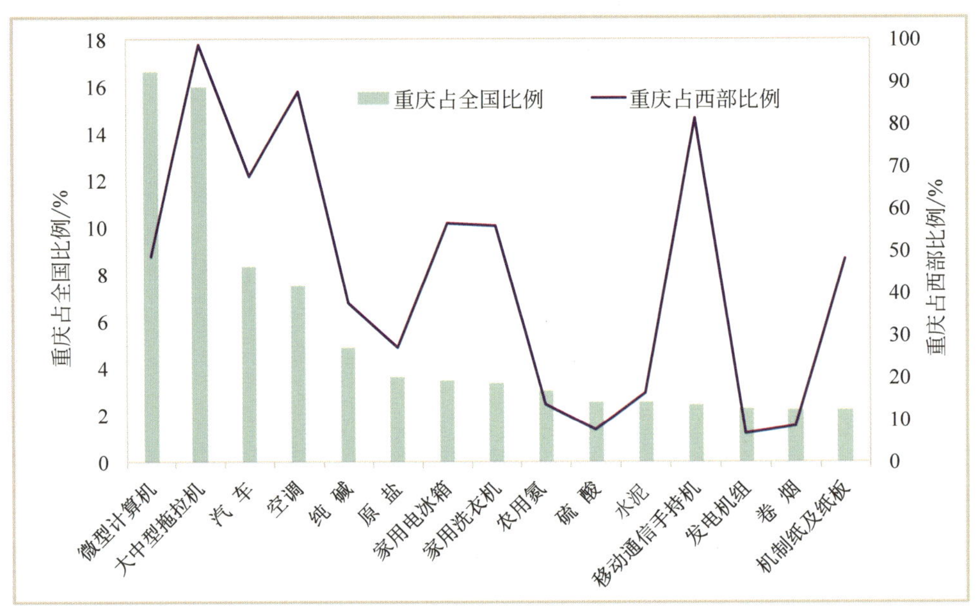

图 9.7　重庆部分优势产业产值在全国和西部的占比

重庆全市科技投入与产出均以制造业企业为主(图 9.8),且与自身产业结构匹配度很高。在汽车制造业和装备制造业的投入占总投入的比重超过 75%,生物医药占比 10%(图 9.9)。

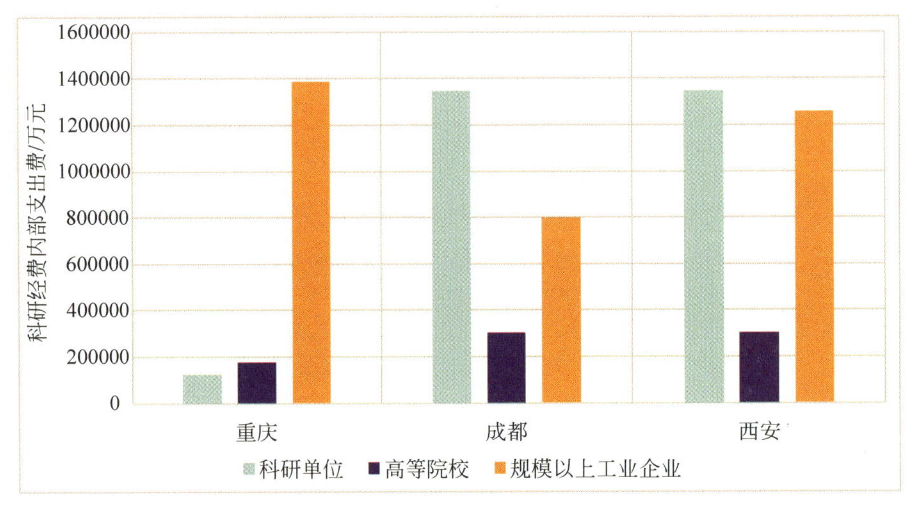

图 9.8　2013 年重庆、成都和西安科研经费内部支出结构对比(按支出部门)

从创新产业集群的分布来看,重庆主城区已形成成熟的企业创新网络,北部两江新区制造业创新需求庞大。重庆市依托国家级高新区、国家级经开区、北部新区等较为成熟的产业平台,逐步形成了若干企业创新集群(图 9.10)。作为重庆市先进制造业发展的主战场,两江新区有大量工业用地拓展空间,目前除汽车制造外尚未形成其他具备自主创新能力的高端产业集群。

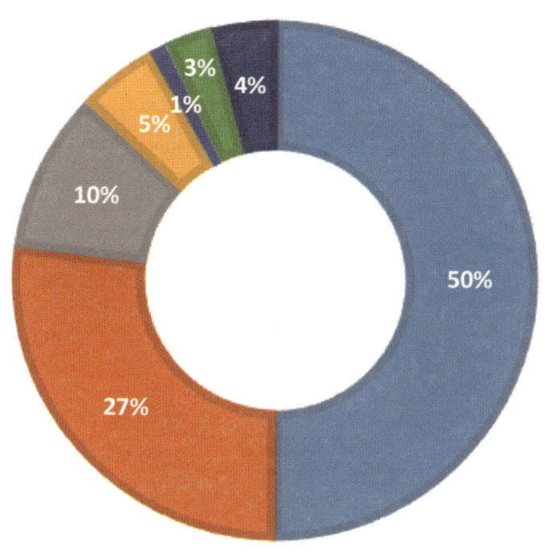

图 9.9　2013 年重庆科研经费内部支出结构(按产业门类)

	空间分布	主导创新载体	
汽车制造	空港工业园	长安汽车及研究院	依托大型企业，基础较好
摩托车制造	井口工业园	嘉陵集团及研究院 隆鑫集团及研究院	
生物医药	高新区、经开区 北部新区高新园	国家生物医院产业基地	企业集群创新，基础较好
信息技术	高新区 北部新区高新园	重庆软件园 国家数字出版中心	
笔电产业	空港工业园	跨国企业	本地根植性弱
装备制造	大渡口、同兴等	—	技术水平薄弱

图 9.10　重庆市创新产业集群分布

2. 新兴产业领域创新开拓需求

重庆市的新兴产业创新集群处于起步时期，创新网络尚未形成，需要在未来把握全球技术创新机遇，加快战略新兴产业创新，提升在国家新兴产业布局中的重要性。重庆在新一轮的国家智能制造试点工程中，成为除北京和上海外，涉及领域最广、项目数量最多的省级行政区，是未来国家新兴产业布局的重要节点，未来将成为我国智能制造的综合应用技术创新中心。从重庆市战略新兴产业格局看，规划及在建中的有仙桃数据谷、水土数据中心、机器人产业园、物联网工程技术中心等，大批创新节点集中布局于城市北部两江新区。

3. 科技创新体系建设需求

重庆的科技服务体系不完善，主要创新功能集中在南部主城区，北部缺少创新服务核心。目前，依托国家级高新区、国家级经开区、北部新区等较为成熟的产业平台，逐步形成了若干创新产业集群，主城区已形成成熟的企业创新网络，现有科技服务中心集中于成熟的高新园区，北部两江新区聚集了大量产业，但创新服务相对不足，服务核心尚未形成（表 9.5）。

表 9.5　重庆市主要科技服务中心及主导功能

科技服务中心	主 导 功 能
解放碑 CBD	传统金融交易市场、金融总部
江北嘴 CBD	新兴金融要素市场、金融总部
弹子石 CBD	企业总部
二郎—石桥铺	科技咨询服务、高技术服务业、科技金融与知识产权服务
北部新区高新园区	科技咨询服务、高技术服务业、科技金融与知识产权服务
大学城	知识产权服务、基础商务服务
北碚学区	知识产权服务、基础商务服务

9.3.3　重庆前沿科技城功能定位

重庆前沿科技城未来应建设成为：重庆北部（两江新区）科技服务的核心区，智能制造创新的核心区。

9.3.4　重庆前沿科技城功能体系

培育综合性技术创新、对外交流与合作等核心功能，扶持创业孵化、科技管理、科技服务等衍生功能，加快完善高端生产性服务、配套居住、生活服务等衍生功能（图 9.11）。重点引进企业总部和科研院所，发展高端生产服务业，与南部创新服务中心共同支撑重庆优势产业创新升级。重点引进人工智能、3D 打印、工业互联网软件开发等企业与研发机构，与仙桃数据谷、中科院智能制造中心、水土数据中心和物联网工程技术中心等联合打造重庆两江新区智能制造创新核心区。

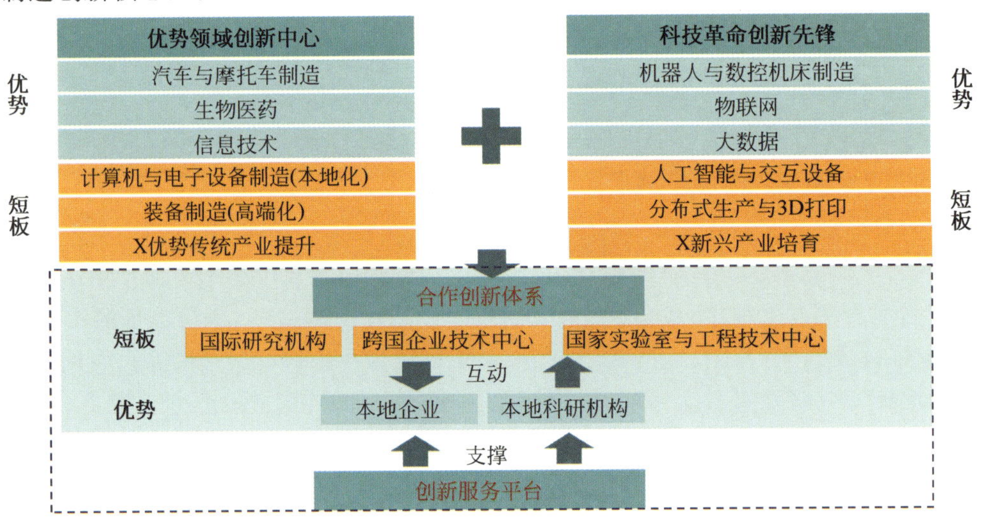

图 9.11　重庆前沿科技城功能体系

功能体系

核心功能	科技研发(综合性技术创新)	跨国企业区域性研发中心 国家级基础研究机构 国家级企业研发中心
	对外交流合作	国际交流与合作、东西部科技合作服务 国家制造业创新中心、国际科技创新协同管理与服务
衍生功能	创业孵化 科技管理 科技服务	中试 创业服务、孵化服务 地区级科技管理与服务 地区级产业技术联盟 科技金融 科技中介
外围功能	高端生产性服务 配套居住 生活服务	居住社区 RRD综合体 体育休闲 高端商业 文化娱乐 商务会展

图 9.11 (续)

9.4 创新空间构建

9.4.1 核心研究思路

1. 创新空间建设当前面临的主要问题

高品质的舒适空间环境对于科技园区至关重要。我国科技园区建设过程中,一般采用降低园区总体建设强度和增加绿化面积的方式。例如,上海张江高科技园、武汉光谷软件园、苏州独墅湖科教创新区等科技园区均形成了以大面积绿地为中心、围绕中心绿地布置各类功能的多层和低层建筑、控制高层建筑比例和数量的空间布局模式。相比于单纯追求土地使用效率的传统研发办公产业空间建设模式,上述模式的确能够有效改善产业园区的人居环境,提升园区内工作生活的舒适度,但也同时带来各个园区环境趋同性高、缺乏可识别性、对园区所处环境特色体现不充分等缺点,不能完全匹配高科技产业以及高层次创新人才日益提升的高标准需求,甚至对创新型产业的发展带来一定瓶颈。

2. 创新空间构建的基础研究框架

创新空间的建设应与创新产业的发展特征紧密关联。首先,创新空间的建设应符合创新产业发展的精神,着力于对传统产业空间形式的摆脱与突破,以寻求更好的空间品质为目标,进行更富有前瞻性和创造性的探索,并形成显著的自身空间特色;同时,空间特色的塑造不应是以吸引眼球为目的的标新立异，而是从自身环境资源条件出发，合理统筹人工建设和自然环境之间的关系，创造适合产业区地段特征的特色化空间环境。另一方面，创新产业发展的核心要素是创新人才，因此创新空间的建设应着力于符合与满足创新人才的各类生产生活需要，以作为创新产业发展的有力保障。

重庆前沿科技城位于重庆市渝北区，总体处于丘陵山地环境当中，地形条件、水文条件较为复杂；区域总体处于待开发状态，大部分区域植被茂盛，具有较为丰富的动植物资源。重庆前沿科技城有别于传统城市建设区的特殊环境为打造特色化的产业空间创造了良好的条件。依据重庆前沿科技城的功能定位，未来该区域内将集聚大量的科研机构、科技创新型企业、创新产业服务机构，高端科技创新人才将是科技城内就业和居住的主体人群。因此，重庆前沿科技城创新空间的构建研究，一方面要围绕着针对规划区域所处场地的特征进行利用，以期创造出高品质的特色园区环境；另一方面则围绕着对科技创新人群的生产生活习惯与需求进行深度挖掘，使创新空间的设置能够满足这一特殊人群的个性化与特殊需要。

9.4.2 场地特征的精准利用

重庆是著名的多山地区，科技城所处的丘陵山地环境在当地十分具有典型性，以往面对类似基地条件的开发建设往往采用对山地地形进行整体改造的方式。此种方式虽然具有规划和建设速度快、土地使用效率高、能够支撑较高强度的城市开发等优势，但其劣势也同样明显：规划区原始的地貌特征被剧烈改变，核心景观资源不复存在；原始的生态环境受到较大程度的人工干扰与破坏。因此，重庆前沿科技城场地环境的利用以保护性开发为核心原则，同时作为城市发展区的重要组成部分，要保证规划区内足够的开发规模，以满足产业发展及大规模居住人群生产生活需要。

丘陵山地区域城市主要具有如下几方面自然属性特征：①山水景观更具特色。在“无山水不成景观”的东方美学价值体系下，对规划区内及周边既有的山水景观格局进行保护便显得尤其重要。②地形复杂区域的生态系统构成要素更多，各要素之间的关联程度更加紧密，最大程度地保障原始生态循环系统也将成为山地区域开发建设的一项重要研究议题。③山地区域的地质构造更加复杂，如断裂带、山体滑坡区等影响城市开发建设的要素分布较多，必须对相关资料进行充分掌握，并分析各类安全要素对城市开发建设的限制影响，保证未来城市的公共安全。

重庆前沿科技城的建设有别于一般围绕丘陵山地进行的小规模、低强度的郊野化开发，而是具有较高开发强度的城市片区开发建设，对于复杂地形的改造范围大，大面积的建设用地开发对于规划区原始的水循环系统干扰程度大，城市运行的能源需求也完全参照一般城市片区的总量规模。因此，复杂条件下的场地高程设计、低冲击海绵城市建设以及低碳化能源供给方案制订也将成为本案空间建设的重要研究议题。

面对高度复杂、有别于一般规划区域的建设背景，传统的依靠规划师的经验而进行感性判断来制订空间方案的规划方法显然已经难以满足需要，因此，集合多门类相关学科研究、应用大量数字化技术进行分析、主要基于定量研究辅助判断的精细化规划设计将成重庆前沿科技城空间规划的必要手段(图 9.12)。

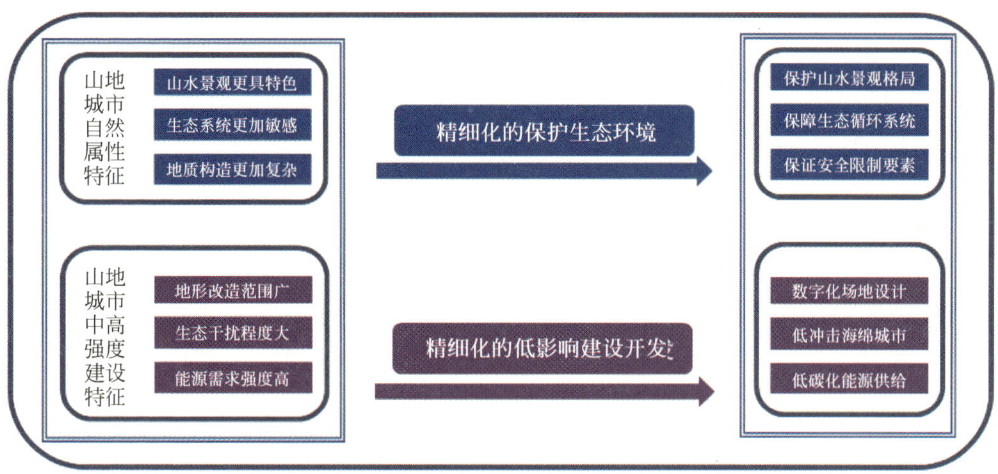

图 9.12　山地城市中高强度建设模式研究框架

1. 精细化的生态环境保护

1）保护要素 1：山水观格局

丰富的山水资源为构建规划区内良好的山水景观格局提供了优越的条件。为了确定最适宜的山水景观格局，规划对规划区内具有高保留价值的水体要素和山体要素进行了分析（图 9.13）。

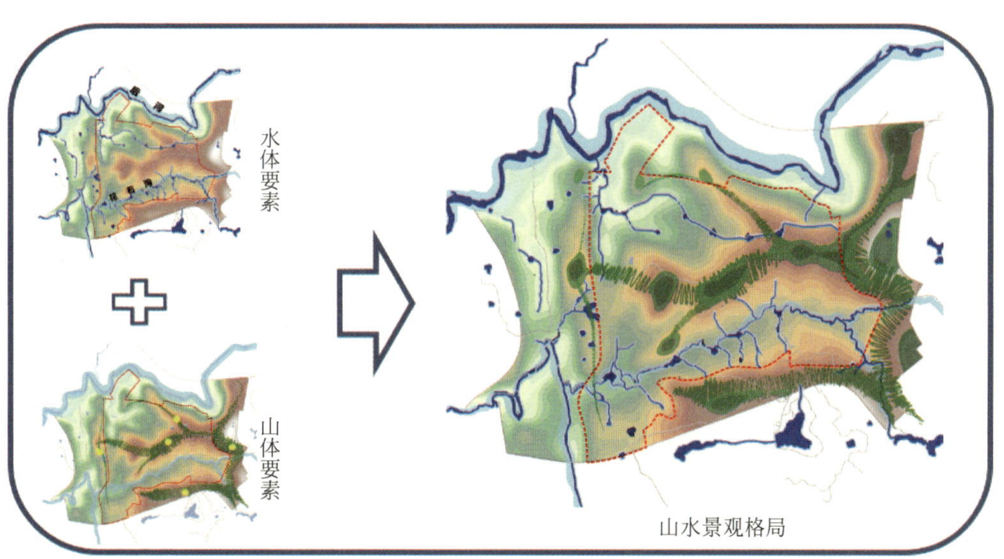

图 9.13　保留山水景观格局

在水体要素保留方面，首先将规划区内的主要水系进行保留，并依据水系的水量和防洪要求设置宽度不等的建控隔离带；同时，通过 GIS 对规划区内的现状地表汇流情况进行分析，并确定需要保留的主要汇水线，对于拟保留汇水线位置进行建设控制，保证主要汇水廊道在建设开发的条件下依然得到保留；通过对规划场地内各个汇水分区的径流量进行计算，沿主要汇水线设置一系列的滞留池，同时兼顾水环境安全与水景观塑造。

在山体要素保留方面，通过对规划范围内山脊线的尺度、位置、高程等要素进行叠合分析，选取最具有景观价值的重要山脊线进行保留。另外，围绕规划范围内主要山体节点位置进行综合分析，判断重点塑造的山体观景点与景观点，并针对一系列重要节点进行计算机辅助视野分析，判断重要的景观视线廊道，对廊道位置进行建设控制，保证重要景观视廊的通畅。

2）保护要素 2：生态循环系统

基于景观生态学的理论基础，同时结合既有的生态循环系统保护实践，本次规划确定以保护生态敏感性和维持生物多样性为基础，对规划区的生态循环系统进行保护（图 9.14）。

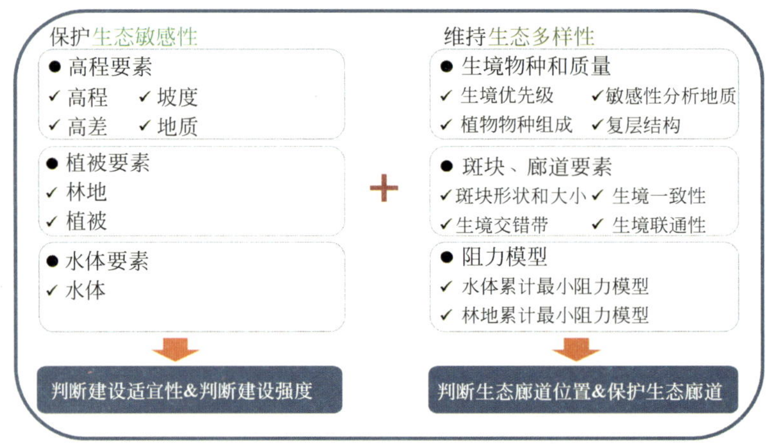

图 9.14　生态循环系统保护要素分析

保护生态敏感性方面，通过对规划区内多类高程要素、植被要素、水体要素等进行分析，从而得出规划场地的生态敏感性分析结果。基于生态敏感性分析，可以辅助判断规划区域内用地的建设适宜性，并且作为开发强度分区规划的基础（图 9.15）。

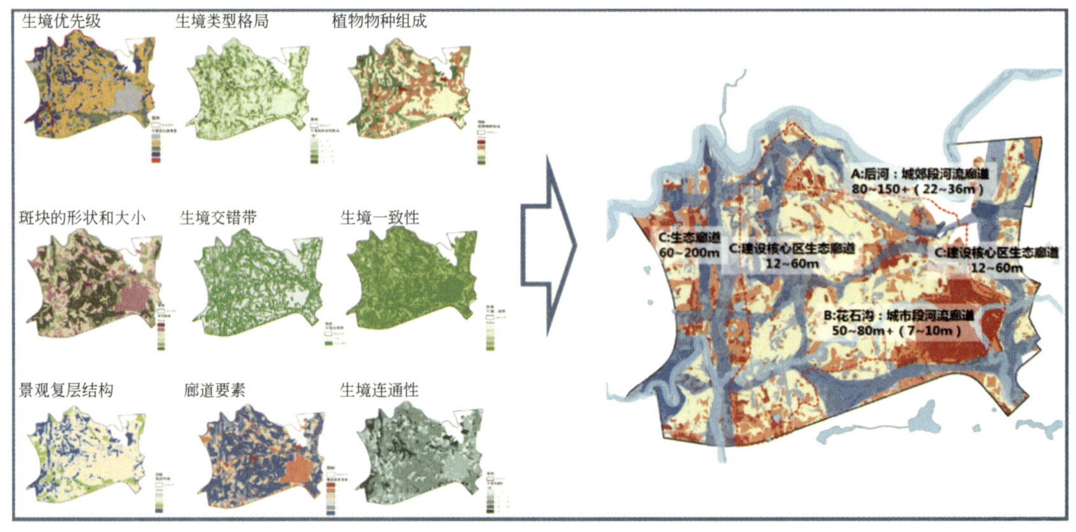

图 9.15　生态廊道保护

维持生物多样性方面，对规划区内的生物物种和质量、生物栖息斑块、生境交错带、生境联通性、生境阻力模型等一系列因素进行分析，通过计算机对大量复杂要素进行叠合计算，生成规划区内宜保留的生态廊道的位置与尺度。

生态敏感性水平与生物多样性水平共同构成规划研究区域的生态效益评价(TEB)，并可形成量化的综合评价指标。

3）保护要素 3：安全限制要素

安全限制要素包括 25 度以上的不适宜建设区、地震断裂带、地质灾害点、市政通廊、已批已建道路和用地等，将各类要素进行叠加整合，作为空间规划方案编制的不可变量。

4）多要素结合生成建设基底

将山水景观格局保护、生态循环系统保护以及安全限制要素保护等三方面分析结果进行叠加分析，生成规划区的建设基底，可以明确规划区域内：哪些用地较适宜进行开发建设，采用何等建设强度进行开发；哪些用地不宜建设，应予以保留保护。以此建设基底为基础形成的空间规划方案，将最大化地对规划区域的生态环境进行保护。

5）生态效益评价

基于对规划方案的生态敏感性水平与生物多样性水平进行再分析，可以得出规划方案的整体生态效益(TEB)量化得分(2.45)，较规划区域现状的生态效益(TEB)得分水平(2.78)仅降低了 0.33，开发建设对规划区域的生态环境消极效益影响得到了有效控制。

生态效益的保证同时还可以带来一系列城市运营过程中的经济效益。如本次规划方案中，保留的自然郊野型公园绿地具有较强的自维护能力，其建设成本和维护成本相比于一般城市公园绿地，可以降低 2/3～3/4。

2. 精细化的低影响开发建设

1）策略 1：数字化辅助进行场地详细设计

由于规划区内部的地形较为复杂，在规划设计过程中需要对大量的地形进行改造利用。规划运用 Infraworks 360、Autodesk Civil 3D、Arc GIS 以及 Phoenix 等三维设计工具对道路的竖向设计、建筑的高度设计以及规划区的风环境进行数字化场地设计。

在道路和场地的竖向设计方面，通过 Infraworks 360 平台进行三维立体化设计，复杂地形条件下的道路铺设和场地平整对现状地形的影响可以直观清晰地得到体现，并实时生成土方工程量等一系列相关指标，保证了竖向设计方案的合理性与经济性。

在城市设计层面，利用三维化规划工具和技术，对规划建筑的高度控制和排布方式进行优化，能确保将人工建设对重要景观视廊的不利影响降到最低(图 9.16)。

在规划中还同时引入风环境分析，以提升夏季通风舒适度为目标对规划区域内的风环境进行模拟，通过模拟结果进一步优化规划方案，以创造更加良好的园区环境。

2）策略 2：建设低冲击海绵城市

规划区的生态环境质量很好，任何的开发建设活动都会对生态环境产生一定的干扰。为了尽可能地降低对规划区的干扰程度，本研究运用海绵城市的设计理念，对规划区的雨水进行处理。根据重庆雨水的现状特征，制订了优先应用“滞、蓄”，综合应用“净、排”，适当应用“渗、用”的规划策略，并设定了规划区域年径流总量控制率与年 SS(悬浮物)总量去除率总体目标。

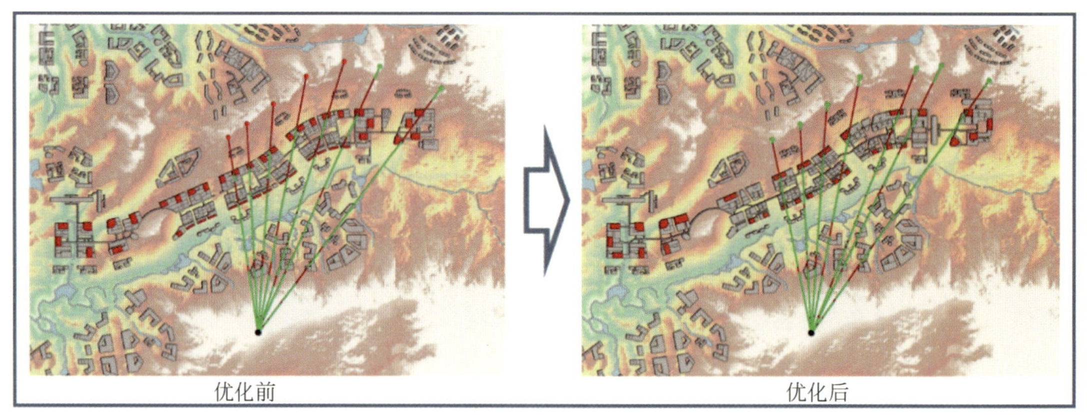

图 9.16 优化建筑高度控制和排布形式，维持良好的景观视线

在雨水的“滞、蓄”方面，根据重庆山地坡度大，降雨汇流速度快等特点，通过下沉式绿地、生物滞留设施等滞留系统，延长降雨产流、汇流及转输的时间，来削减洪峰流量；在雨水的“净、排”方面，根据山地城市地形坡度大的特点，以设置梯级植草沟、绿色屋顶等方式收集和排放道路径流，并承担地表污染径流的收集、净化和排放功能；在雨水的“渗、用”方面，为避免雨水渗入产生路基受损或建筑基础不均匀沉降等问题，在人行道、广场、露天停车场等地铺设渗透性铺装，并在规划区的小范围内进行雨水的回收利用，同时在公共建筑局部设置蓄水池和雨水桶等。

在总体目标和实现路径明确的基础上，采用计算机耦合模拟计算，生成不同地块控制指标数据，如下沉绿地、绿地屋顶、透水铺装、植草沟、生物滞留池等的具体规模，可作为规划地块的控制指标组成部分，实现海绵城市总体规划目标落地(图 9.17)。

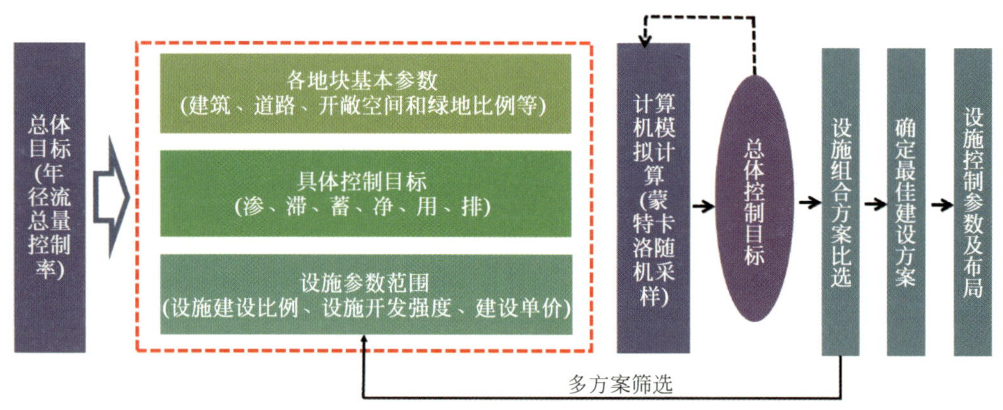

图 9.17 低冲击海绵城市

3）策略 3：低碳化导向的能源供给方案

以低碳化能源供给为目标，根据规划区内不同的自然条件、相应的政策规划以及不同的建筑功能进行能源的选取，通过详尽的能源需求计算，对不同片区的供冷、供热、热水、供电及照明提供差异化的能源供给方案，并实现能源节约的规划目标。

4）低影响开发建设综合效益评价

在场地竖向设计方面，与原控规相比，规划后的填挖方工程量减少 2240 万 m^3，缩减约

54%的挖方量,减少土方造价超过10亿元;在雨水径流方面,规划后的雨水径流控制率达80%,与规划前的径流控制率基本持平,且年悬浮物总量去除率提升至40%;在非传统水源利用方面,雨水回用达51 895m^3/年,规划区绿化、浇洒等供需再生水等非常规水资源达3774.6m^3/日,对于非传统水源利用率高达27%,高出国家节水型城市标准7%;在节能减排方面,与常规能源方案相比,规划后的年二氧化碳排放量降低约10.4万t,减少了16%,年二氧化硫排放量降低约335t,减少了17%,年氮氧化合物排放量降低约287t,减少了16%,节约的能源共折合约1.68万t标准煤。

9.4.3 用户需求的深度挖掘

为了探索出满足创新阶层生活方式的空间组合模式,本研究从以人为本的角度出发,多方位解读用户特征及需求,以创新阶层的工作空间特征、生活空间特征以及出行模式特征为主要内容,对创新阶层的需求进行深度挖掘。

1. 创新阶层的基本特征及价值取向

根据中关村指数和硅谷指数的相关研究统计,创新阶层具有年轻化、高学历、中高收入以及时间饥渴等基本特征。创新阶层提倡健康的生活方式,追求自我价值的提升;在乐于接受新鲜事物的同时,强调时间的使用效率;在工作和生活中都强调个性化需求的满足。

2. 适合创新阶层工作特征的空间创造

创新阶层工作的核心特征之一是依赖交流、协作与沟通;同时,创新阶层的工作组织形式扁平化,多服务于人数规模较小的生产单位,青睐灵活的工作方式。为适应创新阶层的工作行为特征,重庆前沿科技城空间规划着重于塑造共享的交流平台与较为灵活的空间组织。

1)创新综合服务轴带

创新综合服务轴带规划于科技城的核心位置,结合了创新研发办公、生产服务、生活服务等多种职能。创新综合服务轴带以非正式的交流空间和创新氛围的营造作为规划重点。

在创新综合服务轴带中心位置形成连续的中央步行带,在步行带内形成一系列公共开放空间,作为科技城的活力展示窗与事件发生器。创新综合服务轴带底层部分功能规划为生产性服务与生活性服务,并由一系列立体化连廊体系进行串联,形成"U盘式服务插座",同时形成大量的共享交流空间(图9.18);各类创意办公、公寓功能建筑则安插在底层服务型建筑之上,形成空间上的紧密联系。办公空间内部有别于传统办公空间,分割更加灵活,微交流空间与专属空间呈现交织穿插的状态(图9.19)。

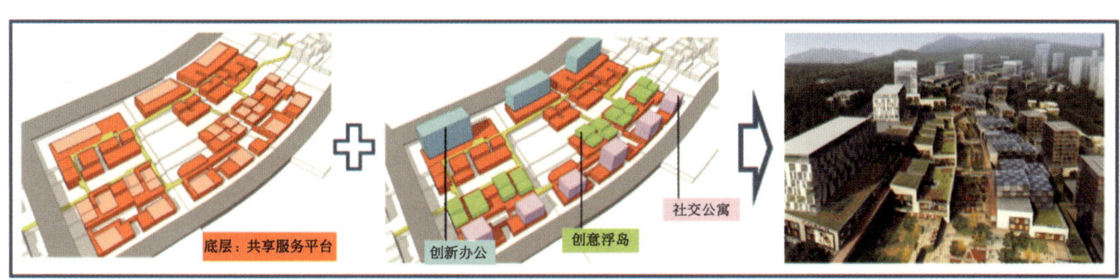

图9.18 共享交流平台设计

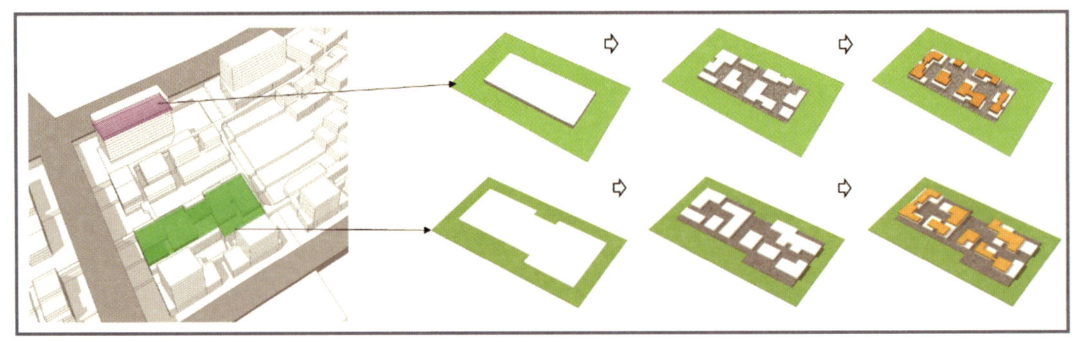

图 9.19　自由创新空间设计

2）科研院所集中区

在科研院所集中区中心位置规划有园区发展中心，包括共享实验室、公用检测中心、公共图书馆和共享数据中心等设施，实现科研资源开放共享；提供多样化的科研机构入驻空间，既有大体量的研发建筑，也设置小体量的研发模块，适合于不同规模、不同空间需求的研究团队。

3）企业研发区

规划设置企业创新交流中心，同时依据产业发展方向形成多个企业研发组团，在每个研发组团内部也设置共享的企业会所。研发组团具有灵活多样的组织形式：有的研发组团专属于某个大型企业，由该企业旗下多个研发部门组成；有的研发组团则围绕着某个产业链，由一系列有产业关联的企业和机构共同组成（图 9.20）。

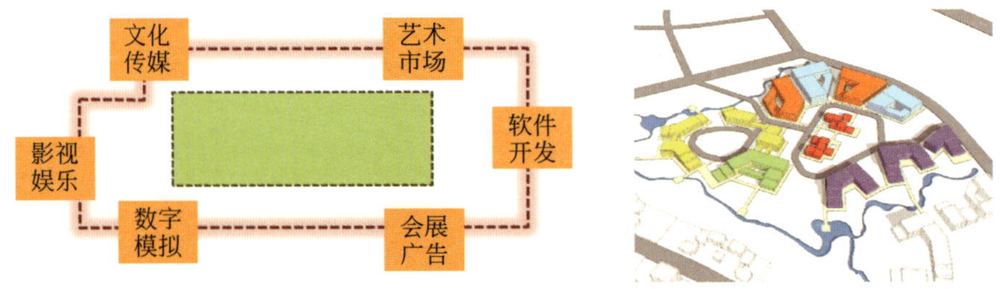

图 9.20　大型企业总部组织模式

3. 适合创新阶层生活特征的空间创造

在生活方式方面，创新阶层的典型特征包括追求高效的时间利用、重视教育消费、偏好运动健身等。重庆前沿科技城规划针对创新阶层的特殊需求进行针对性的空间规划统筹。

1）规划高效的生活圈

科技城内各功能组团实现高度混合设计，同时包括居住、办公、商业、酒店等各种城市功能，缩小人群基础活动范围，形成以工作场所为核心的 15min 高效生活圈，将餐馆、酒吧、咖啡厅、书店、洗衣房等生活设施更多嵌入办公空间中，促进工作与生活空间一体化。

2）规划以教育和运动设施为核心的社区功能

引入配套教育设施，完善社区的教育服务。将运动设施体系与各建设组团、绿地公园相结合，在楼宇中布置健身中心、小型场馆和养生会所，在户外设置坡地步道、室外球场等服务居民的日常使用。另外，通过引入高端化的健康养老设施来保障社区的医疗、养老问题，打造以教育和运动设施为核心的全龄关怀社区。

4. 适合创新阶层出行特征的空间设计

针对创新阶层青睐高效出行、就近出行、绿色出行的交通需求特征，构建高效的对外交通联系、快捷的内外交通衔接和友好的绿色步行网络。

1）高效的对外交通联系

创新阶层经常出入高铁站、机场等对外交通枢纽，因此重庆前沿科技城与这些交通枢纽之间实现便捷联系便显得尤为重要。规划重点对规划区内的轨道交通系统进行了优化，同时构建轨道、BRT(Bus Rapid Transit)、常规公交等多层次复合公交走廊，缩短对外通勤时间。

2）快捷的内外交通衔接

通过减少道路层级，改变原有的快速路-主干路-次干路-支路的道路等级模式为快速路-公路-尽端道路的模式，有效提高末端交通汇集到高等级区域道路上的效率，建立符合山地地形特征、同时满足快捷进出的高性能路网体系。

3）友好的绿色步行网络

以步行网络将各组团与中央服务带进行良好串联，并将路径距离控制在 1.5km 内，使绿色步行成为科技城内部的首选交通方式。同时，将覆盖于科技城全域的慢行交通网络独立于机动车道路进行设置，增加慢行交通的安全性。另外，以硬化景观步行路，自然化郊野步道、步行阶梯、户外扶梯，以及垂直交通电梯等多样化的慢行交通形式丰富步行网络，增加出行的多样性和趣味性。

9.5 创新型园区引导

9.5.1 重庆前沿科技城发展策略

构筑四大平台，即产业优化升级平台、开放合作示范平台、创新创业平台、智慧运营管理平台(图 9.21)。

图 9.21 重庆前沿科技城平台发展策略

1. 产业优化升级，支撑重庆引领西部转型发展

聚焦重庆传统产业和新兴产业发展需求，构建联盟型产业优化平台。包括建设科技资源共享平台、研发协作平台、技术联盟、对外交流平台和科技成果共享平台。

构建科技城科技创新服务核，包括国际合作、研发协作、创业孵化、技术联盟、产品展示、科研管理、科技中介等功能。同时结合科技城创新型产业构成，细化创新服务在各产业领域的内涵(表 9.6)。

表 9.6 产业优化平台建设

领　域	建设机构与平台
科技资源共享平台	大型科学仪器设备共享服务；能源交通、先进制造、生物医药等科技基础数据共享中心；科技成果、专利、科技期刊与技术标准等科技图书文献资源库共享中心
研发协作平台	与清华、北大、中科院等高等院校的研发协作平台；与国外高校(如 MIT 等)在智能制造、电子信息、生物医药等领域的研发协作平台；以企业为主体，与国外企业研发机构平台(如特斯拉的新能源汽车等领域)
技术联盟	智能制造技术联盟、大数据技术联盟、汽车产业技术联盟、新材料产业技术联盟
对外交流平台	国际研发交流与合作、"一带一路"科技合作、智能制造等领域的国际学术研讨会、智能汽车等领域的国际论坛
科技成果共享平台	东西部科技合作平台，区域性联合产权交易平台，西部地区研发合作与资源共享平台，与成都、西安建设科技成果共享平台(在军转民用、航天航空、电子信息、高端装备制造等领域)

2. 促进开放合作，迎接全球科技变革

利用重庆市自创区和自贸区双自联动、两江新区内陆开放高地的政策优势，以开放的主动赢得发展的主动、国际竞争的主动，助力重庆迎接新一轮全球科技革命。

在本土企业与跨国公司之间搭建跨国公司技术转移平台，构建开放型创新体系。建立创新成果引进机制，建设科技资源引入机制，着重引入国际先进研发机构、龙头企业和"隐形冠军"企业；建立人才引进奖励、金融服务保障、创业奖励等创新要素引入机制；建设产学研联动平台，促进科研机构、企业相互联动；建设区域科技合作平台，中西部地区面向共同的创新需求，开展共性研发，促进创新成果本地化吸收，推动科研机构间在产业链上的深入合作，构建在经济关系和社会关系方面的高度内在联系；培育创新网络体系，注重本地自主创新人才培育、成果和技术，提升自主研发能力和水平；建立研发成果共享、扩散平台，与尖端科技研发机构形成长效合作机制，举办国际性博览会及专业领域的科技大会，鼓励具有一定影响力的企业在海外设立研发机构，促进科技成果共享与扩散。

积极争取纳入重庆自主创新示范区和自由贸易试验区范围，利用其政策高地、金融优势和开放合作基础，主动承接国际科技人才、科技资源，设立国际化发展专项基金，开通中试产品出口绿色通道，搭建国际学术交流与产品博览平台。

3. 完善创新创业平台，服务两江科技创新

(1) 延展科技创新服务链，促进科技服务业专业化、定制化、高端化发展。设立科技成果转化平台、科技服务平台和创新合作平台三大平台，结合重庆现状，明确重庆前沿科技城发展重点。科技成果转化平台包括股权激励机制、科技成果转化机制和共建开放实验室和协同创新中心。科技服务平台包括知识产权服务、科技金融服务和创新创业服务。创新合作平台包括社会组织基金和协会组织平台。

(2) 强化与悦来城市副中心协调。悦来城市副中心为前沿科技城提供多样化的城市服务，形成协作互补(图 9.22)。前沿科技城提供科技金融、商务办公、专业会展服务、商业服务、知识产权服务、科技研发服务和创业孵化服务等科技创新服务。悦来城市副中心提供金融服务、商务办公、大型会展服务、高端商业、文化娱乐、体育休闲、公园游憩、酒店宾馆等高端商务服务。

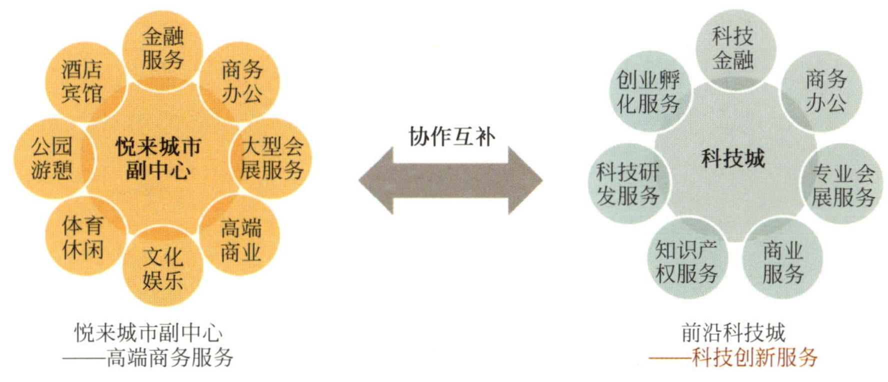

图 9.22　重庆前沿科技城与悦来城市副中心功能互补

4. 建设智慧化管理平台

(1) 政府、管委会和运营公司推动智慧运营平台建设。

各级政府部门提供政策机制、标准规范、数据共享等保障。政府与企业合作成立运营公司，并对运营公司提供政策、立项、资质、特许经营许可等。管委会可以作为具体管理、服务的执行机构，并可以向科研机构、企业购买服务。运营公司参与土地开发、招商、运营以及具体 PPP(Public-Private Partnership)项目建设。

(2) 企业和科研院所作为市场化参与单位参与智慧营运。

企业和科研院所通过市场化机制，运用共享数据和其他数据，为政府和市场提供专业服务、增值服务，并可以通过交换获取政府或其他企业的信息、服务。政府和企业的合作可以通过智慧化的运营手段，提升园区管理和服务水平，实现基于信息、大数据的创新创业网络体系。

9.5.2　开发运营模式

基于 PPP 模式整合多方资源，形成以政府推动、市场化运作为核心的开发模式。

模式一是全过程 PPP 开发模式。政府与企业合作成立运营公司，运营公司参与土地一、二级联动开发，负责整个科技城招商、运营职能。企业投入与政府支持双管齐下，共同提供资金来源，运营公司通过市场解决。政府对运营公司提供政策、立项、资质、特许经营许可等政策支持，并制定切实可行的一、二级联动开发土地政策。

模式二是局部PPP开发模式。政府负责土地的一级开发，并与企业合作成立运营公司。运营公司参与土地二级开发，并负责整个科技城招商、运营职能。政府对运营公司提供政策、立项、资质、特许经营许可等服务支持，负责制定政策、协调机制，吸引企业参与部分PPP项目，如智慧城市、海绵城市等的建设。

9.6 主要参考文献

[1] 周春彦，李海波，李星洲，等. 国内外三螺旋研究的理论前沿与实践探索[J]. 科学与管理，2011(4)：21-27.

[2] 罗宇航. 科技创新基础能力研究——以西部地区重庆为例[J]. 科技进步与对策，2015(6)：55-60.

第10章
乌镇科技创新功能空间规划研究

10.1 项目背景和规划思路

10.1.1 项目背景

乌镇，是我国长三角一颗璀璨的水乡明珠，位于江、浙、沪的“金三角”，拥有7000多年文明史和1300年建镇史，先后被授予全国文明镇、中国历史文化名镇、中国十大魅力名镇、国家5A级风景区等殊荣，被誉为“中国最后的枕水人家”。2014年，乌镇成功承办首届世界互联网大会并成为永久举办地。随着世界互联网大会的永久落户，乌镇迎来全新的发展机遇和战略要求。

为打造一个融小桥流水传统特色和现代互联网基因为一体，中西文化交相辉映，既能满足互联网大会永久会址需要，又能实现旅游和经济社会发展的乌镇，在浙江省领导指示下，由桐乡市政府统筹指导，乌镇镇政府高标准组织开展战略性规划研究，提出互联网时代乌镇创新发展的目标、路径和对策。

10.1.2 规划主要任务

以世界眼光和现代理念对乌镇进行全镇域、全方位、全空间的整体统筹和科学谋划，打造一个融小桥流水传统特色和现代互联网基因为一体，中西文化交相辉映的乌镇。规划重点包括以下任务。

(1) 满足世界互联网大会永久会址需要，支撑互联网大会的成功举办，更好地发挥中国与世界互联互通国际平台作用。

(2) 借力互联网大会，寻求新动力，促进地方经济、社会发展，服务好乌镇各类人群，更好地满足信息时代下新型生产生活方式需求。

(3) 探索智慧城镇建设和互联网创新发展的示范道路，扩大区域影响力，更好地发挥乌镇的先行先试和辐射引领作用。

(4) 推进乌镇历史文化的保护、传承和创新发展，维护乌镇传统水乡特色，弘扬水乡文化精神，提升乌镇品牌形象，保障未来可持续发展。

10.1.3 研究技术路线

互联网基因不仅改变了传统小城镇发展路径，同时也对城市规划的变革创新产生重大影响。本项目重点探讨了面向互联网时代智慧小城镇的规划思路。在规划技术内容方面，本文从目标定位、创新功能体系、创新空间构建、创新平台搭建等方面提出了一揽子的“互联网+”的创新规划思路(图10.1)。在规划编制工作方式上，通过搭建乌镇全三维城市数字模型系统和乌镇规划公众参与网络平台，探索了互联网时代“智慧规划”的工作方式。

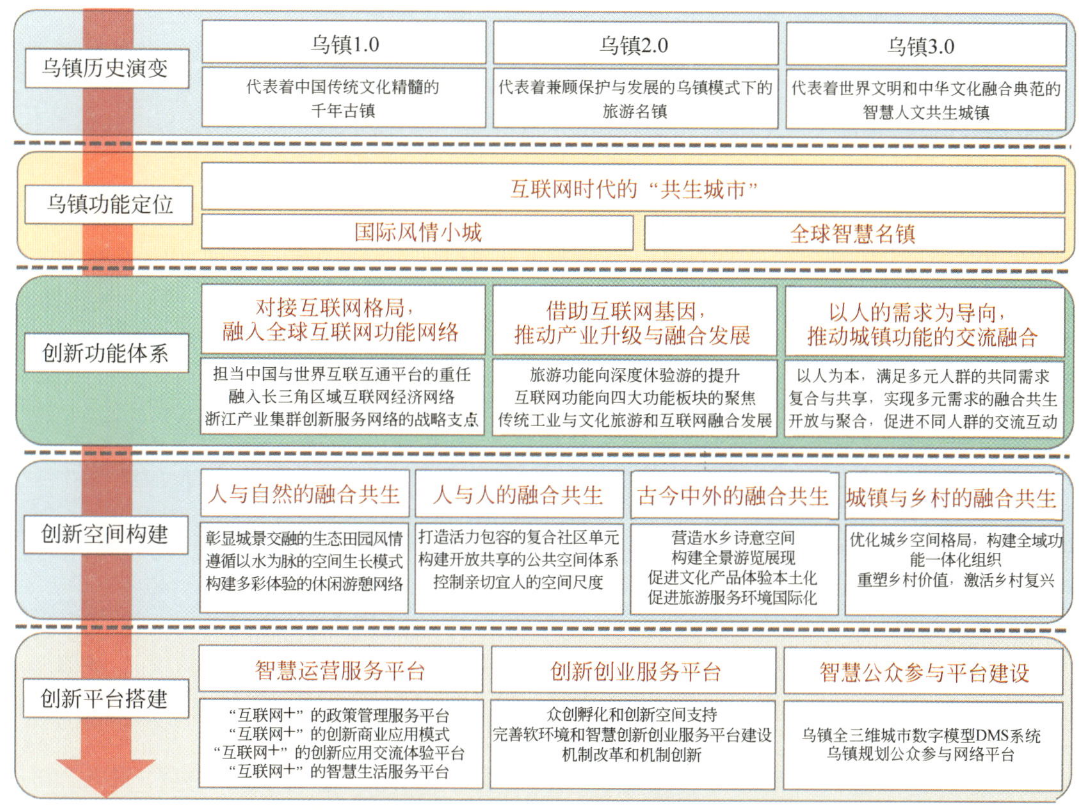

图 10.1　研究技术路线(自绘)

10.2 历史演变

历经岁月洗礼，乌镇经历了从千年古镇到旅游名镇，再到智慧人文共生城镇的三次跨越升级(图 10.2)。

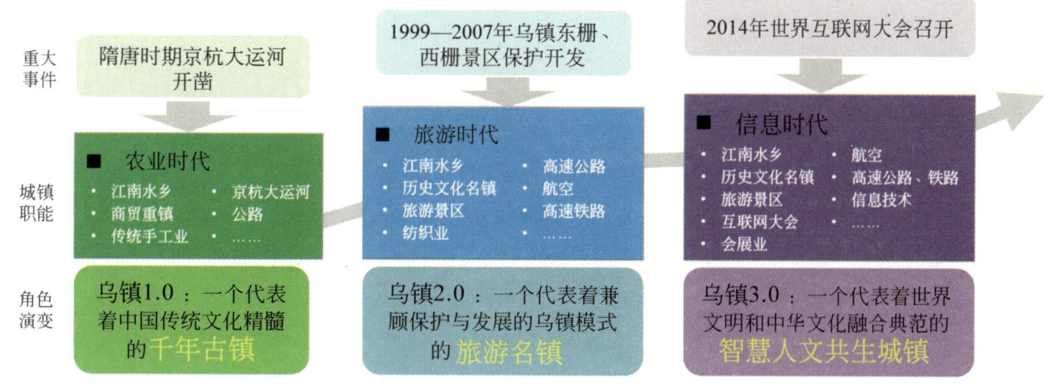

图 10.2　乌镇千年时空演变的阶段特征(自绘)

在农业时代,乌镇 1.0 是一个代表着中国传统文化精髓的千年古镇。1300 多年前,乌镇,伴随隋唐时期京杭大运河的开凿通航,凭借其卓越的区位优势与地理环境,成为嘉湖平原重要的鱼米之乡、丝绸之府和贸易重镇,留下了以水为脉的城乡建设传统和千年文化根基。

在旅游时代,乌镇 2.0 是一个代表着兼顾保护与发展的乌镇模式的旅游名镇。20 世纪 90 年代以来,乌镇东栅和西栅保护与开发工程陆续实施,"乌镇模式"横空出世,通过一条保护与发展兼顾、旅游与文化兼容的成功道路,让沉寂千年的古镇一跃成为国内外著名的旅游名镇。

在信息时代,乌镇 3.0 是一个代表着世界文明和中华文化融合典范的智慧人文共生城镇。随着 2014 年世界互联网大会的永久落户,乌镇面临前所未有的巨大荣誉和发展机遇,集聚了全世界的目光,刮起了席卷全球的互联网旋风。依托世界互联网大会平台,乌镇站在信息时代思想和技术变革的最前沿,开启了建设全球智慧名镇的新篇章。

10.3 功能定位

面向未来的乌镇 3.0,需要传承水乡文化共生融合的精神内涵,彰显互联网时代互联共生的核心理念,回归到理想人居"以人为本"的不变追求,建设互联网时代的"共生城市",实现共建、共享、共治。体现在人与自然、人与人、线上与线下、古今中外等方面的融合共生。规划提出建设"国际风情小城、全球智慧名镇"两大目标(图 10.3)。

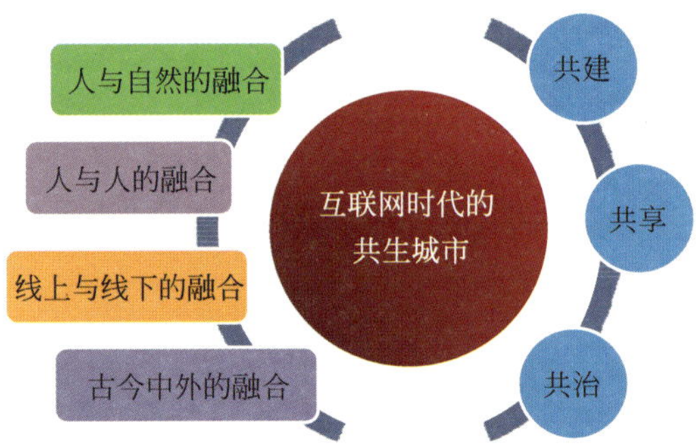

图 10.3　乌镇 3.0 发展理念示意图(自绘)

10.3.1 国际风情小城

可以从以下两方面着手,将乌镇建设为"国际风情小城"。

(1) 打造国际文化休闲旅游胜地。对接国际标准,全方位提升和拓展旅游层次和服务水平,推进互联网和文化旅游深度融合,打造传承千年水乡文化基因与体现现代互联网基因相融合的全球样本,提升乌镇在国际层面的品牌形象,建设国际一流的文化休闲旅游目的地。

(2) 树立中华传统水乡人居典范。立足千年古镇历史积淀,保护传统水乡空间肌理,传承"人水相依、天人共生"的水乡人居理念,弘扬"开放包容、多元融合"的传统水乡文化,建设全球最美水乡和中国最后的枕水人家,营造中华传统水乡人居典范和精神文化家园。

10.3.2 全球智慧名镇

可以从以下三方面着手,将乌镇建设为"全球智慧名镇"。

(1) 建设全球互联网交流与体验中心。重点建设三大平台,即互联网国际规则制定平台,互联网产品发布、展示和交易平台,互联网产品体验平台。

(2) 创建国家互联网智慧应用示范区。建设城市数据实验室与城市数据研究院,搭建CIM(City Information Modeling,城市信息模型)平台,推进互联网在智慧文化、智慧旅游、智慧健康养生等产业领域,以及智慧政务、智慧民生、智慧交通、智慧生态等城镇建设管理运营方面的创新应用,促进线上与线下的融合,打造全球智慧城镇的样本。

(3) 创建国家互联网创新创业试验区。发挥乌镇文化旅游特色资源和互联网平台优势,链接"互联网+创客+产业",积极培育乌镇在"互联网、文化和旅游"等领域的大众创新和万众创业,营造创新创业新天堂。

10.4 创新功能体系

创新功能体系主要包括以下三方面的内容。

(1) 对接互联网格局,融入全球互联网功能网络。

在全球化城市网络时代,未来区域城镇体系将由传统的单中心、规模等级的金字塔结构向多中心、扁平化的网络结构转变。依托互联网大会和互联网技术,乌镇将实现在互联网扁平网络化城镇空间体系中城镇能级的进一步跃迁和战略地位的升级。

从国家战略要求来看,新世纪以来,随着综合国力日益增强,我国参与全球事务的方式和内涵不断深化,世界互联网大会将成为中国与世界互联互通的重要平台,乌镇将成为中国向世界输出特色治理模式和中华文化价值、向全球展现中国"文化自信"的重要窗口。搭建乌镇国际互联网交流平台,可以加强与全球互联网组织机构的战略合作,强化乌镇在互联网治理、政策研究、技术交流、商业交流等方面的地位,提升乌镇在全球互联网领域的影响力和话语权。

从区域发展态势来看,过去三十多年,长三角区域持续快速发展,发展模式逐步实现从要素驱动到投资驱动,再到创新驱动不断升级,长三角区域空间体系日益呈现多中心、网络化的特征。乌镇依托世界互联网大会永久会址和千年古镇历史文化积淀的核心资源,将直接汇集全球精英、技术和商业信息,成为全球互联网功能网络中的重要节点,承担区域特色化专业高端职能,发挥全球影响力。乌镇应积极融入长三角区域互联网经济网络,建设引领长三角尤其浙江互联网经济的信息窗口、展示平台和应用示范基地。

从现实区域发展需求来看,乌镇将融入浙江全域信息经济网络,发挥促进区域产业集群创新升级的重要战略作用。浙江省内生型产业集群发达,空间布局离散化且以轻工业、中小企业为主。离散化的地方产业集群,需要在地的、网络化创新服务平台支撑。乌镇借助世界互联网大会的平台优势,应当成为浙江全域,特别是浙北产业集群创新服务网络的战略支点,在浙北创新服务网络中承担互联网技术应用推广、全球信息和商业网络联通等责任。

(2) 借助互联网基因,推动产业升级与融合发展。

互联网基因将为乌镇带来生产生活方式的巨大变革,推动旅游功能的提升和互联网功能的拓展,形成乌镇两大核心发展动力。以旅游业提升作为基础,突出文化休闲体验,融合新时代互联网技术和创业创新功能,实现古今中外融合,最终走向旅游业和互联网产业并驾齐驱(图 10.4)。

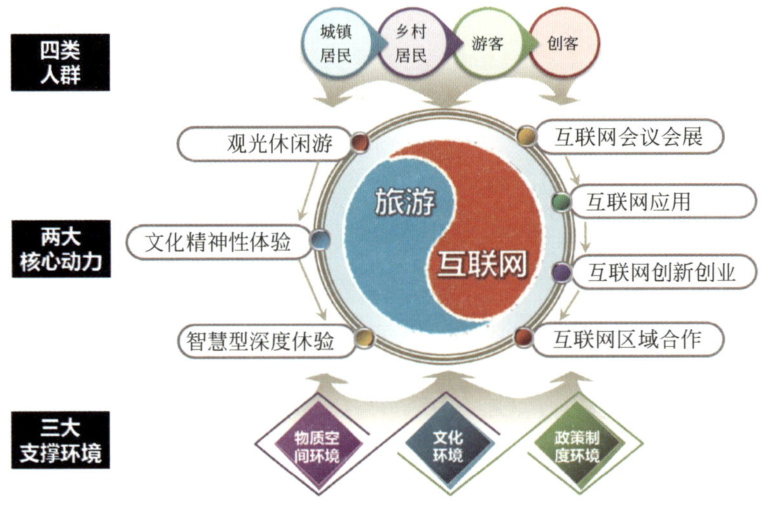

图 10.4　互联网＋旅游业协同并驱示意图(自绘)

在旅游功能提升方面,由传统观光游向精神文化型、智慧型深度体验游升级。在互联网功能拓展方面,由大而全模式向会议会展、智慧应用、创新创业、区域合作四大重点板块聚焦。

充分发挥“互联网＋旅游”的融合催化效应,在服务提升、产品拓展、商业模式创新等方面进行全方位融合创新(图 10.5)。①构建完善便捷的智慧旅游服务体系:搭建智慧旅游服务平台,形成线上线下融合互动的综合旅游服务体系。②打造全新的互联网创新体验旅游

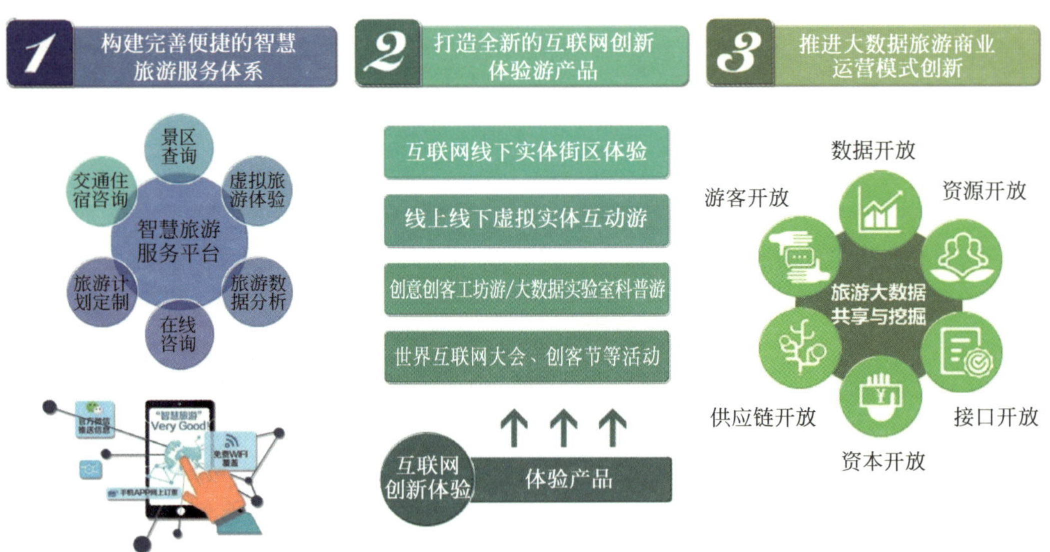

图 10.5　“互联网＋旅游”融合催化三大路径(自绘)

产品：依托互联网大会平台，以互联网创新体验为主题，打造革新性的旅游全新吸引力。③推进大数据旅游商业运营模式创新：运用旅游大数据，探索新的旅游商业模式，搭建开放式平台，支持互联网＋旅游的商业应用。

引导传统特色工业与文化旅游和互联网融合发展（图 10.6）。对符合乌镇传统文化特色、对环境和镇区风貌无不良影响、现状具有一定发展基础的特色传统手工业，例如特色服装、印花布、传统美食等，应融合注入文化创意、旅游体验和互联网基因，实现由低附加值的生产向高附加值的"研发设计-销售"转变（图 10.7）；通过生产技术升级，提升研发和自主创新能力，建设自主品牌。对与乌镇传统文化特色相矛盾、对环境和镇区风貌存在影响、现状发展情况较差的一般性工业，例如混凝土厂、饲料厂等，坚决予以腾退置换，原有空间植入文化旅游、会议会展、创新创业等多元新型复合功能。

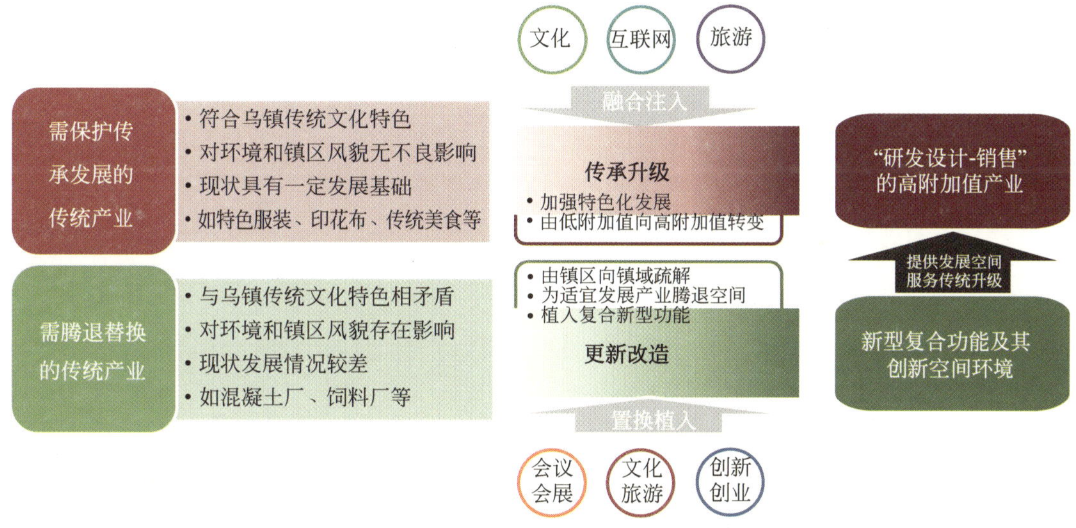

图 10.6　传统特色工业与文化旅游和互联网融合发展引导示意图（自绘）

提升设计创意，打造国际一流品牌 ＋ 加强产学研，提升科研技术能力 ＋ 以旅促产，提升服装品牌知名度 ＋ 搭建智慧服装平台拓展销售渠道

搭建线上服装设计资源整合平台以及时装发布平台，吸引一流设计人才，提升服装设计创意能力，打造具有乌镇文化精神内涵的国际一流服装品牌

加强产学研一体，搭建乌镇线上服装材料研究交流平台，强化服装原材质的科技研究，全面提升服装设计产业科研技术能力

结合旅游产业，策划服装产业方面的旅游项目，诸如一流服装设计工作室参观、服装设计参与、线上服装设计体验等，以旅促产，提升服装品牌知名度

搭建智慧服装平台，把发展服装电子商务作为助推服装产业转型升级的重要途径，尤其推广品牌服装，利用互联网+思维，拓展服装销售渠道

图 10.7　以文化创意和科技创新推动服装产业转型升级路径示意图（自绘）

(3) 以人的需求为导向，推动城镇功能的交流融合。

为了实现互联网时代乌镇多元人群的融合共生，不仅需要满足各类人群的共性需求，还需要协调与复合不同人群之间的个性化与差异化需求及生活方式；尤其多种思想、需求的交流融合是互联网经济生长的动力与必然需求，因此更需要促进不同人群的交流互动。

① 以人为本，满足多元人群的共同需求。

满足人与自然融合发展的普遍追求，通过在城镇建设区内部保留农田景观、引入绿化空间等，塑造“田园环绕、水网渗透，绿在城中、城在绿中”的美丽格局，营造既有田园式的自然恬静又有浓郁文化氛围和现代时尚气息的田园风情小城镇。

对人性化维度关注的增加，是人追求更加美好城市品质的明确需求①。乌镇应坚持人性化尺度的空间打造，对城乡发展规模实行总量适度控制，传承江南水乡古镇“小巧精致”的韵味；优化街巷建设，提高步行空间品质；建设步行尺度内便捷可达的广场、公园等公共开放休闲场所。

② 复合与共享，实现多元需求的融合共生。

面向全生命周期人群，建设康体运动、郊野休闲、民俗体验、文化遗址等生态主题公园，通过区域健康绿道系统进行串接，提供多元深度的休闲体验。

在保证传统十字空间格局、建筑风貌等不受影响的情况下，对古镇注入旅游、创新创业等新兴功能，对居住空间和公共空间进行整治提升，塑造古今融合的活力空间，实现居民和游客、创客需求复合共生。

结合镇域水网和乡村道路，构建全域水上游览环线、健康休闲绿道和骑行网络，串联镇域各乡村和田园风光游览节点，促进城与乡的融合。

面向乌镇居民、游客和创客的差异化需求，建立涵盖旅游服务、社区服务、创新创业服务的乌镇智慧生活服务中枢，促进不同人群的共生融合，打造智慧城镇全球样本(图 10.8)。

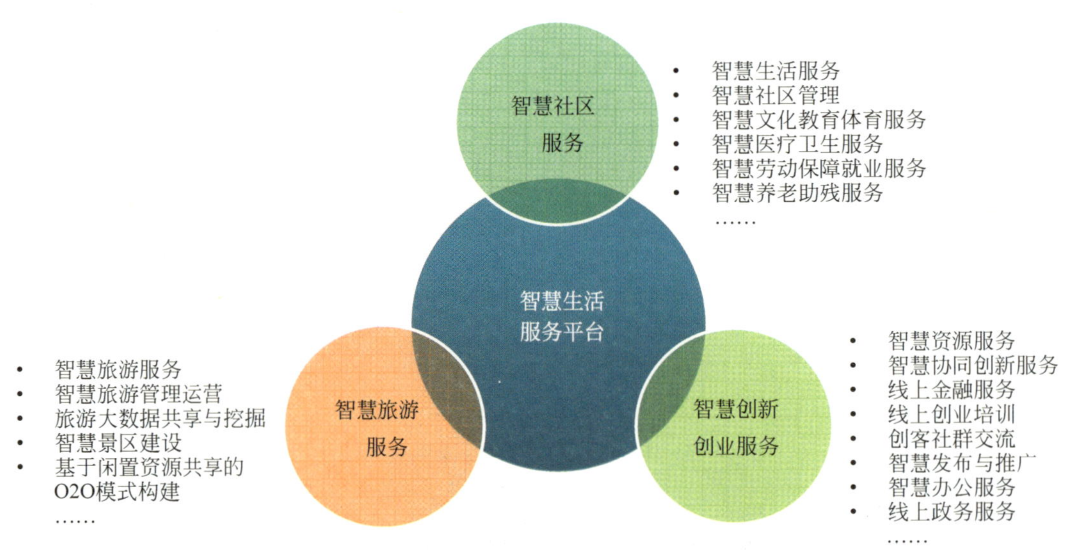

图 10.8　乌镇智慧生活服务平台构建引导(自绘)

---

① 扬·盖尔. 人性化的城市[M]. 欧阳文，徐哲文，译. 北京：中国建筑工业出版社，2010.

③ 开放与聚合，促进不同人群的交流互动。

城市实质上是社交网络交流聚合的产物[①]。为适应互联网时代多元人群对于个性生活、交流融合的追求，以乌镇居民、游客和创客三类人群为主体，将互联网时代下的四大需求功能（居住、工作、交往、游憩）进行需求细分和功能组合，形成各功能片区单元的活力空间融合布局模式，推动思想交流和人群融合（图 10.9）。

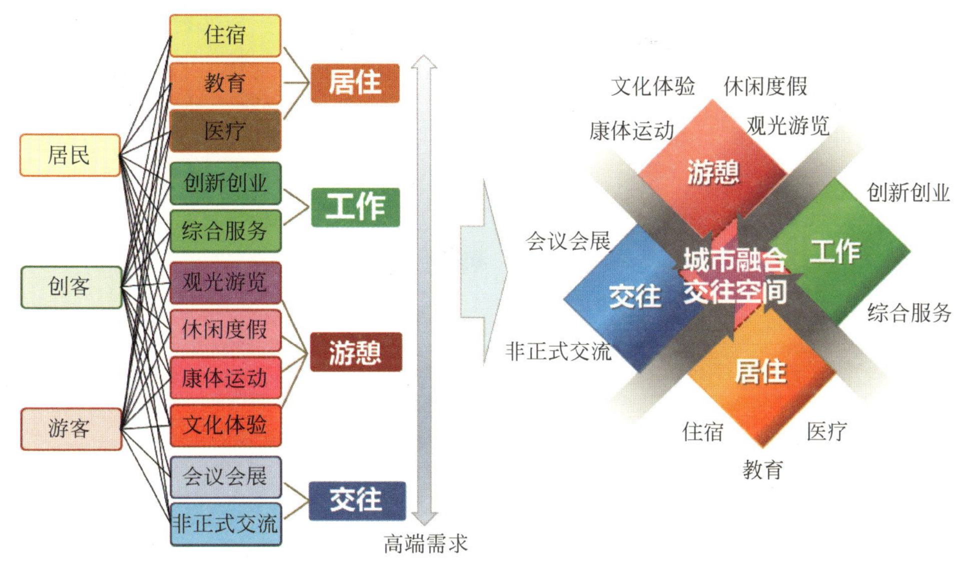

图 10.9 基于多元人群需求细分的乌镇城市活力空间功能组织引导（自绘）

承接古镇片区的旅游服务功能，复合文化娱乐、创新办公等城市服务功能，布局与周边片区互动的商务交流、企业孵化、创意交流等专业化功能，构建综合完备的城市融合交往中心。

依托乌镇水网脉络和公共交通骨架，构建城市活力公共服务走廊，鼓励社会交往，激发城市活力。

10.5 创新空间构建

10.5.1 互联网时代的空间组织逻辑

互联网时代的核心特征是强调民主、开放、参与、生态、融合、连接、去中心化[②]等，互联网时代的城市则体现为多元要素的融合共生与协同共赢，亦即黑川纪章先生所倡导的共生城市。互联网时代空间组织逻辑转变为创新人才追逐宜居环境、创业产业追随创新人才布局。互联网时代的空间组织模式呈现网络化、去中心化的特征[③④]。在互联网平台的支持下，不同专业化的生产和服务环节在空间上可以呈现分散化布局特征。此外，与互联网相对

① 安东尼·汤森. 智慧城市[M]. 赛迪研究院专家组，译. 北京：中信出版社，2015.

② 马化腾，等. 互联网+：国家战略行动路线图[M]. 北京：中信出版社，2015.

③ 周年兴，俞孔坚，李迪华. 信息时代城市功能及其空间结构的变迁[J]. 地理与地理信息科学，2004(2)：70-72.

④ 姜石良，崔建甫. 信息时代城市空间结构的演变趋势探讨[J]. 规划师，2006(7)：94-96.

应的创新人群呈现工作休闲化特征，创新空间、休闲空间、宜居空间融为一体，高度复合化布局，高端创新型功能与面向人需求的功能高度耦合(图 10.10)。空间营造更加注重良好的生态环境、宜人的空间尺度、高品质的文化休闲设施和丰富多样化的公共交往空间，促进创新人群交流，激发创新活力。

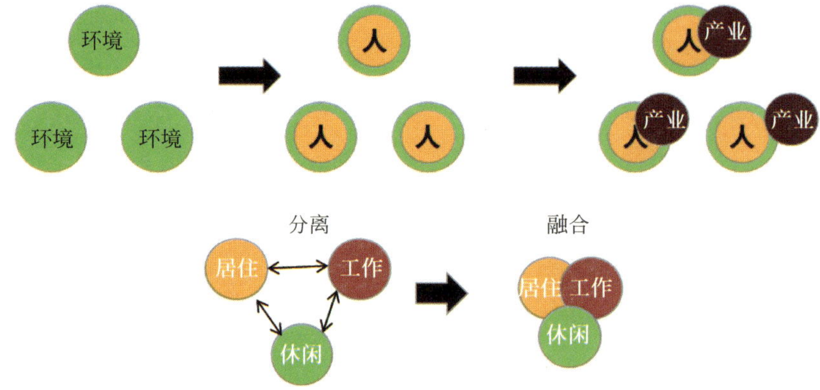

图 10.10　互联网时代的空间组织逻辑和特征(自绘)

千年乌镇自古以来就是一个多元文化并存，多元人群共同栖居的水乡人居典范，承载着传统水乡文化融合与包容的精神内涵。在互联网大会平台和基因的注入下，乌镇将面临多元要素之间的交织碰撞。建设 21 世纪的共生城市，是乌镇实现传统、现代与未来的融合的必然选择。

本次规划提出乌镇顺应互联网时代生产生活变化的趋势，传承水乡文化融合共生的精神内涵，建设互联网时代的“共生城市”，实现共建、共享、共治，体现在人与自然、人与人、古今中外、城镇与乡村等多方面的融合共生。

10.5.2　人与自然的融合共生

作为传统江南水乡人水共生的典范，乌镇历来人与自然就保持着一种高度的融合共生关系。乌镇未来的发展也将延续这一理念，采取尊重自然、尊重生命的态度，建立人与自然的平衡关系，营造生活、生产、生态、生命四生合一的人居环境。

1. 彰显城景交融的生态田园风情

乌镇水网密集，农田与林地纵横交错，有着良好的生态条件。规划对全域空间资源进行统筹配置，以田园为底、水系为脉，营造水绿交织的生态网络基底，组成层次分明的绿地系统。镇区体现江南水乡古镇“小巧精致”的韵味，沿主要水系构建景观绿化廊道，将镇区划分为若干组团，打破其蔓延发展的态势(图 10.11)。

2. 遵循以水为脉的空间生长模式

在漫长历史时空中，水始终是乌镇的生存之本和活力之源。水的流动构成了乌镇的生态网络、交通网络，同时也组成了人们的生活网络。规划延续传统水乡逐水而居的空间逻辑，以一体化、组团式布局，将无序蔓延、城乡对立的城市扩张，转化为有序有机的城乡统筹

图 10.11 乌镇有机组团分散的生态田园格局示意(自绘)

生长,构建互联网时代下"以水为脉、活力核、共生片区单元"的空间有机生长模式(图 10.12)。梳理现状水体脉络、打通水系分支,将其作为城市空间布局的基础性结构骨架,串接各片区和乡村活力核,并以活力核聚合形成共生片区单元。最终形成"1 个古镇区+5 个特色功能组团+n 个外围乡村单元"的乌镇片区单元模式。

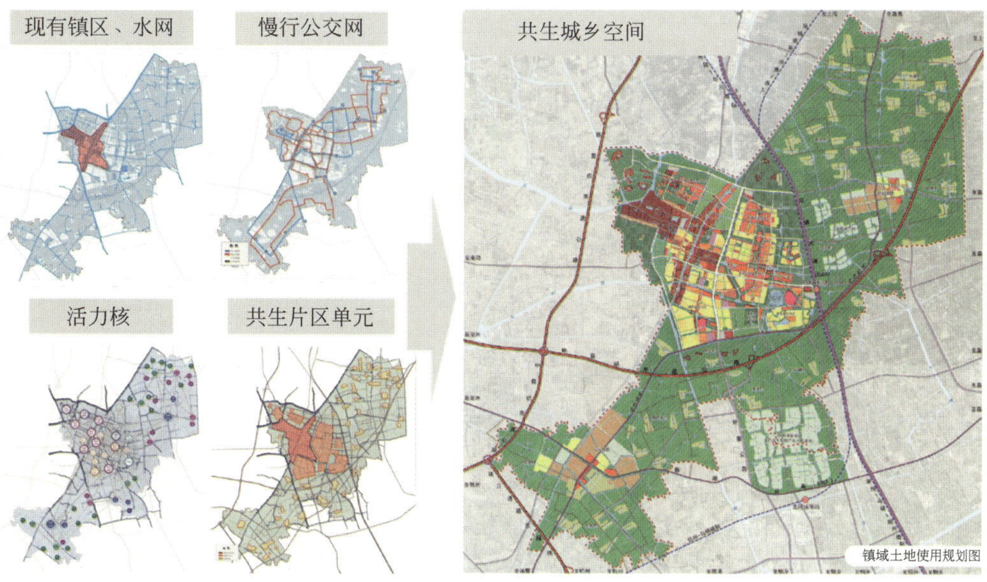

图 10.12 "以水为脉、活力核、共生片区单元"的共生空间组织模式(自绘)

3. 构建多彩体验的休闲游憩网络

结合乌镇自然生态基底,构建全域游览、多元主题的休闲游憩网络。打造全域水上游览环线、休闲骑行网络和生态主题公园体系,提供多元深度休闲体验(图 10.13)。

图 10.13　乌镇休闲游憩网络规划引导图（自绘）

水上游览环线：依托镇域密集水网，构建全域水上游览环线，将镇区与镇域其他休闲农业、康体运动节点相连，丰富度假活动、拓展度假活动范围。

休闲骑行网络：结合镇域水网和乡村道路，构建全域健康休闲绿道和骑行网络，串接主要的生态和乡村游览节点和水上换乘码头，供游客骑行游览田野、树林、湿地、花海、河流、村落、古镇等田园风光，体验乡土风情。

生态主题公园体系：面向全生命周期人群，建设康体运动、郊野休闲、民俗体验、文化遗产等生态主题公园，通过区域健康绿道系统串接镇区公共空间及周边主要公园，提供多元深度的休闲体验。

10.5.3 人与人的融合共生

互联网带来的新兴产业功能将引发乌镇人群结构和生活方式的变化，形成由城镇居民、乡村居民、游客、创客构成的“新乌镇人”。多元人群的入住带来了对生活居住、旅游休闲和创新创业环境等空间的全新要求，而互联网带来的大量信息也将促进人们面对面地交流，形成对公共交往空间的大量需求。为了回应不同人群的多种需求，并引导人群间的相互交流，规划构建多元复合的城市功能空间和开放共享的公共服务体系，促进本地和外来多元人群的融合共生。

(1) 面向多元人群需求，打造具有活力和包容性的复合社区单元。

构建彰显城市活力和包容性的复合社区中心。复合社区中心围绕居民、游客和创客的不同需求提供工作、办公和交往等多种类综合服务，促进多样人群聚集，推动人们进行思想交流与人群融合(图 10.14)。

(2) 鼓励多元人群交流，构建开放共享的公共空间体系。

以复合性功能引导多元人群向活力核集聚，以人性尺度和活力场所促进各类人群的交往和融合。遵循历史上以水网十字为中心的空间生长逻辑，在水系交汇处形成中心场所，构建互联思想、融合创新的乌镇十字活力核。活力核与公交站点紧密结合，提供满足各类人群需求的公共服务。

依托水网脉络和公交骨架，构建城市活力公共服务走廊，鼓励社会交往，激发城市活力。每个街区步行 5min 可到达广场和街区公园，步行 10min 可到达社区公园，提供便捷可达的公共开放休闲空间。鼓励通过城市街道、广场、滨水公共空间面向不同人群提供丰富多彩的公共活动，营造新江南水乡“慢静闲、优雅乐”的生活方式。

(3) 关注人群体验感受，控制亲切宜人的空间尺度。

人与城市之间最切身的接触存在于小的尺度内，人性化亲人空间尺度是乌镇水乡具有亲和力和魅力的重要原因。规划注重营造以人的认知感受为核心的空间尺度，对建筑、街巷、开敞空间以及基本邻里单元的尺度进行控制，打造步行友好、舒适宜人、促进人们交往交流的空间环境(图 10.15 和图 10.16)。

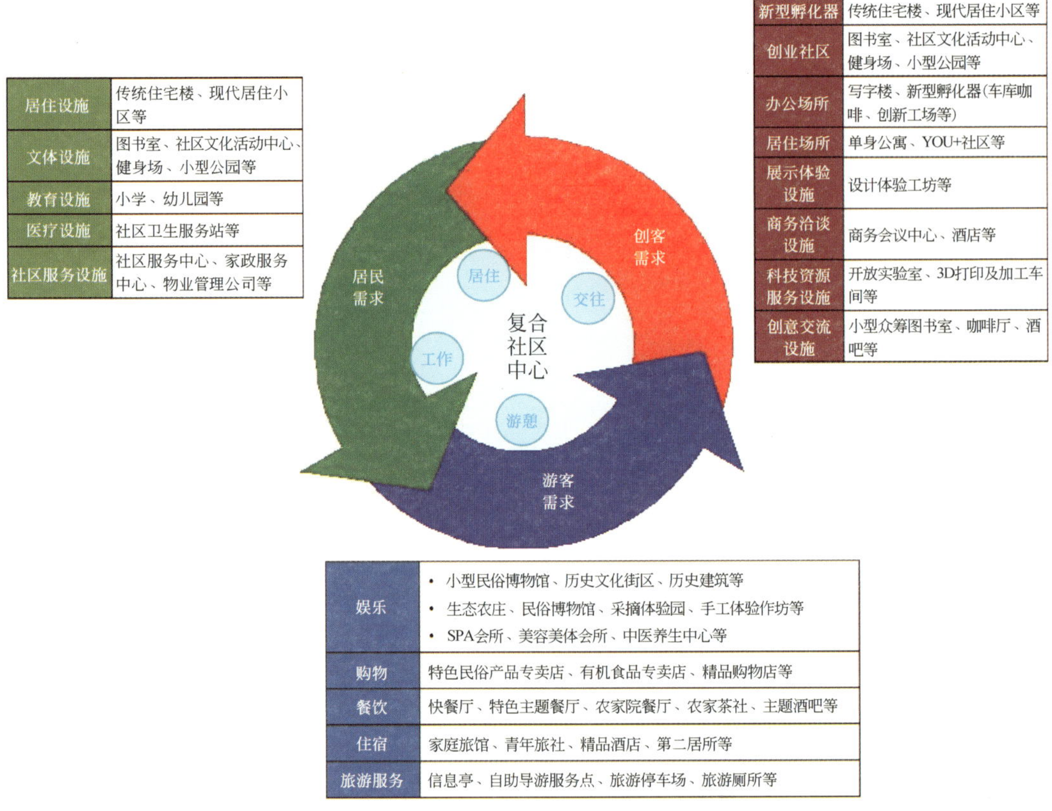

图 10.14　社区服务单元功能组成(自绘)

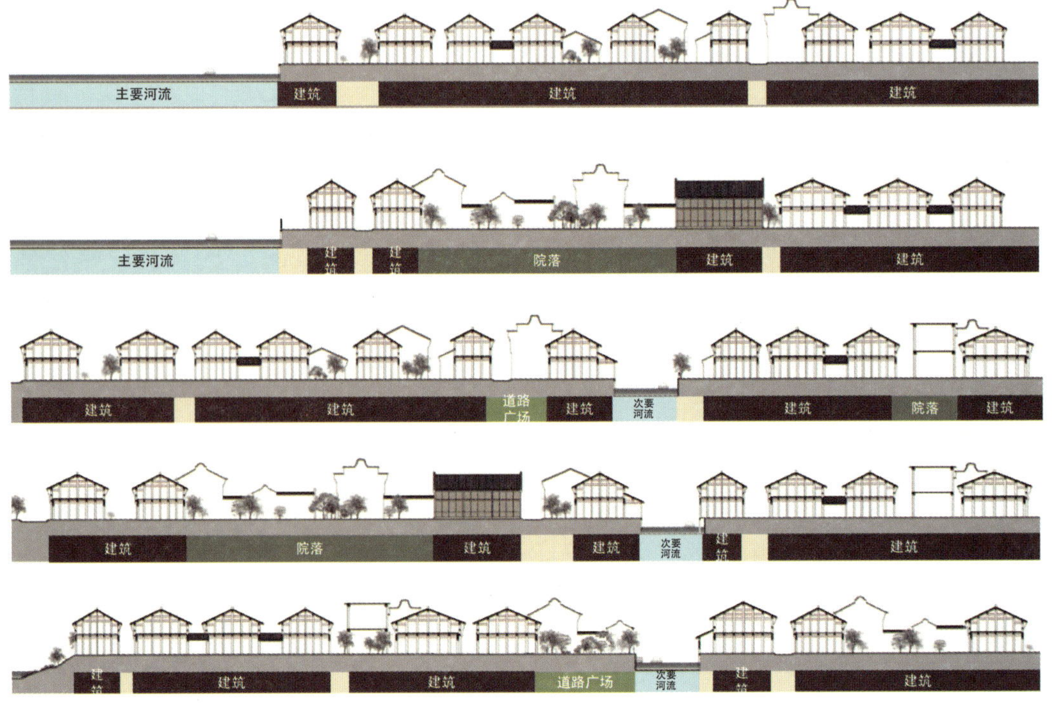

图 10.15　乌镇水乡空间剖面分析图(自绘)

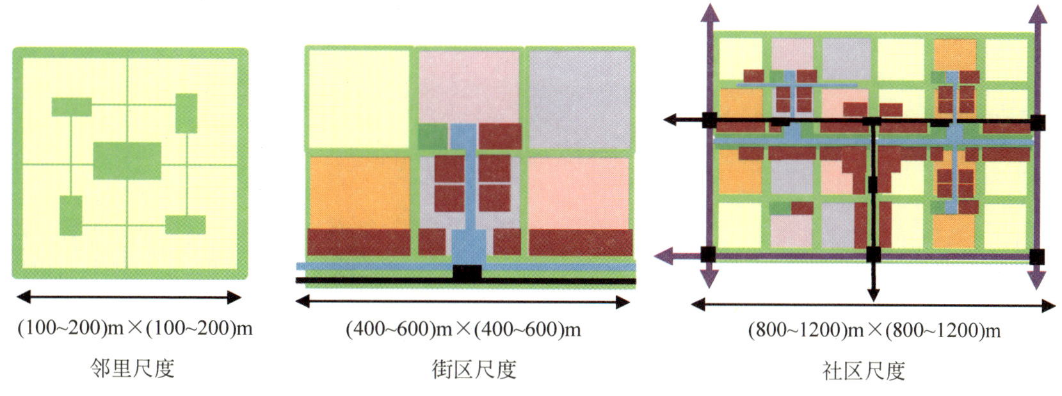

图 10.16　乌镇水乡空间尺度控制模式引导图(自绘)

10.5.4　古今中外的融合共生

以传统乌镇文化基因作为乌镇发展的根本和灵魂,并适应时代特征和传承创新要求,融入开放包容的国际化元素和现代互联网手段,打造一个融小桥流水传统特色和现代生产生活方式为一体,中西文化交相辉映的乌镇,实现传统与现代、国际化与本土化的融合共生。

1. 营造水乡诗意空间,建立古今对话共鸣

针对现状景区与镇区风貌异化的问题,规划提出对镇区风貌进行统一协调,建立旧城和新区之间建筑风貌的对话和共鸣(图 10.17)。保护和传承"小巧雅致"的江南水乡建筑风貌,提炼乌镇地域传统建筑元素,延续乌镇传统水乡"清水穿镇、黑瓦白墙、田园围绕"的景观风貌,鼓励古今融合演绎和现代化表达,塑造"历史与现实交汇,古韵与时尚共荣"的景观特色,营造新水乡诗意空间。在建筑风格、色彩、材质等多方面实现传统渗透于现代城镇空间、现代风貌融于古镇的江南水乡新风貌(图 10.18)。

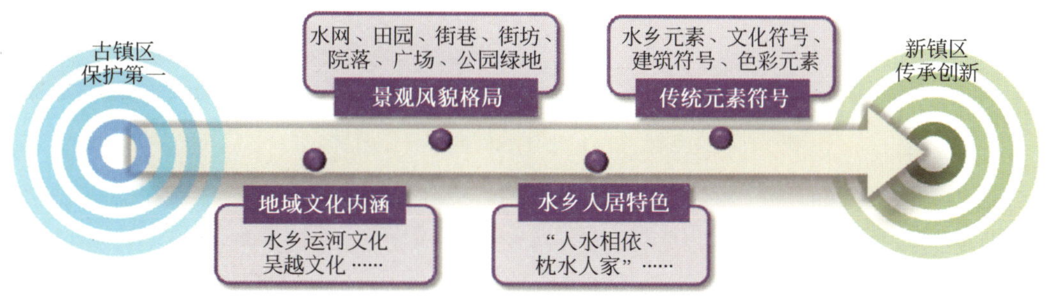

图 10.17　乌镇古今景观风貌融合路径(自绘)

2. 实现全景游览展现,促进古今文化传承

传承传统历史文化脉络,打造"乌镇历史文化环廊",串联谭家湾遗址公园、乌镇名人故居和重大历史事件发生地等历史文化场所;并串联文化场馆集群、艺术家交流中心、乌镇戏剧工坊,形成多层次多主题的文化体验内容(图 10.19)。

- **建筑风格**：以新中式风格为主，通过对传统建筑符号的现代化表达，形成对传统建筑风貌的呼应。
- **建筑色彩**：新建建筑以黑、白、灰的江南建筑基调为原则，部分结合冷色调及赭石色调进行修饰。
- **建筑材质**：立面结合天然材质，以砖、木为主，钢结构玻璃立面为辅。

图 10.18　乌镇建筑风貌特色古今传承引导示意图(自绘)

图 10.19　乌镇古今文化体验空间体系示意图(自绘)

面向未来互联网时代发展，打造“乌镇互联网文化体验核心轴”，串联互联网创新工坊、乌镇 ID 纪念馆、互联网生活体验馆等，植入移动互联网技术，完善互联网服务设施，构筑全场景展现、触手可及的数字文化体验空间。

3. 深度挖掘文化资源，促进产品体验本土化

充分挖掘乌镇传统历史文化和民俗文化资源，对乌镇传统文艺、传统手工艺、民俗活动、特色美食等非物质文化遗产进行深度创新转化，改造为适合当代人旅游体验的旅游产品和艺术节庆活动。挖掘具有地方传统特色的产品和手工艺，通过注入文化创意和科技创新元素，打造多元化、个性化、特色化的旅游产品，满足不同国际旅游者的需求(图 10.20 和表 10.1)。保护和传承江南水乡传统文化，融入具有时代精神和国际影响的当代文化艺术，以

及基于互联网基因的数字技术创意产业和互联网文化，提供深度愉悦的精神文化体验产品。

图 10.20　乌镇特色旅游产品发展引导(自绘)

表 10.1　乌镇传统特色产品的再生策划引导(自绘)

发展引导	产品选择	产业策划
重点发展（优势型产业，重在提升）	蓝印花布	丰富产品类型，创新作品题材，拓展服装、装饰品等日用、装饰品市场
	服装	融合当代各类传统文化，结合国际时装审美，打造江南式国际风格的国际一线品牌
	传统美食	保护与扶持“老字号”，创新种类和菜式，提升水平；适度改良，符合现代健康生活理念
引导发展（潜力型产业，重在培育）	白厂丝	以艺术品、奢侈品为发展方向，着眼于小众、个性、高端市场需求
	蚕花	加强原产地保护；创新包装营销，发展相关节庆活动，与旅游密切结合
	白杭菊	
	香	提升研发能力和制造工艺，创新产品类型，向高端、奢侈方向发展
	剧装戏具	在现有产品基础上，拓展艺术收藏品市场
	传统建筑营造	全面参与古镇保护，提升古镇保护水平
	机制纸及纸板	引导向低碳文创产业方向发展，开拓纸制品设计领域，研发日用、装饰等多元的低碳产品
保护与传承（不适合产业化发展的产业，重在保护）	铜器	走精品化、小型化路线；培育艺术收藏品、旅游工艺品市场
	竹刻	
	桑蚕种养	适当保留桑蚕种养特色，传承桑蚕种养文化，适当结合互联网+科技手段，展示传统+科技的创新桑蚕种养过程

4. 提升综合服务环境，促进品牌形象国际化

按国际标准、国际惯例、国际市场的需求，全面提升乌镇基础设施、城市管理、公共服务等领域的国际化水平，完善城镇的国际化功能。对接国际旅游服务标准和规范，完善“吃、住、行、游、购、娱”旅游服务功能体系，植入“文、修、展、养、康、研”等国际化的游憩项目，提升旅游服务水平。重点完善“导览式”“菜单式”“自助式”等个性化旅游服务，为不同人群提供多层次、多样化的文化旅游需求。规范乌镇品牌保护管理，贯通品牌产业链，全面提升乌镇品牌附加值。依托世界互联网大会和乌镇戏剧节等平台，促进国际交流，扩大品牌影响力(图 10.21)。

10.5.5　城镇与乡村的融合共生

解决城乡问题的关键，在于能否实现城乡要素双向流动。乌镇大多数乡村有着良好的历史、人文和生态元素，要充分利用互联网契机和乡村特色资源优势，植入各类新兴功能，完善乡村基础服务设施和环境，打破城乡二元的壁垒，充分发挥镇区的辐射带动作用，促进乡村复兴和城乡共生发展。

1. 优化城乡空间格局，全域功能一体化组织

结合乌镇互联网时代的全新产业功能发展态势和多元人群需求，实现功能全域分层复

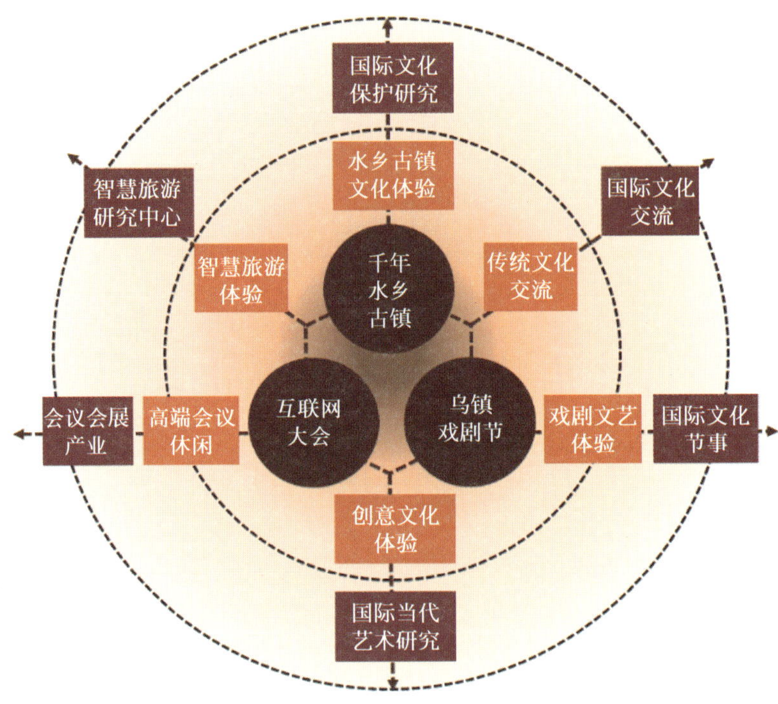

图 10.21　乌镇品牌提升重点领域及路径示意图(自绘)

合布局,促进城乡功能的跃升和融合。引导休闲旅游、文化体验、特色农业等产业功能向全镇域,尤其是外围集镇和村庄布局,破解镇区空间容量饱和、无序规模扩展问题,同时带动城乡一体化发展。实现新兴功能向乡村延伸、服务网络向农村覆盖、城乡空间一体统筹,走出一条互联网时代新江南水乡新型城镇化示范道路。

2. 重塑乡村多元价值,激活乡村复兴

将"互联网+"引入乡村地区,搭建乡村互联网数据中心和网络平台,重点推进"乡村民宿、田园体验、农家展厅、农户网店、乡村节庆"五方面的软硬件建设,助力乡村旅游的发展(图 10.22)。

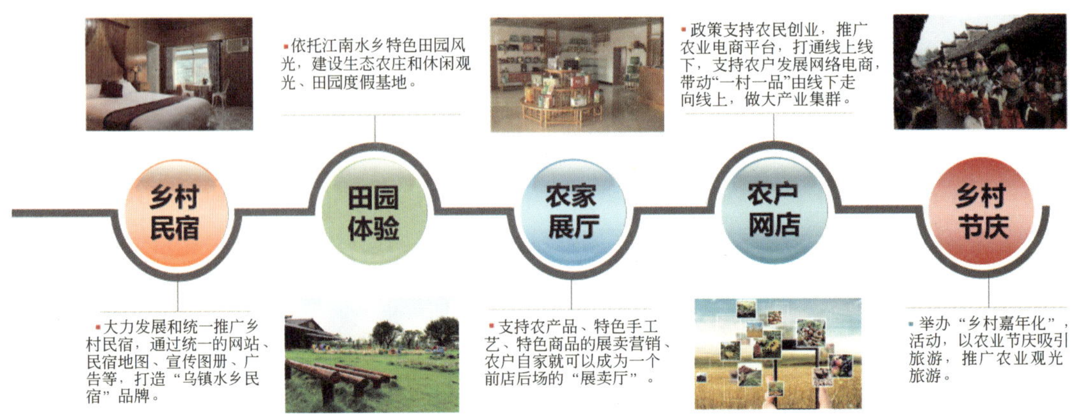

图 10.22　乌镇乡村特色化发展引导图(自绘)

在保留现状村落肌理的基础上，充分挖掘历史、民俗文化和生态元素；为乡村地区植入旅游休闲、创客创意、农业观光等新兴功能，提升生态环境和休闲品质，实现乡村特色化发展。重点构建创新体验型、休闲度假型、生态农业型三类村庄发展模式，全面复兴乡村地区(图 10.23)。并根据村庄不同的基底条件，进行功能植入型、功能置换型和功能提升型三种类型用地引导。

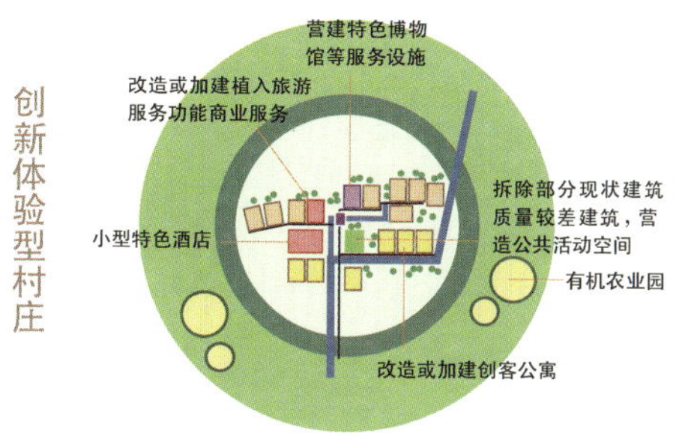

功能引导：民俗文化创意、民俗体验、手工艺制作、历史展示以及田园游憩等。
建设引导：植入创客公寓、小型特色博物馆、小型酒店、有机农业园等；延续原有村庄肌理，使之适度增长。

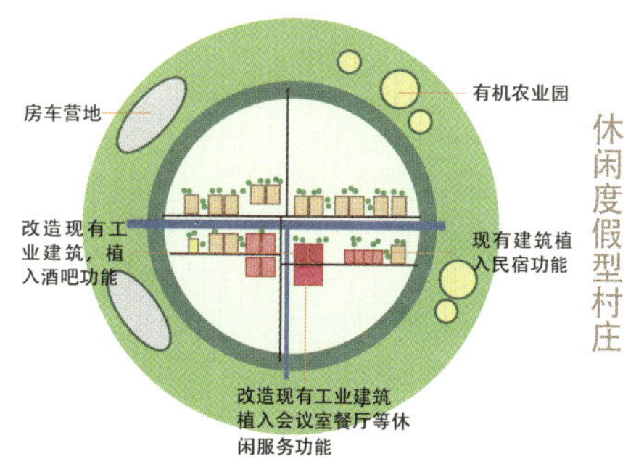

功能引导：休闲度假、商务会议、旅游观光、户外体验等
建设引导：植入民宿、餐饮、会议等设施以及酒吧、有机农园等；延续原有村庄肌理，使之适度增长。

功能引导：发展现代农业，保护生态环境。
建设引导：控制新增建设，保持村庄肌理和特色。

图 10.23　乌镇三类特色村庄发展引导示意图(自绘)

10.6 创新平台搭建

10.6.1 智慧运营服务平台

构建乌镇智慧城市运营平台，完善智慧信息基础设施，搭建乌镇智能移动感知网络，搭建大数据实验室和线上乌镇运营中枢。积极推进乌镇数据的全面开放和共享，打通信息分享壁垒，整合部门资源，启动乌镇大数据实验室的建设(图 10.24)。重点支持互联网＋旅游、互联网＋文化等方面的商业应用。以乌镇全域本体作为样本，搭建乌镇 CIM 平台，建立 CIM 平台共享数据库。通过建立乌镇城市数据实验室与城市数据研究院的城市数据运营体系，使数据得以全面开放和共享，打通部门和行业之间的信息分享壁垒。推进乌镇科学治理，应用、研究、汇集各互联网创新产品，集成示范，实现政府统一化管理和动态管理平台、“互联网＋”等方面的商业应用、互联网创新应用和交流体验平台、智慧生活服务平台的建设。

图 10.24　乌镇大数据实验室构架示意图(自绘)

1. 构建“互联网＋”的政务管理服务平台

乌镇初步建立了“互联网＋政务”的管理途径，但距离完善高效的智慧政务治理还有很大差距，政府管理依然基于各个部门的零散数据，难以达到动态维护监管、信息高效沟通、科学判断和统筹规划(图 10.25)。

以乌镇 CIM 平台为基础，推进软硬件整合和管理体制机制创新，构建统一的政府信息管理平台，最终实现由分散化管理向统一高效管理转变，实现全面动态分析监测及对重大项目等方面的动态管理和科学决策，提高政府管理运营效率，节约管理成本。

2. 探索“互联网＋”的创新商业应用模式

乌镇通过东栅、西栅景区的成功开发走出了一条保护与发展兼顾的成功道路，并带动了养老产业的发展。但仅仅打观光旅游牌和养老牌已不足以形成强大的竞争力。互联网的高

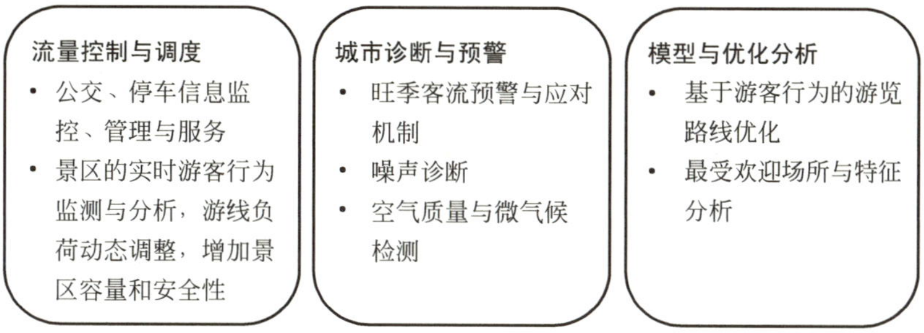

流量控制与调度
- 公交、停车信息监控、管理与服务
- 景区的实时游客行为监测与分析，游线负荷动态调整，增加景区容量和安全性

城市诊断与预警
- 旺季客流预警与应对机制
- 噪声诊断
- 空气质量与微气候检测

模型与优化分析
- 基于游客行为的游览路线优化
- 最受欢迎场所与特征分析

图 10.25　政务动态监测示意图(自绘)

速发展早已颠覆、重构传统的商业模式，不断推动新应用的涌现。互联网的发展已经由“纯互联网时代”转向“互联网＋”的跨界融合发展时代(曹磊等，2015)。因此，需结合乌镇自身条件，充分利用互联网和信息技术改造提升传统产业。

深化互联网＋旅游产业，打造智慧旅游服务、旅游电商服务以及在线数字旅游等的虚拟旅游体验；积极发展“互联网＋”的文化创意产业，以手游开发、3D打印服务、数字文化传播等业态，打造具有乌镇特色的文化创意基地；加强智慧养生养老服务建设，构建完善的线上信息、咨询、反馈与线下社区服务的智慧养生养老机制；推进智慧农业建设，重点推进农产品电子商务、农业物联网、农业互联网金融等方面的服务建设。构建支撑多元创新商业模式的平台，推动经济转型发展，为创新创业营造新环境(图 10.26)。

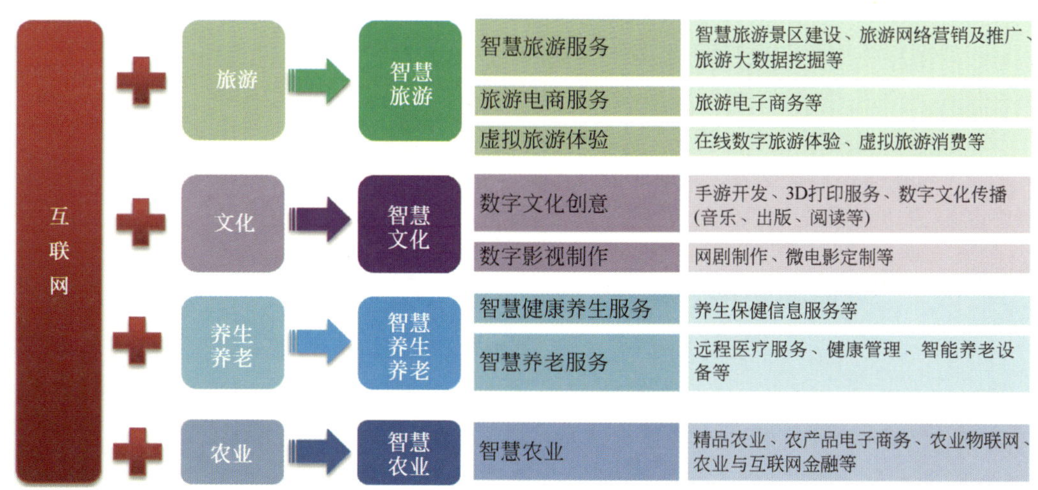

图 10.26　创新商业模式引导示意图(自绘)

3. 搭建“互联网＋”的创新应用交流体验平台

互联网创新应用交流平台是推广互联网创新体验产品、加速乌镇“大众创新、万众创业”的助推器。乌镇应着眼互联网创新应用，利用感知系统、云计算、数据挖掘、三维动画等技术，打造服务于新产品技术体验、互联网应用生活体验、互联网历史体验等线上创新应用体验的平台。通过“数字化、在线化、互动化、开放化”实现线上虚拟空间与线下实体空间融合，打造互联网新品发布会、互联网产品展示馆、互联网产品交易厅等线下创新空间平台。加强

组织高校与企业之间的协作与交流，组织国际合作与交流，服务互联网应用创新成果的转化和推广(图 10.27)。

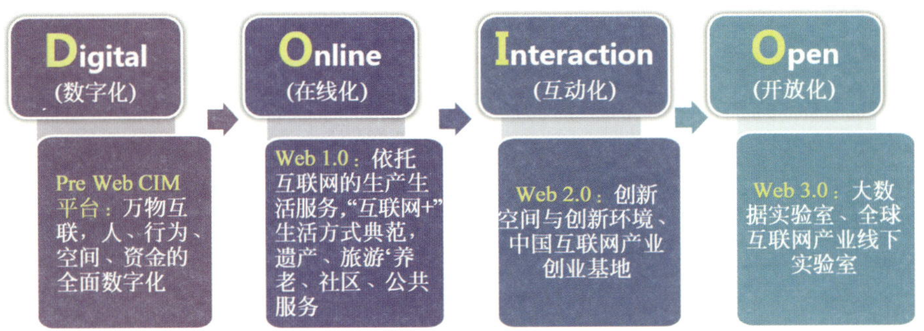

图 10.27 "DOIO"线上线下融合路径示意图(自绘)

4. 搭建"互联网+"的智慧生活服务平台

"互联网+"的智慧生活服务平台涵盖智慧旅游服务、智慧社区服务、智慧创新创业服务，促进线上与线下全面融合，实现各类人群的宜居宜业生活与共生共赢。

(1) 智慧旅游服务：通过实时旅游舆情监控和数据分析，促进智慧旅游服务与管理、旅游大数据共享与挖掘、智慧景区建设、基于闲置资源共享的 O2O(Online to Offline)模式构建等，为游客提供更深层面的体验与互动式旅游。

(2) 智慧社区服务：主要涵盖智慧生活服务、智慧社区管理、智慧文化教育体育服务、智慧医疗卫生服务、智慧劳动保障就业服务和智慧养老助残服务等，服务乌镇常住居民。

(3) 智慧创新创业服务：重点推进智慧资源服务、智慧协同创新服务、线上金融服务、线上创业培训、创客社群交流、智慧发布与推广、智慧办公服务、线上政务服务等平台建设，为创客营造全方位和全周期的创新创业服务环境。

10.6.2 创新创业服务平台

"目前传统小城镇乃至乡村地区的复兴，很多打的是比较单一的旅游牌和养老牌，这两条途径都寄希望于纯粹外力的介入使其有长远的出路，但是如果其自身没有能适应时代的自造血产业功能，这种发展可能是很难持续的"。乌镇的创新驱动发展，需要吸引创新创业者、技术研发人员、企业管理人员等中青年高素质人群，为乌镇创新发展注入持续活力。利用大数据、云计算、"互联网+"在各个领域的应用，发挥乌镇本地资源优势，积极拓展创意、创新、创业等互联网思维下的新功能，为创新创业提供更广领域的创新应用平台。构建完善的创新创业孵化平台、政策机制，以及良好的创新空间发展模式，为大众创新、万众创业提供优厚的政策支持和优美舒适的空间支持。

1. 众创孵化和创新空间支持

聚焦创客和创业企业的个性需求，整合"线上+线下""政府+市场"全要素，形成开放式的创新创业生态圈(图 10.28)。构建"创业苗圃-孵化器-加速器"的全程孵化链条，对不同发展阶段的创业企业和团队全程提供有针对性的专业化孵化服务，保障创客企业的健康成长。

强化先生态、后生活、再生产"三生"的逆向构思，营造创新空间、休闲空间与宜居空间融为一体的智慧生活。强调开放、共享、可达，促进创客人群交流。同时重新改造利用闲置厂房等低成本场所，加以政府补贴，为小微创新企业成长和个人创业提供低成本、全要素的开放式综合服务平台，营造创新创业新天地。

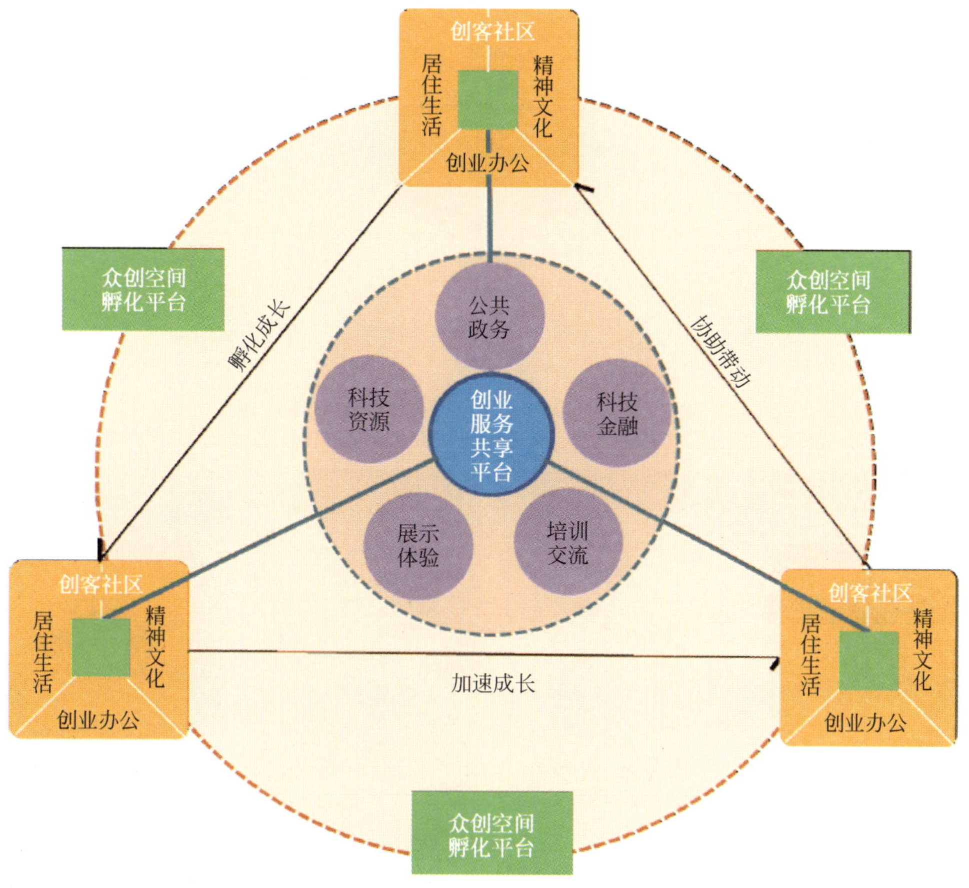

图 10.28　互联网创新创业政策机制和平台搭建示意图(自绘)

2. 完善软环境和智慧创新创业服务平台建设

通过发挥互联网大会对互联网创新创业的影响和吸引力，加大金融、信息、科技、人才、土地、财税等优惠政策的支持，完善对创新企业孵化、加速、成长的全方位和全周期的创新孵化服务，以及加强在区域范围内的电子商务、大数据、云计算等互联网的产业合作，构建完善的"互联网大会平台＋政策支持＋创新孵化＋产业合作"创新创业服务体系(图 10.29)。

3. 机制改革和机制创新

以创建国家互联网创新应用示范区为重点，积极争取国家级、省级政策支持。全力争取乌镇数据的开放共享，实现乌镇大数据实验室的建设；争取上位多方政策，包括数据开放政策、企业入驻政策、能源优惠政策、人才引进政策、投资政策等的支持，加强机制改革政策创新(图 10.30)。

智慧资源服务平台

科技文献与科学数据共享平台、互联网数据与云计算中心、产业情报及技术信息推送平台。

线上金融服务平台

线上创业众筹平台，为企业和创客获得政府、企业和社会的资金支持和洽谈接触机会搭建平台。

创客社群交流平台

创建虚拟创意社群，让更多兴趣相近、志趣相投的陌生人走到一起，相互交流。

智慧办公服务平台

自由选择办公时间和空间：随时随地手机预约、付款，进行办公室租赁、复印打印、咖啡等服务。

智慧创新创业服务平台

智慧协同创新服务平台

合作研发平台、需求互动平台、项目众包平台等，吸引全社会的创新资源向平台集聚。

线上创业培训平台

创业导师线上教学平台，创客根据自己的创业需要而针对性学习和训练的平台，创业模拟练习平台。

智慧发布与推广平台

新媒体营销平台、线上产品发布平台、线上交易服务平台、电子商务平台等。

线上政务服务平台

为创新产品落地提供各种政策支持和机制保障，并通过线上一站式的办事服务，提高便捷性。

图 10.29 智慧创新创业服务平台引导示意图(自绘)

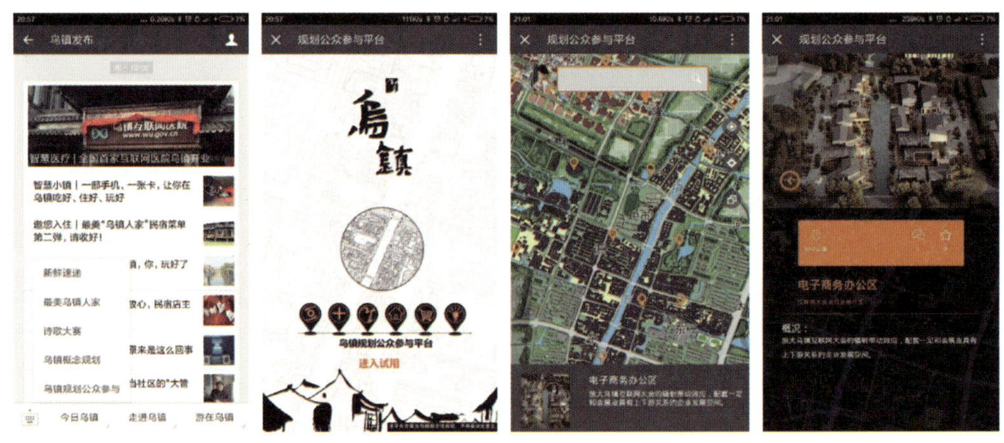

图 10.30 机制改革和机制创新引导示意图(自绘)

10.6.3 智慧公众参与平台建设

互联网时代下城市规划工作方式将面临巨大的变革和创新契机，互联网思维和互联网技术与平台能为实现城市规划编制过程的开放化、动态化、精细化和智慧化提供强有力的支持，真正实现从静态封闭的“plan”范式到动态开放的“planning”范式的转变。结合第二届世界互联网大会，“乌镇概念性总体规划”面向全球进行了成果公示、意见征询和公众参与活动，并开展了智慧规划(“互联网＋城市规划”)工作方式的创新探索(图 10.31)。

首先，基于互联网和三维可视化技术，搭建了乌镇全三维城市数字模型系统(Digital Modeling System，DMS)。通过 DMS，用户可以 360°体验乌镇全三维数字城市设计形态蓝图。该系统还可以收集整合城市交通路况、人流聚集分布、空气质量、水质指标等各维度各尺度的城市数据，用户可从 DMS 上快速直观了解乌镇城市环境运营状态。乌镇 DMS 平台

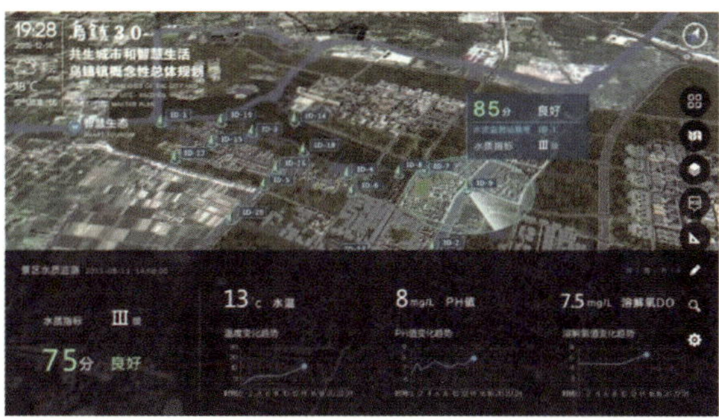

图 10.31　乌镇全三维城市数字模型系统展示现场(自绘)

为后续构建一套以城市运营数据共享为前提的 CIM 平台奠定了良好的基础。通过搭建乌镇 CIM 平台，打破信息壁垒，构建共享信息库，实现不同行业部门间的信息贯通、城乡间的信息统筹，最终逐渐成为乌镇智慧城市的运营管理平台和最核心的智慧中枢。实现从规划、设计、建设直到后续运营的纵向数据链的共享和互通，实现在基础数字平台上跨部门的利益协同和跨系统的技术协同，为预测复杂的城市问题提供了可能性，能提高规划的科学性和适应性。在此基础上构建乌镇全球智慧实验室，实现城市数据挖掘分析，辅助政府决策，搭建一个可感知、可判断、可快速反应的智慧城市。

其次，搭建了乌镇规划公众参与网络平台，推动规划众筹与社会共治(图 10.32)。规划编制团队利用政府和企业官方微信、网站等媒介推出了乌镇规划公众参与平台，将规划的阶段性成果公开发布并征询公众意见。规划团队和政府可以广泛收集社会意见，对规划编制进行实时动态反馈和调整。试图探讨一种通过网络信息平台让公众讨论城市公共问题的方案，在互联网背景下通过创新社会互动模式和降低专业门槛实现全过程、全领域的公众参与。未来这一平台还将延续到规划实施过程中，实时地向公众发布规划成果、获得反馈，从而进行规划调整。通过线上线下全方位的规划公开与公众参与，使规划编制和实施过程成为聚民心、集民意、汇民智的过程，树立乌镇智慧城市规划众筹和共建共治的样板。

图 10.32　乌镇规划公众参与网络平台界面(自绘)

10.7 主要参考文献

[1] 付磊.全球化和信息化进程中城市经济空间结构的演变特征与趋势[J].现代城市研究，2006，21(7)：40-45.

[2] 郑文晖，宋小冬.全球化下经济空间结构演化趋势的解析[J].城市规划学刊，2009，179(1)：81-89.

[3] 柴攀峰，黄中伟.基于协同发展的长三角城市群空间格局研究[J].经济地理，2014，34(6)：75-79.

[4] 潘峰华.产业集群的辨识及其特征分析——以浙江省制造业为例[J].地理科学进展，2007，26(4)：130-140.

[5] 扬·盖尔.人性化的城市[M].欧阳文，徐哲文，译.北京：中国建筑工业出版社，2010.

[6] 安东尼·汤森.智慧城市[M].赛迪研究院专家组，译.北京：中信出版社，2015.

[7] 马化腾，等.互联网+：国家战略行动路线图[M].北京：中信出版社，2015.

[8] 周年兴，俞孔坚，李迪华.信息时代城市功能及其空间结构的变迁[J].地理与地理信息科学，2004(2)：70-72.

[9] 姜石良，崔建甫.信息时代城市空间结构的演变趋势探讨[J].规划师，2006(7)：94-96.

[10] 曹磊，陈灿，郭勤贵，黄璜，等.互联网+：跨界与融合[M].北京：机械工业出版社，2015.

[11] 尹稚：互联网时代小城镇发展的创新之路[EB/OL].[2015-12-16].http://mp.weixin.qq.com/s?__biz=MjM5OTUxNzc3Ng==&mid=401027739&idx=1&sn=0244acfa5f0e3b195e0424-93c2153244&3rd=MzA3MDU4NTYzMw==&scene=6#rd.

第11章
“中关村·长城脚下的创新家园”科技创新功能空间规划研究

11.1 项目背景

随着京津冀协同发展，2019 年世园会、2022 年冬奥会两大盛事落户延庆，京西北地区迎来重大发展机遇。为落实国家创新驱动发展战略、加快建设北京科技创新中心，推动中关村核心区创新资源向京津冀区域辐射，疏解首都非核心功能，中关村发展集团与延庆区携手共建一座极具创新活力与家园特色的科技小镇——中关村·长城脚下的创新家园（以下简称"科技小镇"）。科技小镇建设，规划先行。借由对科技小镇的规划、设计与研究，项目对科技创新功能如何在空间上得以落实进行了探索。

11.2 项目概况

11.2.1 项目基本情况

科技小镇位于北京市西北延庆区康庄镇，距北京市中心城区约 62km，距延庆城区约 15km，紧邻京藏高速（G6）康庄出入口。京张高铁及兴延高速建成开通后，科技小镇将直接进入北京市中心城区半小时交通圈。

科技小镇范围包括康庄镇京包铁路以南的部分镇区及中关村延庆园起步区范围（如图 11.1 中黑色虚线所示）。本次规划研究分为以下两个层次。

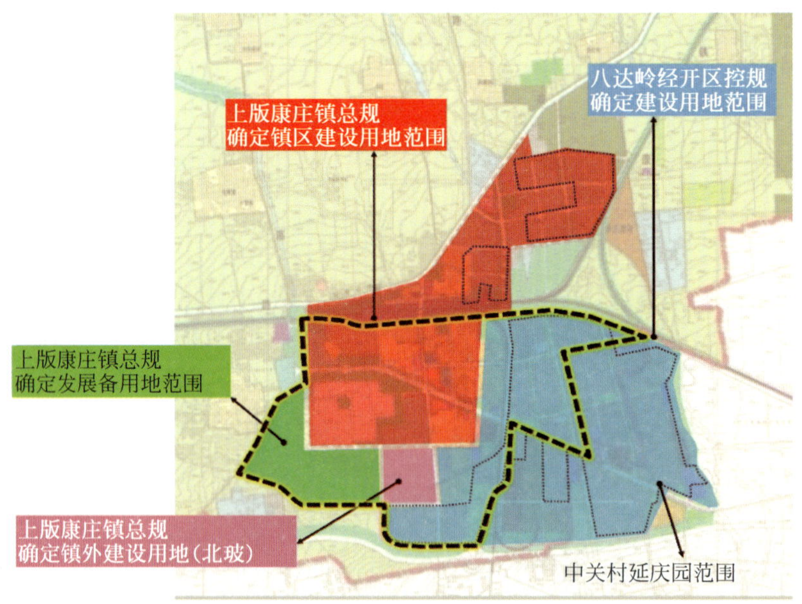

图 11.1 科技小镇研究范围界定图

1. 主要研究范围

以康庄镇镇区全部及中关村延庆园八达岭开发区相叠加所形成的城镇片区为主要研究

范围(总面积约 10km²,即图 11.2 中所示所有色块叠合部分),在此范围内,针对科技小镇与延庆城区、康庄镇的发展关系进行探讨。

2. 重点规划设计范围

重点规划设计范围包括康庄镇南部镇区部分用地、中关村延庆园八达岭开发区近期建设用地、北玻厂用地及发展备用地(总面积约 5km²,如图 11.1 中黑色虚线所示)。在此范围内,针对科技小镇的产业创新功能,以及创新人群与本地居民需求的各项服务配套功能进行空间落实,探索从空间上保障未来镇园高品质建设与发展,为创新产业孵化与成长提供良好环境的路径。

11.2.2 科技小镇所面临的发展机遇

1. 在京津冀协同发展战略下,中关村延庆园所带来的强大动力

2015 年 3 月 23 日,中央财经领导小组第九次会议审议研究了《京津冀协同发展规划纲要》。中共中央政治局 2015 年 4 月 30 日召开会议,审议通过《京津冀协同发展规划纲要》(以下简称《纲要》)。《纲要》指出,推动京津冀协同发展是一个重大国家战略,核心是有序疏解北京非首都功能,要在京津冀交通一体化、生态环境保护、产业升级转移等重点领域率先取得突破。

为落实国家战略、加快北京科技创新中心建设,中关村核心区创新资源向京津冀区域辐射。京张创新走廊成为中关村核心区向京北辐射的重要走廊,而康庄镇是京张产业带上重要的战略节点。作为延庆创新创业引擎的中关村延庆园入驻康庄镇,势必让这里承担起延庆区主要的科技创新职能,对延庆发展形成强大助力。

2. 世园会、冬奥会带来的前所未有的发展机遇

2019 年 4 月 A1 级世界园艺博览会、2022 年第 24 届冬奥会高山滑雪项目落户延庆。两项世界级活动给京西北及延庆的发展带来了新机遇,也对地区的整体发展提出了新要求。

科技小镇所在的康庄镇紧邻世园会和冬奥会两大赛会的核心区,从地区发展的后端,转变为向世界展示延庆的窗口。在大事件影响下,地区发展全面升级,国际知名度提升,产业升级发展,设施体系和建设品质标准全面提升。

3. 延庆建设国际一流生态文明示范区的发展机遇

延庆区位于北京西部生态涵养区,科技小镇所在的康庄镇位于延庆区中部妫河文化休闲旅游产业带上,具有湿地、妫水森林公园、康西草原等独特的生态资源,将成为延庆建设国际一流生态文明示范区的重要支撑。

11.2.3 对科技小镇发展建设的理解

科技小镇的建设是中关村与北京市远郊区县第一次全面合作,重点强化科技创新的国际交流与合作、面向国际化企业和人才的服务型园区建设,实现与海淀核心区的密切互动;

科技小镇也是园区与镇区协调发展，产城融合、镇园互动的一次重点尝试。因此，对科技小镇规划与建设的理解，应不同于常规的以园区为核心的园区建设。

首先，科技小镇范围内行政界线多样。科技小镇是一个打破行政管辖分隔的抓手，一个镇区、园区不分家，产城融合，统筹建设，共建共享的发展平台。

其次，在京津冀协同发展的大背景下，世园会、冬奥会及中关村延庆园，成为延庆的三大发展引擎。科技小镇是延庆发展的抓手之一。

最后，科技小镇建设重点，一方面应强调创新产业的培育与发展，另一方面应强调其作为科技创新人才“家园”的特色。在科技发展已然打破交通和工作地点制约的今天，环境品质、服务设施品质将成为吸引科技人才的首选。科技小镇应结合北京人口疏解、中关村“一区十六园”创新产业发展布局，形成吸引科技创新人才的家园。

科技小镇发展建设面临如下三大转变。

1. 产业内涵的转变

科技小镇内部产业用地隶属于八达岭经济开发区。八达岭经济开发区于1992年8月经北京市政府批准成立，原名为延庆县八达岭经济技术开发区，2000年底晋升为市级开发区并更名为北京八达岭工业开发区，2006年更名为北京八达岭经济开发区。2008年4月，延庆县政府正式与中关村管理委员会签订合作协议，“中关村科技园区八达岭新能源和环保产业基地”正式在北京八达岭经济开发区挂牌。2012年10月13日，国务院批复同意调整中关村国家自主创新示范区空间规模和布局，将延庆县八达岭经济开发区、延庆经济开发区和康庄农民就业产业基地合并为中关村延庆园，纳入中关村国家自主创新示范区，成为中关村“一区十六园”之一，承接中关村核心区产业外溢。

纳入“一区十六园”之前，开发区主导产业为制造业，发展一直较为缓慢。随着中关村延庆园的设立，科技小镇将向创新产业转型。

2. 人群类型及规模的转变

随着产业发展内涵的转变，科技小镇将吸纳更多的高新技术人才。由于创新产业属于智力密集型产业，科技小镇人口容量也将相应增加。

3. 空间品质的转变

创新产业的发展及创新人才的入驻，将倒逼科技小镇空间品质提升：原有的“八达岭经开区与康庄镇区”分立发展的模式将被打破，科技小镇发展必须强调高品质产业服务及公共服务设施的配套。

11.2.4 规划设计思路

研究与规划设计的核心思路，是在对空间发展的内在逻辑进行梳理的基础上，寻求空间外在表征的落实方式：通过对产业发展类型及企业生产特征与需求、产业所带来的不同人群的行为特征的分析，寻求精准的城镇空间功能布局、设施配套、空间品质塑造方案；通过对地域山水格局、文化底蕴等一系列生态与文化要素的研究，寻求城镇空间特征塑造、科技小镇特色打造的路径；通过对经济上的可行性测算、实施路径的模拟，及不确定因素的弹性应对，寻求方案建设落实的保障。

将上述内容在科技小镇空间框架、交通体系、公共服务设施体系、公园绿地系统、建筑风貌与色彩、建设高度与强度等一系列空间要素上进行落实，以形成能够切实服务企业与人的需求，突出科技小镇特色，直面实施的规划设计方案。规划设计思路如图 11.2 所示。

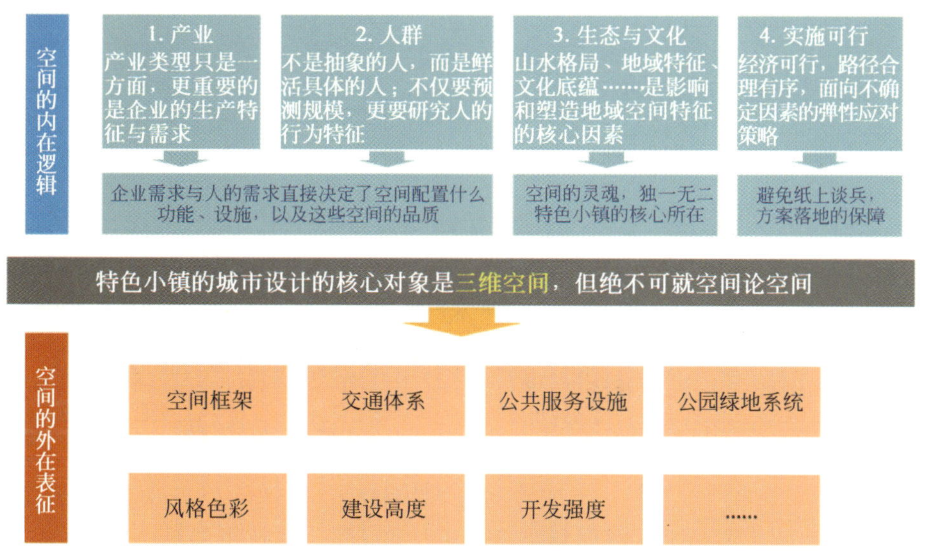

图 11.2　规划设计研究技术思路分析图

11.3　发展目标与愿景

科技小镇的发展与康庄镇及中关村延庆园的发展紧密结合，科技小镇将成为园艺风情小镇，创新创业家园，产镇融合、统筹建设的创新平台，京津冀协同、延庆绿色创新示范的先导区域。

未来，科技小镇将成为一个具有竞争力、可持续发展的活力创新家园；一个温暖舒适、让心灵栖息的人本宜居家园；一个长城脚下的“小城镇、大精彩”家园。

11.4　创新功能体系构建研究

11.4.1　智造孵化创新源

根据发展驱动力的不同，可将产业园区划分为三类：由高等院校、科研院所的技术输出形成的科学园或科学城；由小企业的创业、孵化、逐步成长壮大形成的中小企业孵化型园区；由龙头企业带动、衍生相关产业及中小企业发展的大企业带动型园区。三种发展模式从驱动力上形成最根本差别，并因此在特征、适用条件等方面形成明显差异(见图 11.3)。

发展模式	科学园/科学城	中小企业孵化	大型企业带动
驱动力	• 主导：基础科学、技术突破 • 核心驱动力：基础科研产业化 • 成长动力：产学研结合，科技服务加持	• 主导：市场力量 • 驱动力：创新 • 成长动力：同类型企业的竞争与吞并	• 主导：龙头企业 • 驱动力：龙头企业的巨大吸引力 • 成长动力：龙头企业相关上下游企业
关键特征	• 出现频率：最为普遍，成功概率最高，是全球最著名园区主要模式 • 成长特征：由世界领先技术引领，发展为全球顶尖的科技园区 • 成长速度：中等	• 出现频率：最为少见，孵化难度最高 • 成长特征：成长难度较大，技术突破较难 • 成长速度：三种中最为缓慢	• 出现频率：中等，国内多见 • 成长特征：成长难度最小，能够迅速集聚相关产业，并通过产业衍生不断积聚创新型中小企业 • 成长速度：三种中最快
适用条件	• 产业基础：零基础 • 科研基础：依托大学、科研机构 • 区位环境：临近大学、科研机构，良好的交通区位 • 配套基础：大型科学装置、实验室，科技服务等	• 产业基础：小作坊，创业文化氛围 • 科研基础：有一定产业基础 • 区位环境：低廉的地价，优良的生态环境和居住环境 • 配套基础：孵化器、共享实验室、科技服务等	• 产业基础：零基础，或相关生产企业 • 科研基础：零基础，未来发展依托大型龙头企业科研基础 • 区位环境：便捷的交通，优良的居住环境和生态环境 • 配套基础：零基础，或相关科技服务
典型案例	• 美国硅谷 • 美国北卡三角研究园 • 日本筑波科学城		• 新加坡裕廊工业园 • 上海张江 • 武汉光谷

图 11.3 产业发展不同阶段企业模式分析

中关村延庆园分为三个片区：延庆片区、八达岭片区（八达岭经济开发区）和康庄片区。三者各有侧重（三个片区产业发展创新要素分析见图 11.4，用地布局见图 11.5）。延庆片区产业发展侧重园艺产业、科技商务、创新创业、互联网金融等，是区域的创新创业、科技服务中心；八达岭片区产业发展侧重于新能源、环保等技术密集型产业，是区域的科技引擎；康庄片区侧重智能制造，是区域的制造中心。

图 11.4 中关村延庆园产业发展创新要素分析

其中，科技小镇所涉及的八达岭经济开发区在三个片区中规模最大，产业发展初具规模。现已涵盖的高新技术企业包括：新能源与科技创新企业（中材科技风电叶片、合锐清合电气等）、新能源与节能环保企业（东晨阳光太阳能、东方润泽节水科技等）、生物医药企业（紫光制药、森森达维生物等）。

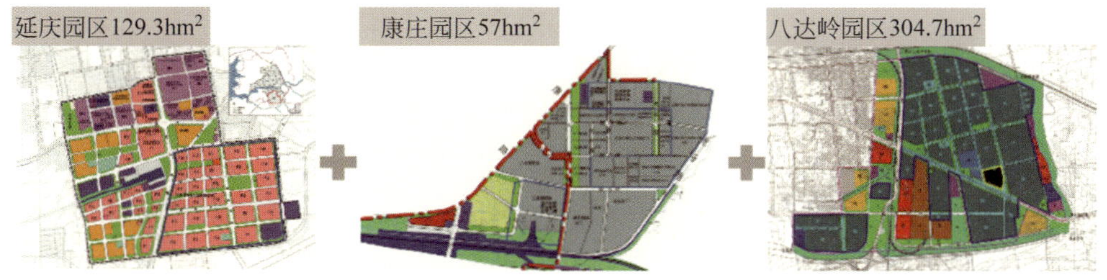

图 11.5　中关村延庆园一区三园用地布局

资料来源：《延庆园开发区控制性详细规划》(左)；《康庄开发区控制性详细规划》(中)；《北京市八达岭开发区控制性详细规划》(右)。

因此，科技小镇实际情况更符合大型企业带动型园区发展模式。倾向于通过提升居住、生活、生态环境，加强产业、生活配套的建设，创造更符合大型龙头企业发展的条件，吸引大型企业入驻。

11.4.2　基础科学创新源

科技小镇范围内有北京邮电大学世纪学院，对于促进康庄镇未来的新兴产业发展与产学研合作，加快创新创业具有重要作用。其学科资源能够衍生通信、网络工程、机器人、数字媒体等重点学科的知识创新(北邮世纪学院具体包含的学科资源见表 11.1)。

表 11.1　北邮世纪学院学科资源

重点学科	通信工程、数字媒体艺术、计算机科学与技术、电子科学与技术、市场营销
重点实验室	媒体与文化计算北京市重点实验室
产学研合作	北京水晶石数字科技有限公司
实训基地	通信、网络工程实训基地、机器人综合实训基地、数字媒体综合实训基地

资料来源：作者收集自网络。

11.4.3　技术研发创新源

北京玻钢复合材料有限公司(以下简称“北玻”)隶属于中国中材集团，前身是国家建材局玻璃钢研究设计院(北京二五一厂)。依托国家级研发、检验中心及重点实验室等优势研发资源(表 11.2)，重点发展复合材料研发，为科技小镇发展提供技术研发创新源。

表 11.2　北玻科技研发资源

主营业务	从事交通运输、建筑工程、电子电力、航空航天等领域高品质复合材料研发、制造加工、销售和技术服务的高新技术企业
研发中心	国家纤维增强模塑料工程技术研究中心
检验中心	国家玻璃钢制品质量监督检验中心
重点实验室	特种纤维复合材料国家重点实验室

资料来源：作者收集自网络。

11.4.4 创新产业体系构建

在厘清三大创新源的基础上，科技小镇的发展建设应充分抓住中关村创新要素外溢的机会，紧密联动高校、院所研发资源，以信息技术、互联网技术及创意设计夯实创新内核，打造技术创新与产品创新的源泉；结合当地现有的新能源、新材料等产业基础，结合世园会、冬奥会两大事件，结合延庆建设生态文明示范区的时代发展需求，拓展能源互联网、节能环保、运动新材料、运动装备、人工智能、虚拟现实、机器人与无人机等相关产业，构建创新产业体系（图 11.6）。

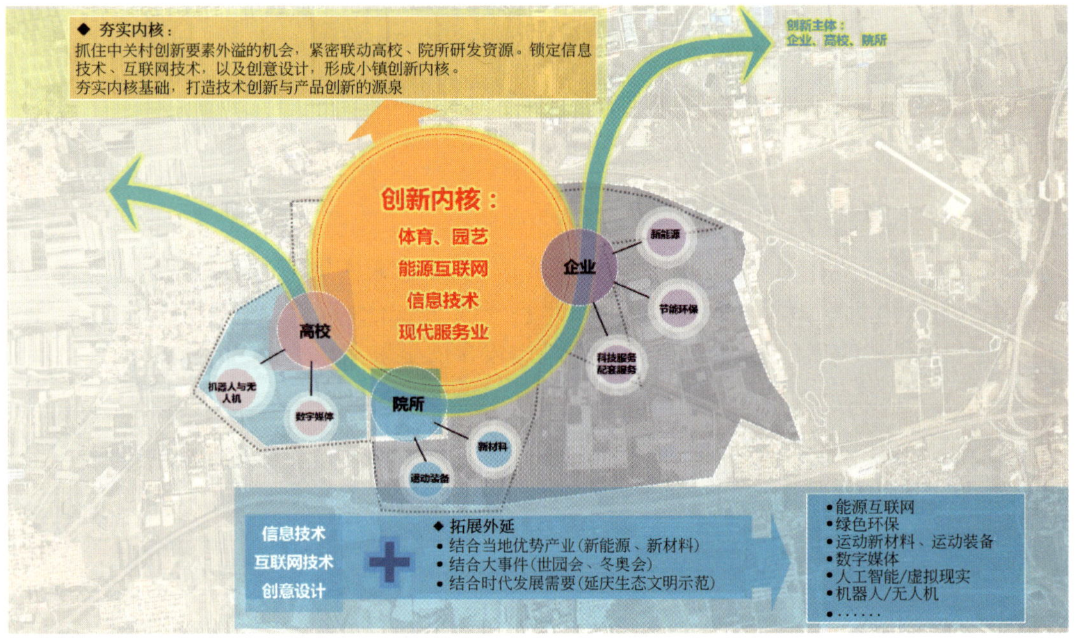

图 11.6 创新产业体系构建路径分析图

通过龙头企业“靶向空投”，集聚产业技术、投资等相关创新资源；集聚人才、人气，提升创新创业氛围；产学研互动，加强龙头企业的知识支撑。充分对接大型企业选址需求，为大型企业提供包括花园式办公条件、舒适的居住条件、便利的生活环境、研发与生产的独立空间、低廉的土地价格与房屋租金、政府政策与高校科研资源支持等在内的硬件条件与软环境支撑（图 11.7）。

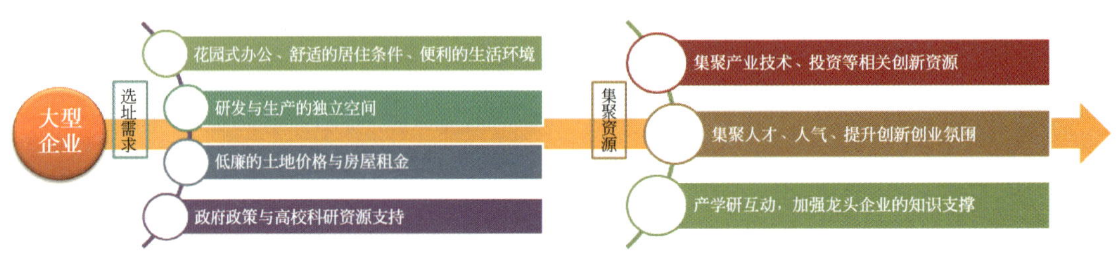

图 11.7 龙头企业选址需求及其可集聚的资源分析图

同时，围绕龙头企业吸引集聚外来企业。通过产学研互促集聚创新资源要素，通过搭建包括龙头企业资源整合平台、产学研合作平台、试验检测平台、企业孵化平台、科技服务平台等在内的一系列基础设施平台孵化集聚中小企业，并逐渐形成充分结合技术、资本与市场要素的，富有生命力的创新生态系统（创新生态系统发育模式分析见图 11.8）。

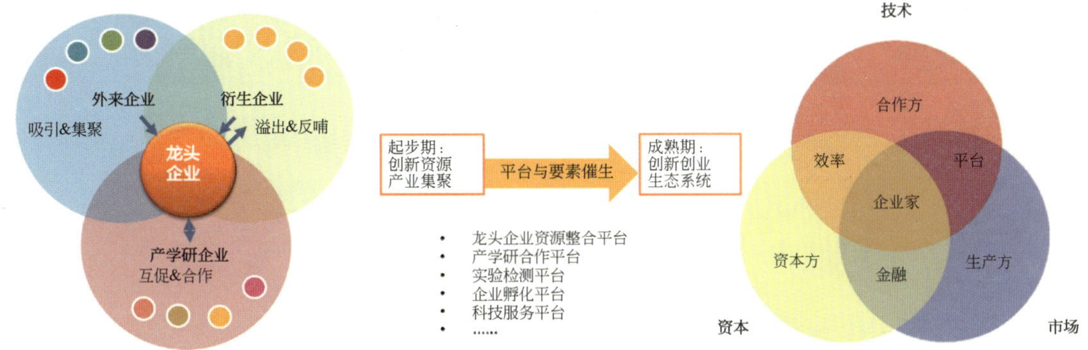

图 11.8　创新生态系统发育模式分析图

11.5　创新空间构建

11.5.1　创新空间构建的总体思路

科技小镇创新空间构建应从“创新企业平台”与“创新人才家园”两方面着手进行研究，在空间塑造上从企业与人才需求出发，迎合差异化需求。

建设“创新企业平台”方面，科技小镇的空间塑造应明确为大企业搭建适宜的企业创新环境与便捷、高效的服务平台。物质空间层面上，体现为配备空间舒适、外观前卫的楼宇办公空间，辅以良好的景观绿化，营造可供共享交流的庭院。服务平台层面上，打造科技服务、孵化服务等相关产业服务平台。

建设“创新人才家园”方面，科技小镇的空间塑造应通过打造舒适、高性价比的居住社区，营造良好的社区环境；通过配备设施先进、师资力量雄厚的中小学基础教育资源，服务创新人才与本地居民子女就学需求；通过配备医师技术领先、设备先进的医疗资源，服务创新人才与本地居民就医需求；通过打造前卫、高端、丰富、特色突出的休闲目的地，服务创新人才与本地居民休闲、娱乐需求。

在这两方面基础上，构建多样化、复合化的“企业空间载体”与“居住空间产品”。落实到空间上，即根据不同产业类型的空间需求特征模块化组合不同的产业空间，以满足多样性企业类型的空间需求；通过建设高端社区、创新社区中混合办公区、办公区中混合人才公寓等模式，打造“宜业宜居”的居住和工作环境（图 11.9）。

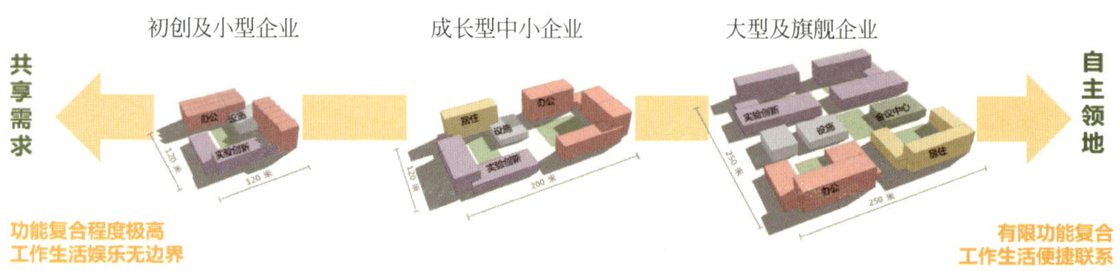

图 11.9 创新空间载体分析图

11.5.2 人群分类与需求分析

科技小镇人群可划分为创新创业人群、新型城镇化居民、大学师生三类。从整体上看，创新创业人群是小镇未来发展的引擎，应着重增强对此类人群的吸引；新型城镇化居民是小镇城镇化发展的根本，应着重保障民生；大学师生是小镇未来发展的中坚力量，应增强产学研互动与设施共享。

1. 创新创业人群需求分析

创新创业人群，包括以科技研发为主的创新人才及智创工人。其中，经相关报告分析，创新人才主要特征包括年轻化、高素质、中高收入、时间饥渴等。

创新人才一方面对生活和社交有较高需求，即对高品质的生活空间、便捷的生活服务、丰富优质的娱乐设施、轻松多元的学习空间、有益健康的自然环境等有较强的偏好；另一方面更倾向于分散式、弹性化的工作单元，喜好能够激发灵感的良好自然环境，个性化、开放式的工作空间，专业化、线上线下相协调的创新服务环境，多元化、品质化的共享空间，高效、灵活的交通条件。创新人才需求分析具体见表 11.3。

智创工人整体呈现年轻化、追求个性、追求上升渠道、情感丰富、追求社交网络娱乐化的特征。一方面，智创工人需要融入本地生活，强调安全感与归属感，可通过提供活动大厅、游戏厅、食堂、公用厨房、社区体育等生活服务设施，营造丰富多元的休闲生活空间及交流机会；通过提供特色居住空间，满足员工追求个性、敢于表达的心理。另一方面，需要舒适、安全、环保、健康的工作环境及来往于居住地及工作场所的便捷、安全的通勤服务。

2. 新型城镇化居民需求分析

新型城镇化居民需求主要集中于人居环境的改善、教育养老等基础性、公益性公共服务以及就业保障等(图 11.10)。针对此类需求，需要着重打造人居环境品质，营造安全、环

表 11.3　创新人才需求分析

创新需求	新型孵化器（车库咖啡、创新工场等） 创业社区/村落（YOU＋公寓等） 办公设施（开敞的交流空间、公共会议室、商务接待厅等）	展示体验设施（设计体验工坊等） 商务洽谈设施（商务会议中心、酒店等） 科技资源服务设施（开放实验室、3D打印及加工车间等）	展示体验设施（展示体验中心等） 科技资源服务设施（数据通信中心、互联网开源硬件平台、检验检测平台等） 科技金融服务机构（天使投资人、创业投资机构、科技银行等） 培训交流服务机构（创业培训机构、创业导师等） 其他专业服务机构（策划机构、广告公司、包装设计机构、工业设计机构、法律服务中心、会计事务所等）
社交需求	小型开敞空间（公园绿地、创意空间等） 文化休闲设施（小型众筹图书室、咖啡厅、酒吧等）	中型开敞空间（公园绿地、休闲广场、创意空间等） 文化休闲设施（休闲会所、娱乐中心、俱乐部等）	大型开敞空间（公园绿地、休闲广场、创意空间等） 文化休闲设施（图书馆、综合休闲娱乐中心等）
基础需求	办公场所（写字楼、新型办公空间等） 居住场所（单身公寓、YOU＋社区等） 商业设施（便利店等） 体育设施（健身中心等）	商业设施（超市、购物中心等） 医疗设施（卫生服务站、药店等） 小型文体设施（运动场等）	商业设施（大型购物中心等） 医疗服务设施（医院等） 大型文体设施（大型综合运动场馆等）

生活配套设施	
商业配套	商业设施(购物中心、超市、便利店)
文体休闲	文体设施(图书馆、运动场、健身中心)
	休闲设施(电影院、咖啡厅、酒吧)
	开敞空间(公园绿地、休闲广场)
社区服务	居住设施(住宅楼、传统民居)
	医疗服务(医院)、社区管理

就业服务设施	
传统技能	农业服务(花卉种植、农业生产)
职业培训	传统技能提升(农作物培育、现代化生产)
	新型技能获取(制造、装配)
旅游服务	住宿(特色民宿、家庭客栈)
	餐饮(主题餐厅、农家院)
	交通(汽车服务、向导讲解)

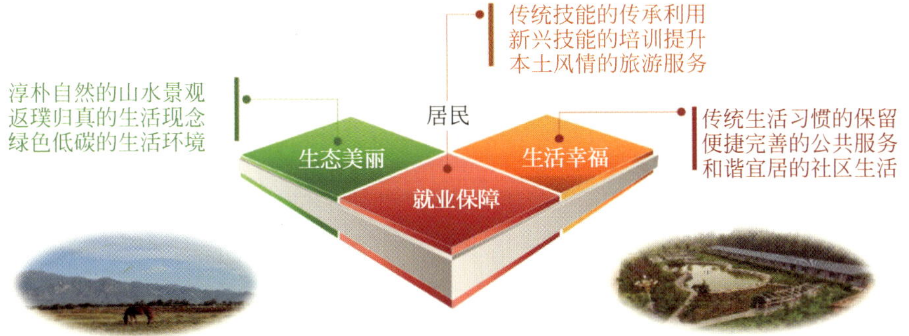

图 11.10　康庄本地新型城镇化居民需求分析图

保、科技、便捷、宜居的居住环境；丰富居民日常生活，打造高品质、多样化的公共服务设施与丰富有趣的公共空间。同时，在"安居"的基础上，实现居民职业技能的提升，以及工作能力、知识水平的提升。

3. 大学师生需求分析

大学师生的需求主要包括便捷的生活服务、产学研一体的教育培训设施与创新、前卫的文化氛围。具体应配套便捷的生活服务设施、教育培训设施、实习基地、创新创业孵化器等。

综上所述，科技小镇所服务的三类人群的需求，经过总结可分为学习、居住、工作、游憩、交往等五大部分，具体如图 11.11 所示。

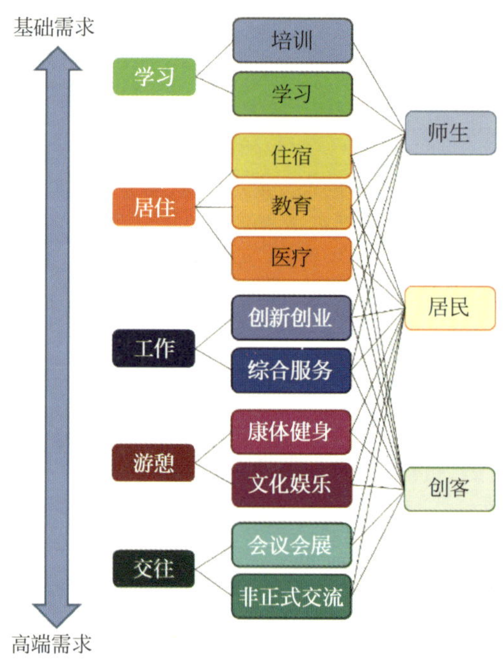

图 11.11 科技小镇人群需求分析总结

11.5.3 从人的需求出发的创新空间组织

在对科技小镇三类人群的需求进行分析的基础上，首先尝试在整个科技小镇的研究范围内对各类人群的主要活动空间进行落位(图 11.12)。

创新创业人群的主要活动空间包括工作空间与生活空间。为了增强通勤交通的便利性，规划将居住空间布局在工作空间西侧，由小镇两条主要交通廊道连接。

新型城镇化居民的主要活动空间同样包括工作空间与生活空间。本地原有产业以农产品及食品加工业为主，此类产业类型主要集中在研究范围北部延庆园康庄片区内。因此，规划新型城镇化居民的工作空间集中在康庄片区内，生活空间主要集中在康庄镇镇区内。两片功能区域在镇区的西北部相接，通过西北部交通廊道进行通勤连接。

大学师生的主要活动空间包括大学校园、大学科技园及科技小镇内提供实习机会的企业等。大学师生是活跃镇区文化的重要人群。

图 11.12　不同人群的主要活动空间落位图

叠合三类人群的活动轨迹，形成对镇园整体研究范围功能布局指引。如图 11.13 和图 11.14 所示，镇园东西向主要道路——康庄大道，将成为各类人群的主要活动路线。各类人群活动集中区，有条件形成三处公共服务核心，以满足不同人群的需求。在此基础上，针对镇园各项功能，对科技小镇 $5km^2$ 的规划设计范围进行详细安排，形成城市设计方案(见图 11.15 和图 11.16)。

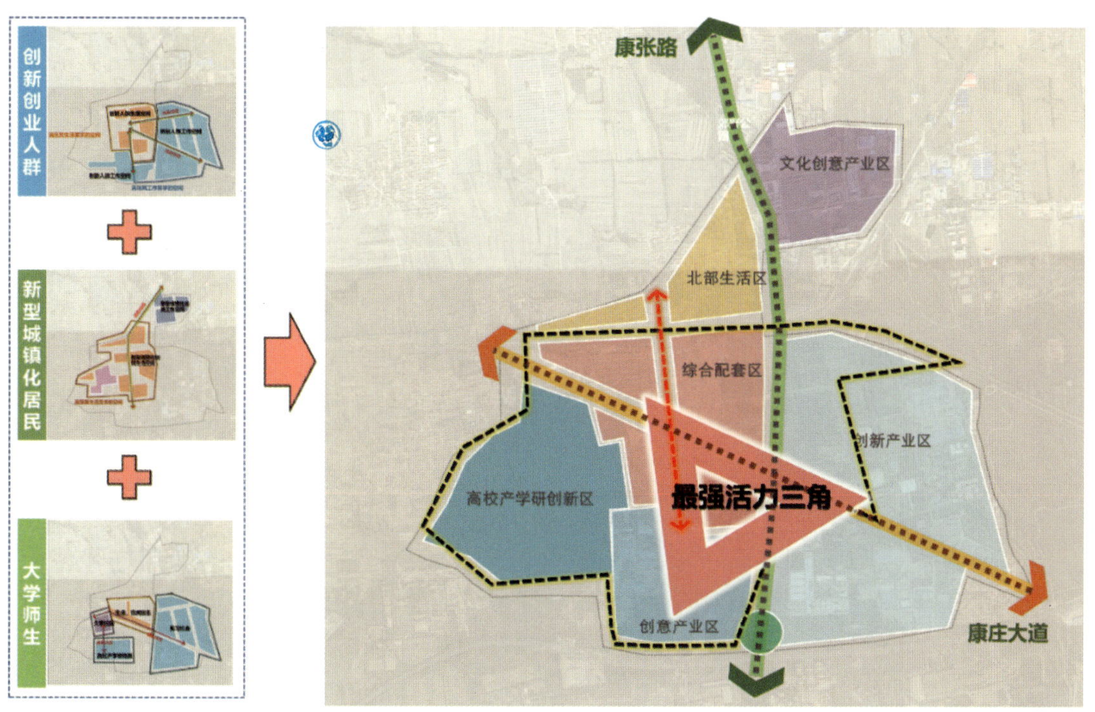

图 11.13　三类人群活动空间叠加形成的功能布局指引图

图 11.14　科技小镇功能布局分析图

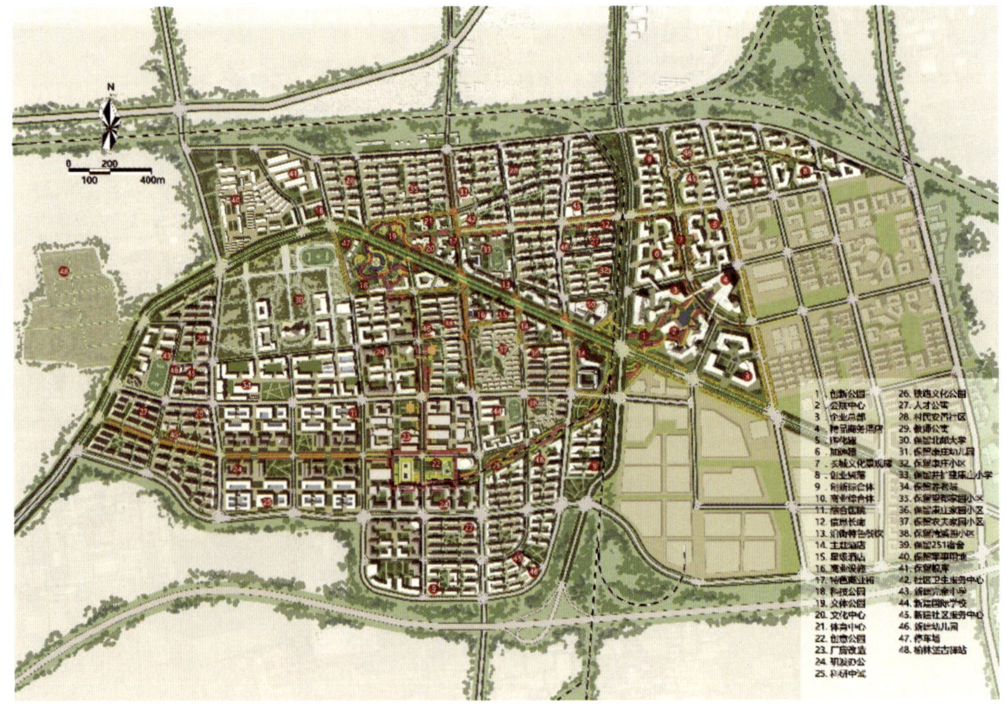

图 11.15　城市设计总平面图

图 11.16　城市设计鸟瞰图

11.6 创新型镇园建设指引

科技小镇城市设计方案并非最终的建设方案，而是创新功能在空间上的落实示意。本次规划设计强调创新服务设施体系建设与绿色生态发展两方面，通过提出创新服务设施体系建设及绿色生态发展的要求，为后续编制保障科技小镇创新型镇园建设的控制性详细规划打下基础。

11.6.1 创新服务设施体系建设

为了提供便捷、高效的配套设施，科技小镇应着力构建“5＋15min 品质生活服务圈”，提供高品质的生活服务与产业服务。同时，在虚拟网络空间上构建无限创新平台，链接全球创新资源。

1．构建“5＋15min 品质生活服务圈”

“5＋15min 品质生活服务圈”保障在科技小镇范围各个社区单元内部 5min 可达生活便利设施，镇园范围内 15min 可达公共服务中心。

结合居住区规划与建设，按约 250m×250m 的规模划分社区单元。在社区单元中心位置，规划建设生活服务便利设施，包括小型超市、物业管理、幼儿园、小型健身场所、社区卫生服务点、小型开敞空间等。

在镇园的三处核心设置公共服务中心，布局大型开敞空间、广场、商业中心、体育场等公共服务设施。

2．构建“5＋15min 品质产业服务圈”

针对创新企业员工配置 5min、15min 步行可达的产业服务设施：在科技小镇范围各个创新单元内部 5min 可达基本创新服务设施，园区内部 15min 可达产业综合服务中心。

基本创新服务设施，主要包括以下几方面内容。

① 创新服务设施：创业社区、办公设施、新型孵化器、开放实验室、小型加工车间、小型会议中心、小型商务接待中心等。

② 公共服务设施：超市、小型购物中心、卫生服务站、小型运动场馆、小型金融服务设施等。

③ 公共交往空间：中小型开敞空间、咖啡厅、酒吧、商业街等小型商业服务设施。

产业综合服务中心内的设施，主要包括以下几方面内容。

① 创新服务设施：展示体验中心、科技资源服务设施、科技金融服务设施、培训交流服务设施等。

② 公共服务设施：文化休闲娱乐中心、特色商业设施等。

③ 公共交往空间：大型开敞空间、休闲广场、创意公园等。

3. 打造无限创新服务平台

互联网弱化了空间距离对产业及服务功能关联的限制，在互联网平台的支持下，不同专业化的生产和服务在空间上呈现分散化布局特征。通过构建全域共享的基础信息平台，建立全覆盖的数据中心与协同工作平台，树立线上线下融合的科技小镇样本。

11.6.2 绿色生态发展

1. 土地利用

通过选取高程、坡度、径流、水系、绿地、道路可达性、公交服务半径、村庄拆迁安置、园区建设现状等要素，进行综合叠加分析。从整个科技小镇的角度，确定土地价值分布，以为产业功能布局及开发强度优化提供指导依据。根据多因子叠加分析评定结果，在园区内部建议设置混合用地，并在科技研发用地内，融合研发、居住、商业、研发服务、中试服务等配套功能，为园区企业构建良好的创新服务体系。通过混合用地布局及土地兼容开发，构建创新社区，结合居住建筑，兼容一部分办公、商业、休闲等功能，促进土地集约高效开发，实现配套服务多样化，以满足创新创业人群复合化需求。

同时增加康庄大道两侧沿街界面开发，布局商业、综合服务等功能。并通过社区中心建设，配置基本的文化、体育、教育、医疗、商业、金融、社区服务、公园绿地等设施，保障居民在舒适的步行距离(300m)范围内，能够获得日常生活所需的50%以上的基本服务。

2. 绿色交通

结合窄路密网的小尺度街区建设思路，优化路网结构。商业、商务、科研、混合类地块尺度控制在150～250m，居住地块尺度控制在200～250m，产业地块依据产业需求，总体控制在250～300m，根据实际情况进行调整。

推荐采用新能源公共交通作为镇园主要交通形式。规划镇园公交枢纽500m覆盖率达到75%，普通公交站点300m覆盖率达到90%。同时，引入电瓶车等小型绿色交通工具作为干线公交的辅助和补充。

结合公园绿地构建慢行绿道网络，并结合设置骑行系统，在公交站点与公园等景观节点处，设置自行车租赁与停车设施。

结合园区地下空间，设置集中的地下自行车库。自行车租赁点以300m为服务半径覆盖整个科技小镇。搭建标志性、智能化静态交通设施。结合生态绿坡、镇园景观节点、主要公建，设置生态停车场，通过禁止沿街停车，减小路面交通压力。结合生态停车场及公交站点，布置电动车充电桩。针对重点人行活动区域，布局立体过街设施，或通过设置标识、智能灯控等，提升慢行体验。

3. 资源利用

可再生能源利用率达到10%以上，新建建筑节能达标率及公建设备节能产品普及率达到100%。节水灌溉率达到100%。非传统水源利用率达到20%，地表径流控制率达到85%。

4. 绿色建筑

合理规划绿色建筑空间布局，选择适宜的绿色建筑技术，新建建筑和改造建筑100%达到绿色建筑。其中，一星绿色建筑比例达到60%，二星及三星绿色建筑比例达到40%。推行住宅产业化及装配式建筑。保障性住房装配式达到30%，大型公共建筑钢结构比例达到30%。

5. 生态环境

建立开放的绿地系统，利用低势绿地、绿色屋顶等建筑环境，构建镇园绿地景观。结合公共绿地，通过低影响开发，设置硬质或软质下凹绿地，形成生态景观的同时起到调蓄雨水的作用。其中，下凹绿地占用地的比例应大于10%，雨水池占用地的比例应大于3%。结合公园景观，设计雨水调节池，暂存雨水径流的高峰流量，同时满足储存消防用水需求。

6. 智慧管理

构建智慧小镇运营平台，完善智慧信息基础设施建设，搭建智能移动感知网络，搭建大数据实验室和线上运营中枢。通过"数字化、在线化、互动化、开放化"，实现线上虚拟空间与线下实体空间的融合，促进互联网创新应用和交流体验，打造智慧小镇全球样本。以小镇本体作样本，全面开放各类数据，整合各智慧城市系统数据，以数据挖掘、分析、研发和运营为中心，推进商业应用、政策研究和科研创新的集成示范(图11.17)。

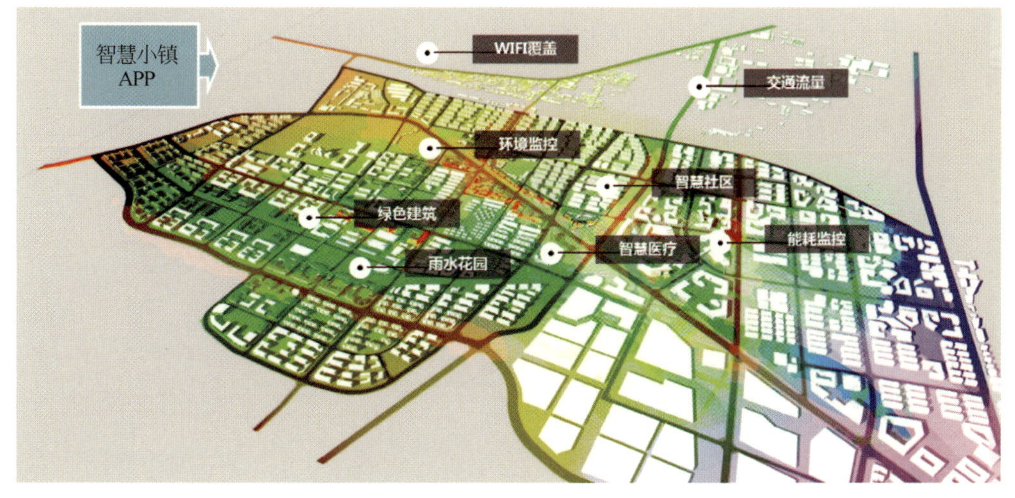

图11.17 智慧小镇运营管理概念图

运用大数据平台，为政府提供决策支持，实现政府的开放式、动态化管理。重点推进智慧政务、智慧交通、智慧生态等镇园运营系统建设。通过流量控制与调度、诊断与预警、模型优化等措施，提高政府管理和运营效率，节约管理成本。孵化信息技术产业和中小企业，为小镇居民、创新人才及大学师生提供智慧产品和智慧服务。搭建开放式平台，支持“互联网＋”应用。

同时，通过搭建城市规划、建设、管理、公众参与与协商平台，推进小镇共享、共建、共治。针对不同人群，提供不同的智慧小镇服务(图 11.18)：通过智慧生活服务、社区管理、文化教育体育服务、医疗卫生服务、劳动保障就业服务及养老助残服务平台等，服务本地居民；推进智慧资源服务、智慧协同创新、线上金融服务、智慧发布与推广、创客社区交流等平台建设，为创新创业人群营造全方位、全周期的创新创业服务；通过智慧校园、产学研一体化平台建设，为大学师生提供产学研互动服务。

针对创新人群的智慧小镇服务

提供极好的互联网基础设施、数据开放平台，以及创业政策

- 免费的WI-FI全覆盖
- 提供开放透明的政策环境以及数据环境
- 提供创业者所需要的支撑性服务，包括：3D打印、财务、法务、创业指导团队、风投团队等，促进创业者交流和快速发展
- 针对创业团队的优惠政策

能将线上服务产品以较低成本引入线下，并得到较高关注度

- 引入若干互联网公司的分支机构和线下实体
- 以科技小镇为品牌，进行周边创业。建筑三维模型、非物质文化遗产等的数字化资源在线开放，吸引文化创意产业入住
- 拥有面向来自全世界科技人才的用户展示平台以及宣传平台

周末创意风暴游。将创客马拉松与旅游相结合，并为创业者搭建与众不同的头脑风暴与原型创作空间场所与面对面社交平台

- 促进周末创客马拉松、创业路演、创业讲座、创业分享沙龙、头脑风暴等活动，并提供相关服务与软硬件支持
- 提供独特的工作空间
- 营造共享工作空间、提供独一无二的创业面对面社交平台

针对本地居民的智慧小镇服务

保证居民能够享受到高品质的公共服务

- 智能停车引导
- 智能站牌
- 公交车线路智能动态调控
- 出租车动态调度
- 创新社会管理
- 对居民时空行为的监测与基础设施、公共服务等的调整应对

通过共享经济的平台，充分调动居民提供本地化服务，融入康庄的服务产业实现共赢

- 鼓励当地居民提供服务
- 民宿
- 打车服务
- 餐桌共享
- 公共空间认领协同管理

通过互联网优化社区服务，提升公众参与水平

- 包括养老社区的互联网改造，使互联网企业可以在地实践社区O2O电商等业态模式，首个互联网生活方式示范体验区
- 实现智慧社区，提供便利的物业及进社区活动，真正实现便民。

图 11.18　针对不同人群的智慧小镇服务分析图

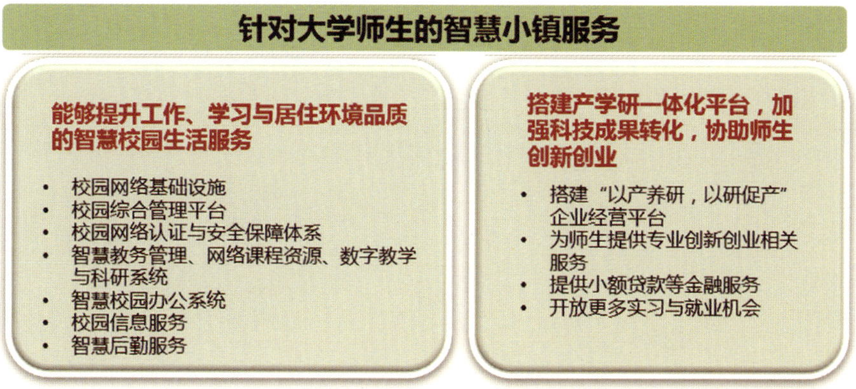

图 11.18 （续）

11.7 主要参考文献

[1] 中关村科技园区管理委员会，北京市统计局，中关村创新发展研究院．中关村指数 2012[R]．北京：中关村科技园区管理委员会，2012.

[2] 中关村科技园区管理委员会，北京市统计局，中关村创新发展研究院．中关村指数 2014[R]．北京：中关村科技园区管理委员会，2014.